播音与主持艺术专业"十三五"规划教材
21世纪播音与主持艺术专业核心教材

电视新闻播音主持教程［第2版］

仲梓源 ◉ 著

TV NEWS PROGRAM
PRESENTING &. HOSTING
TUTORIALS ［Second Edition］

中国传媒大学出版社·北京

仲梓源，电影学博士，中国传媒大学播音主持艺术学院副教授，硕士生导师。主要从事广播电视播音主持艺术相关领域的课程讲授与学术研究。

在媒体从业期间，新闻播音、现场报道、专题片解说、学术论文等作品曾获政府奖和学会奖。从教以来，获得第25届中国金鸡百花电影节优秀学术论文奖、第二届新浪中国博客大赛校园组金奖、中国教育工会北京市委员会第三届艺术节文艺节目一等奖，在CSSCI核心期刊以及其他专业期刊发表多篇学术论文，主持校级人文社科项目，参与"十二五""十三五"规划教材编写工作。

出版专著《电视新闻播音主持教程》《播音主持艺术入门训练手册》《口头评述·模拟主持》等。

第 2 版修订说明

《电视新闻播音主持教程》自 2008 年出版至今,成为几十所院校播音与主持艺术专业相关课程的教材。很多热心读者反馈了阅读感受和学习体会,提出了很多宝贵意见和建议,这些都成为本次修订的依据。在此,我向广大读者表示衷心的感谢!

本书的读者比较广泛,既有院校播音与主持艺术专业的教师和学生,也有播音主持艺术爱好者,还有一线的播音员和主持人……总之,广大读者的学习热情和建言献策都让我倍感欣慰,也让我获得了继续前行的动力。

媒体融合时代,新闻事业发展迅速,电视新闻播音主持事业不断拓展和进步,播音主持专业的教学理念和教学方法也需与时俱进。因此,在修订中,我做了以下调整:将第二章"电视新闻消息播报"中第二节的实例解析、第三节的补充练习材料以及第三章"电视新闻节目主持"中第五节的补充练习材料等进行了更新。遗憾的是,由于音视频版权等问题,这次修订没有提供音视频链接,只能在下次修订时尽可能予以弥补。

本书仍存在不足之处,希望广大读者不吝赐教,继续为我们提供宝贵意见和建议,让我们更好地为您服务!

仲梓源

2018 年 10 月 28 日

目 录

序 言 / 1

前 言 / 1

第一章 电视新闻播音主持概述 / 1
第一节 电视新闻概述 / 2
一、定义 / 2

二、电视新闻发展概况 / 3

第二节 电视新闻播音员、主持人 / 8
一、电视新闻播音主持的创作主体 / 8

二、电视新闻播音主持工作的性质、地位和作用 / 9

三、电视新闻播音员与主播的内涵 / 9

四、电视新闻节目主持人的内涵 / 10

五、电视新闻播音员、主持人的素质构成和魅力构成 / 10

第三节 电视新闻播音主持创作 / 12
一、电视新闻播音主持创作要素 / 12

二、电视新闻播音主持创作方法 / 13

三、电视新闻播音主持创作要求 / 15

第四节　准备稿件及快速备稿　/ 16
　　一、备稿六步　/ 16
　　二、快速备稿　/ 17
第五节　副语言及其运用　/ 18
　　一、副语言的界定　/ 19
　　二、副语言的作用　/ 19
　　三、副语言的体现规律　/ 19
　　四、副语言的设计　/ 20
　　五、正确使用副语言　/ 20

第二章　电视新闻消息播报　/ 22

第一节　理论概述　/ 23
　　一、新闻消息的结构　/ 23
　　二、新闻消息稿件的特点　/ 26
第二节　电视新闻消息播报实例解析　/ 28
　　一、国内时政要闻　/ 28
　　二、国际时政要闻　/ 32
　　三、国内、国际新闻简讯　/ 35
　　四、地方新闻　/ 38
　　五、财经新闻　/ 39
　　六、文化娱乐新闻　/ 42
　　七、科教新闻　/ 44
　　八、体育新闻　/ 45
　　九、口播和口导　/ 47
第三节　补充练习材料　/ 49
　　一、国内时政要闻　/ 49
　　二、国际时政要闻　/ 61
　　三、国内、国际新闻简讯　/ 65
　　四、地方新闻　/ 70

五、财经新闻 / 75

　　六、文化娱乐新闻 / 79

　　七、科教新闻 / 83

　　八、体育新闻 / 87

　　九、口播和口导 / 90

第三章　电视新闻节目主持 / 94

第一节　新闻杂志型节目主持 / 94

　　一、定义 / 94

　　二、概况 / 95

　　三、新闻杂志型节目播音主持的整体把握 / 96

第二节　民生新闻节目主持 / 99

　　一、定义 / 99

　　二、概况 / 101

　　三、民生新闻播音主持的整体把握 / 103

第三节　新闻专题节目主持 / 105

　　一、定义 / 105

　　二、概况 / 105

　　三、新闻专题节目播音主持的整体把握 / 106

第四节　新闻读报节目主持 / 113

　　一、定义 / 113

　　二、概况 / 114

　　三、读报节目播音主持的整体把握 / 115

第五节　补充练习材料 / 118

　　一、新闻人物专稿 / 118

　　二、新闻读报节目 / 127

第四章 电视新闻访谈 / 133

第一节 理论概述 / 133
一、电视新闻访谈的界定 / 133
二、电视新闻访谈节目特点 / 134
三、电视新闻访谈类型 / 135
四、电视新闻访谈节目的准备和过程把握 / 135

第二节 电视新闻访谈实例解析 / 139
一、新闻节目主持人言论 / 140
二、新闻专访 / 144
三、新闻谈话 / 160

第三节 补充练习材料 / 169
《新闻会客厅》马国力：四次传递奥运火炬 / 169

第五章 电视新闻现场报道 / 179

第一节 理论概述 / 179

第二节 现场报道 / 181
一、开场白、结束语形式的报道 / 182
二、对新闻现场的报道 / 187
三、口头评述 / 189

第三节 连线报道 / 193
一、远程电话连线采访报道 / 194
二、卫星电视连线采访报道 / 198

主要参考书目 / 206

后　记 / 207

序　言

仲梓源同志曾经在江苏广播电视总台工作了八年,其间担任过卫星频道新闻主播,参与过大量新闻采访、专题解说和各种主持工作,实践经验比较丰富。他曾就教于播音艺术家陈醇教授,在我校播音主持艺术学院硕士毕业后留校任教,讲授电视新闻播音主持课程。本教程就是他的研究成果。

在本书中,仲梓源同志从电视新闻播音主持概述、电视新闻消息播报、电视新闻节目主持、电视新闻访谈、电视新闻现场报道五个方面进行了理论界说和现状概述,并结合具体类型进行了论述,还附有大量的练习文稿以及分析和提示,每一章节都有思考练习题。作为教程的体例是比较完备的。

理论问题,目前虽然有不同的见解,但基本上都遵循着新闻传播的规律和要求,只是深浅、详略的差别。即使如此,在新闻播音主持方面的研究,必须明确论题的逻辑起点。在这一点上,就产生过不小的分歧。有的强调新闻节目的策划,有的突出新闻稿件的写作,有的坚持新闻眼的提取,有的力求获得新闻的新鲜感,有的认为理解新闻稿件非常重要,有的认为表达技巧的把握才是关键……其实,新闻节目的播音主持,首先是对新闻节目内容和形式的掌握,其次是据此进行的有声语言表达(包括用气发声、吐字归音、理解感受、表达技巧)。此逻辑起点,体现了具有专业水准的个性,而并非所有新闻工作者的共性。只有如此，才能深入下去，探索出一般中的特殊、普遍中的个别。

实践问题，尽管当前出现了多样的形态，并都一再强调自身形态的优势和价值，甚至不惜无视共性、颠覆传统、缺乏前瞻、满足当下。这就给新闻节目的播音主持创新带来了感性的束缚和理性的屏蔽。例如对于"新闻播报"的贬低，对于"锁新闻"的吹捧；对于"应变能力"的片面认识，似乎重大消息的播出、政策分寸的把握、新鲜感的获得、紧急稿的处置……都不属于应变能力；对于新闻传播中真实准确、迅捷密集的要求，只是加快语速，而不管信息的丢失、损耗与失效；对于新闻播报中庄重大方、质朴含蓄的中国作风和中国气派，采取否定的态度，一味追求"活泼""亲切""自然"，表现出某种形而上学和形式主义倾向。可以说，还没有真正了解新闻传播的根本性质和最终任务。

在教学上，我们仍然坚持"大课讲授共性理论，小课诊治个体症结"的有效途径。但要因材施教、教学相长，要提高课时效率，要讲究教学方法。特别要遵循"从难、从严、科学的、大运动量的训练"方针，充分发挥学生的积极主动性；要让尖子生吃饱（前瞻性引导），一般生吃好（推进性带动），后进生吃少（发奋性觉醒），从而根据他们的消化吸收能力，循序渐进地提高他们的语言功力和专业水平。新闻播音主持，要增强"先睹为快""一吐为快"的新闻传播意识，要加重"喉舌功能""服务受众"的社会道德责任。训练材料的可选择性与教学指导的可融通性应该结合起来，以便进一步明确新闻价值和语言功力的关系，回环往复形成习惯，在新闻传播的共性基础上，实现语言样式的个性表达。

新闻播音的艺术表达包含具体的语言规格：

"字正腔圆、呼吸无声"——言简意赅的无噪音传播。

"感而不入、语尾不坠"——有动于衷的无滞留传播。

"语势平稳、节奏明快"——有张有弛的无板结传播。

"新鲜感强、基调各异"——一吐为快的无定势传播。

"分寸恰切、语流畅达"——主次分明的无损耗传播。

这个规格，是根据新闻传播的基本要求和新闻要素的基本架构综合而来的，是我国新闻传播经验和各国新闻传播特点融合而成的。我们在训练时，认识上、驾驭中，都还存在着一定差距；且应该加以重视，并在教学中认真落实。

　　目前，中央电视台的《新闻联播》，已经成为新闻播音的典范，是我们专业学生奋斗的最高目标。但并非要求大家都进入这个节目，而是要努力达到这样的播音水平。只有如此，我们的新闻播音才能在同世界强势媒体的竞争中开掘出无穷的潜力，显示出强大的实力。仲梓源同志的《电视新闻播音主持教程》一书，在比较浅显和通俗的层面上，启蒙式地解读了电视新闻播音主持的基本常识，给初学者提供了训练的路径和材料。这是他的一次尝试，无疑也是他的贡献。我们的年轻老师们，都应该下功夫研究教学，研究学问；都应该拿起笔来，去写教材，去写论著。写出的东西，并不一定就是完美的，肯定还会有某些不足；但可以继续深入研究，继续修改，继续提高。关键是要心无旁骛、专心致志，尽力做到"乐于在场，勇于出席，善于发言"。

　　在仲梓源同志的《电视新闻播音主持教程》一书即将出版之际，我啰唆了这些话，是对他取得的成果表示祝贺，也是对书中的内容进行的点滴补充。权作小序，仅供参考。

张　颂

2008年1月6日于"三书屋"

前　言

从1958年中国的第一个电视台——北京电视台(中央电视台前身)建立和开播,到现在已经走过了60个年头了。无论从节目的类型和数量,还是从节目的内容和形式,在这60年中都有了突飞猛进的发展和日新月异的变化。从新中国电视开播到现在,虽几经变革但却始终如一的电视节目就是新闻,最受关注的节目是新闻,最受欢迎的节目也还是新闻。

电视新闻属于传播学和新闻学的范畴,但是在具体的新闻传播过程中又与语言学、美学有了交叉,这个交点就是我们的电视新闻播音主持。虽然广播电视语言艺术是一门交叉学科,但是随着广播电视的发展,这门新兴的学科日益受到重视,研究方向和研究内容也逐步细化和深入。

电视新闻在技术和传播手段上有其鲜明的特点和优势,因此电视新闻播音主持也相应地具有其特有的表达手段和技巧。在播音主持艺术当中,电视新闻播音主持多年来一直是研究和教学的重点,几代电视新闻播音人和专家学者积累的成功经验已经为现在的电视播音主持事业奠定了扎实而有效的理论和实践基础。

记得在20世纪90年代初期我当学生的时候,电视节目已经备受关注,广播节目应对形势进行了一系列的思考和改革,发挥了广播特点和优势的广播节目迎来了又一个春天,一时间各种系列电台频率的出现,让当时的人们对广播直播节目中拨打热线电话兴趣十足。那个时候的电视节目尽管广受欢迎,但是电视频道和电视节目并没有像现在这么多,节目内容和形式也没有现在这样丰富,很少有像广播节目那样的直播和互动。电视节目有很多自己的创新,但是更多的时候好像是广播和报纸的"图像版",人们对电视节目的期望和要求在逐步提高。

那个时期播音主持艺术专业的教学和练习大多数还是基于广播节目,无论是稿件播读要求还是语言表达方式大都是按照广播的特点和要求进行的,电视新闻播音理论和技巧只有简单的几个章节来阐述,教学设备也非常简陋,到了毕业前才有的每周两节电视播音主持实验小课,落实到每个同学身上可能也只有不到十分钟。对于电视播音主持来说,当时大家的起点都一样,对电视播音主持也都一知半解,甚至还幼稚地认为只要形象好就可以当电视新闻播音员、主持人。

就在我大学毕业的时候,中国的电视事业发生了巨大的变革,一时间人们对电视的思考、对电视新闻节目的思考都那么汹涌澎湃,对于刚刚走出校门从事电视新闻播音主持的我来说,一切业务知识都是在有限的电视新闻播音主持理论中汲取和在大量的工作实践当中摸索。

当我毕业八年后攻读硕士研究生的时候,让我感慨的是无论电视新闻播音主持艺术的理论研究还是科研教学都早已是一派欣欣向荣的景象了。现在的在校生对电视播音主持的把握和驾驭能力,不但让我刮目相看,更让我生发一种今非昔比的羡慕之情。

毕业留校任教后我在电视教研室工作,被派往中国传媒大学南广学院任教的时候,我主要负责大三年级一门新闻播音主持方向课程的教学任务,这门课程的设计主要是有针对性地对掌握了一定语言表达技巧的高年级学生进行专业性更强的教学和训练。这一年的教学任务没有现成的教学计划和大纲,更没有配套的教辅材料,我又一次在前辈的理论基础上结合当前实际进行探索。在教学当中依然将新闻消息的播报当作重中之重,并辅以新闻类节目的主持和访谈以及现场报道等主要类型来进行,在对相关理论进行梳理和概述之后,更多地让学生通过练习、实践来达到教学目的。

通过一年的实验教学,学生掌握了一定的理论知识和业务技能,我也同他们一起在专业教学上得到了一次锻炼、积累了一些经验。一年下来,面对一摞散乱的厚厚的讲稿和训练素材,我在考虑如何将它们装订规整起来。

正在这个时候,中国传媒大学出版社的编辑找到了我,希望我能够写一部有关电视新闻播音主持方面的书稿,最好实践性强一点。我将现有的电视新闻播音主持教学大纲和教学计划给他们看过之后得到了认可,这让我备受鼓舞,于是开始对这门课程原有的内容进行重新梳理和调整,并对示例和训练材料重新编选。

本书共分五章:电视新闻播音主持概述、电视新闻消息播报、电视新闻节目主持、电视新闻访谈、电视新闻现场报道。在内容讲解上除了有以往电视新闻节目播音主持的主要样式,还包括了近些年来比较普遍的播音主持类型,比如说电视民生新闻、电视读报新闻、电话连线和卫星电视连线等,并有我国主流媒体播出的全真节目实例分析,附有大量全真播出稿件作为练习素材。

虽然思考和准备经历了一年有余,写作和修改过程从炎炎夏日一直到寒冷冬季,但相比之下还是略显仓促,所以即将面对读者时心中些许兴奋之余也不免惴惴不安,一来可能存在浅薄和仓促使然的谬误和纰漏;二来在前辈和同行面前班门弄斧,不安在所难免。

真诚希望读者和专家学者批评指正,我将不胜感激!

仲梓源
2008 年 1 月于北京

第一章　电视新闻播音主持概述

现代社会中，人们的生活从来就没有脱离过新闻信息的影响，特别是日益普及的电视新闻媒体的影响。从人们对电视节目，尤其是电视新闻节目的关注度来看，将电视称作是20世纪最伟大的发明之一并不为过。电视媒体记录和反映世界各个角落的社会生活，确实让我们感觉到好像生活在一个"地球村"。

从1926年1月26日英国科学家贝尔德在伦敦公开演示那台轰动了全世界的被称作"电视"的机器开始，到1936年11月2日英国广播公司在世界上第一次正式播出电视节目，再到1958年11月2日我国第一位电视播音员——沈力口播《简明新闻》……世界范围的电视新闻事业蓬勃发展起来。

在电视新闻节目当中最直接与受众进行交流的就是播音员、主持人，人们在接收新闻信息之余也会对其充满了好奇：他们的工作是什么性质的？他们应该具有什么样的能力和素质？他们又是怎样做到准确、及时报道新闻的？……这些问题也正是选拔和培养电视新闻播音员、主持人的关键所在。

本章将对电视新闻播音主持的一些基本理论常识进行简要的梳理和阐释，以便读者能够较快地领会，为掌握具体的电视新闻播音主持技能打下理论基础。

第一节 电视新闻概述

一、定义

1.新闻的定义

"新闻"一词在我国古已有之。据考证,"新闻"一词最早出现在唐朝。从史料《新唐书》《南楚新闻》以及南宋《朝野类要》的记载中不难看出,它主要指传说、传闻、故事、奇闻逸事等,和现在我们所说的"新闻"有很大不同。

在西方最早使用"News"一词,据记载是在 1423 年。一般认为,News 这个词是由英语北 North、东 East、西 West、南 South 四个词的第一个字母拼写而成的,表明新闻是"四面八方消息的集合"。后来美国新闻学者卡斯柏·约斯特经过考证认为,"News"一词是从 New 这个字引申而来的,是字源中的奇特发展之一。

尽管古今中外对"新闻"一词根源的探究结果有所不同,不可否认的是"新闻"一词虽然经过了长期演化,但都有"新鲜事情""新鲜报道"的基本含义。现在"新闻"一词在新闻传播学中主要有三方面含义:一是指新闻的定义,二是指各种新闻体裁的报道形式的总称,三是专指消息这种体裁。

现代新闻学从西方传入中国后,业界关于新闻的定义有很多。得到我国新闻界公认的是 1943 年陆定一在《我们对于新闻学的基本观点》一文中提出的定义,即"新闻是对新近发生的事实的报道"。这个定义被广泛采用并产生了很大影响,且简洁而科学地道出了新闻的本质和含义。该定义坚持了唯物主义的新闻本原观,指出了新闻是关于事实的报道,明确了新闻是新近发生的事实的报道,具有普适性。

随着新闻事业的不断发展,广播电视和网络媒体技术日新月异,可以对很多新闻事件进行直播,所以"新闻"的定义后来又发展为"新闻是对新近或者正在发生的客观事实的报道"。

2. 电视新闻

(1)定义

电视新闻是以现代电子技术为传播手段,以多元素的图像、声音为传播符号,对新近或正在发生、发现的事实所作的报道。①

电视新闻是运用画面与声音符号体系以及电视媒介的综合优势手段传播的新闻,是电视屏幕上各类新闻体裁、各种新闻性节目的总称。

早期的电视新闻经历过以口播新闻为主和以影片新闻为主两个发展时期。1936年11月2日,英国建立了世界第一座电视台,正式播放电视节目,同时也开始播出电视新闻。②

(2)分类

国内业界理论工作者和实践工作者将电视新闻节目分为三大类,也就是我们现在经常提到的消息类、专题类和评论类新闻节目。

消息类新闻节目是电视新闻实现国内国际要闻汇总的主要渠道,能够迅速、广泛、简要地报道国内外最新的事态发展。

专题类新闻节目对新闻事件进行详尽、深度报道,综合运用电视手段和播出方式,以独特的见解引起观众深层次的思考。

评论类新闻节目是或代表媒体立场,或代表个人立场的评论者对当前极具新闻价值的新闻事件或者社会现象进行观点阐述并提出意见和态度,是电视新闻舆论导向的旗帜。

电视新闻消息一般短小精悍、简明扼要,因为在电视新闻当中,画面和字幕就能够传递很多信息了,所以新闻配音只需要做必要的补充说明。

二、电视新闻发展概况

1. 电视的诞生

所谓"电视",即"Television",原意是"远距离观看"。它满足的是人类长久以

---

① 杨光伟.电视新闻分类与界定[M].北京:中国广播电视出版社,1994:3.
② 吴信训.新编广播电视新闻学[M].上海:复旦大学出版社,2006:8.

来远距离传输、观看图像的愿望。电视是运用电子技术手段传输图像和声音(伴音)的现代化大众传播媒介,是继广播之后出现的又一电子媒介,被誉为"20世纪人类最伟大的发明"之一。电视的产生,极大地拓展了人类视听信息传播的广度和深度。电视以其视听兼备的独特传播优势,在当今各种传播媒介中占据极其重要的地位。

1900年,电视(Television)一词首次出现。此前,有关电视的研究已经开始。英国科学家约翰·洛吉·贝尔德被称为"电视之父"。其实早在1884年,德国工程师保罗·尼普科夫就发明了一种机械式光电扫描圆盘并取得专利,这种机械传真就是电视的雏形。贝尔德在十分艰苦的条件下进行研究和试验,于1924年春天实验发射和接收了一个"十"字图形。1925年10月2日,他利用尼普科发明的扫描圆盘成功地完成了播送和接收电视画面的实验,并第一次在电视上清晰地显现了一个人的头像。1926年1月26日,贝尔德在伦敦做公开表演,轰动了全世界。1927年,"贝尔德电视发展公司"在英国广播公司(BBC)首次播送了30行扫描的电视节目。1930年,舞台剧《花言巧语的人》成为贝尔德播出的第一个声图并茂的节目,贝尔德对电视的发展作出了特殊的贡献。贝尔德在前人研究成果的基础上,制造出了第一台真正实用的电视传播和接收设备。他的试验成功标志着电视的真正诞生。因此,贝尔德被称为"电视之父"。

贝尔德发明的机械电视将电视画面从英国伦敦发射传送到美国纽约,证明图像是能够通过无线电远距离传送的。自此以后,电视作为一种技术上比较成熟的新型传播媒介,开始进入社会,进入人们的生活。1936年,英国广播公司在伦敦以北的亚历山大宫建成了英国第一座公共电视台,11月2日正式播放电视节目。

之后,美国广播RCA(Radio Corporation of America)于1939年推出世界上第一台黑白电视机,到1953年设定全美彩电标准,并于1954年推出彩色电视机,电视机及电视节目开始进入千家万户,电视事业也在世界范围内迎来了欣欣向荣的大发展时期。

2. 我国电视新闻发展概况

20世纪50年代,在世界电视事业迅速发展的同时,我国的电视事业也开始起步。1958年5月1日北京电视台(中央电视台前身)试播,标志着我国电视事业的产生。在其后多年里，中国的电视新闻事业大体经历了三个发展阶段：艰难创业时期(1958～1966)，曲折磨难时期(1966～1978)，蓬勃发展时期(1979至今)。

(1) 艰难创业时期(1958～1966)

我国电视节目开播之初的形式非常简单。新闻节目大致有图片新闻报道、电视新闻片、口播新闻、实况转播以及带有新闻性的电视纪录片等。除国内新闻外，还有一部分国际新闻。国际新闻有口播，也有外国电视台寄来的电视新闻片和纪录片。新闻纪录片是早期电视新闻最主要的节目样式，所以也把电视新闻发展早期称为"新闻纪录片时代"。由于条件限制，新闻的时效性很差。

(2) 曲折磨难时期(1966～1978)

"文革"期间，我国电视新闻事业遭受了巨大的挫折和破坏。当时电视新闻宣传了不少错误的理论、路线、方针、政策，破坏了党的新闻工作的优良传统，节目单调枯燥，形式主义成风，充满空话、大话，教训极其深刻。有人将当时的电视新闻描述为"大批判、学习班、抓革命、促生产""工厂机器转，田间麦浪翻"。电视新闻的国际交流也几乎全部中断，《国际新闻》节目因为没有片源而停播。

1976年7月1日，《电视新闻》(《新闻联播》前身)节目开始试播，内容只有国内新闻，没有国际新闻和口播新闻，每次10～15分钟。1978年元旦，《新闻联播》正式开播，当时仍然只有国内新闻，并且只有微波干线沿线的10多个省市电视台转播。1978年5月1日，北京电视台正式更名为中央电视台，英文缩写CCTV，成为名副其实的全国性电视台。

(3) 蓬勃发展时期(1979年至今)

1978年党的十一届三中全会之后，中国进入了改革开放的新时代，中国的电视新闻事业也开始进入了蓬勃发展时期。

新闻节目是电视节目的主体，作为"要闻总汇"的《新闻联播》集中体现了中国电视新闻的发展水平。1978年1月1日，《新闻联播》正式开播，中断了多年的播音员出图像预告节目的形式同时恢复。1980年4月1日，中央电视台开始通过卫星直接接收国外新闻通讯社的国际新闻，从此，我国电视观众当天或次日就能看到来自世界各地的国际新闻。1980年5月1日，《国际新闻》保留栏目名称并入《新闻联播》。《新闻联播》于1981年7月1日进行改版，改变了把国内电视新闻、口播国际新闻和通过卫星接收的国际新闻截然分开的做法，形成国内、国际新闻两大部分；同时，对栏目标志、片头音乐、电视画面以及预告新闻提要的方式等也都做了改进。

20世纪80年代，除中央电视台的《新闻联播》外，全国各地方电视台的新闻栏目也纷纷开播。如上海电视台的《晚间新闻》《英语新闻》、广东电视台的《港澳动态》《国际纵横》《午间新闻》、杭州电视台的《早晨好》等，都在我国电视新闻的发展中起过开拓性的作用。各类新闻性电视专题栏目也蜂拥而出，如《专题新闻》《专题报道》《华东见闻》《长城内外》《岭南风貌》《山东各地》《浦江新貌》《锦乡八闽》《可爱的中国》《今日世界》等几十个栏目纷纷问世，许多栏目产生了广泛的社会影响。

同时，电视新闻评论也逐渐发展起来，一些电视新闻评论性栏目相继问世，产生了很大的社会影响。1980年7月，中央电视台开办了第一个新闻评论性专栏《观察与思考》，一些地方电视台也相继推出了一批新闻评论性栏目，如广东电视台的《文明之花》《立此存照》、太原电视台的《新闻30分钟》、湖南电视台的《焦点》、上海电视台的《新闻透视》等。中央电视台还开办了国际问题评论专题《今日世界》。

为适应以经济建设为中心的宣传形势，中央电视台于1984年年底成立了经济部，1985年元旦推出《经济生活》（《经济半小时》前身）栏目。此后，各地方电视台也纷纷开办宣传经济建设和经济发展的电视栏目。20世纪90年代，电视节目的国际竞争日益加剧，而竞争的焦点便是电视新闻。1992年8月31日，中央电视台《经济信息联播》栏目问世，与原有的《经济半小时》在内容上各有侧重，成为经济宣传的两大栏目。

1992年10月1日，中央电视台第一个国际卫星频道第四套节目正式开播。这是一套面向港澳台同胞和海外华人华侨并兼顾内地观众的综合性节目，开办了《中国中央电视台新闻》（《中国新闻》前身）以及《亚洲新闻》《台湾新闻》《中国报道》《中国文艺》等栏目，成为港澳台同胞及海外华人华侨了解祖国变化的重要渠道。

1993年1月18日，上海东方电视台开播，在国内电视台首倡新闻滚动播出，《东视新闻》《东视夜新闻》《东视深夜新闻》每晚三次滚动播出。同年3月1日，中央电视台改版《晚间新闻》，并推出《世界报道》《晚间新闻》《体育新闻》，合三为一，成为《晚间新闻报道》。这一时间段成为继《新闻联播》《焦点访谈》之后的第二个黄金时段。

1994年4月1日，中央电视台推出新闻评论性栏目《焦点访谈》，其内容分为调查分析、追踪采访、快速反应、访谈述评四种类型,侧重于对社会上普遍关注的热点、焦点进行述评,在叙述新闻事件来龙去脉,充分展示背景材料的同时,适当插入主持人和记者的分析与评断,是一档典型的电视深度报道栏目。1996年上半年,中央电视台又相继推出谈话节目《实话实说》和深度报道栏目《新闻调查》。

进入21世纪,我国的电视新闻事业正面临着新的机遇和挑战。从中央电视台一系列频道节目的调整改版来看,我国的电视新闻事业正在与国际接轨。

中央电视台第一套新闻综合频道每天几个时段的新闻节目已经远远不能满足受众对新闻的需求,于是2003年5月1日,经过悉心筹划、精心打造的中央电视台新闻频道开播了。新闻频道试运行两个月后,从当年7月1日起正式播出。在中国电视史上具有里程碑意义的第一个新闻专业化频道诞生了。

中央电视台新闻频道全天24小时播出,受众可以及时获取新闻信息。整点新闻以最快的速度向受众提供新闻资讯,突出时效性,具备大信息量,实现滚动、递进、更新式报道,全天24档。安排在整点新闻后的分类新闻主要有财经、体育、文化、国际四大类。新闻频道还充分调动现场直播手段,做到在第一时间向受众报道国际国内重大新闻事件。

中央电视台新闻频道自2003年7月1日正式播出以来,秉承"把握舆论导向,做好党的喉舌,有效提升舆论引导能力"的指导思想,实施有效传播策略,报道及时、全面、准确、权威,发挥了国家主流媒体的宣传主导作用和对全国新闻媒体的引领作用。

思考和练习

1. 通过具体事例来阐释你所理解的新闻以及电视新闻概念。
2. 举例说明电视新闻类节目都有哪些具体节目形态?
3. 请查阅相关资料,对比广播和电视诞生的时代背景和文化背景。
4. 我国的电视新闻发展大致经历了哪些阶段?各阶段分别有何特点?
5. 通过调查研究,试概括进入21世纪后我国电视新闻事业发展的动向和趋势。
6. 关注中央电视台新闻频道的某档新闻栏目或某时段的节目,并分析其特点。

第二节 电视新闻播音员、主持人

一、电视新闻播音主持的创作主体

电视新闻播音主持创作活动中,播音员、主持人是创作者,是创作主体。在此我们要先理解几个概念:

1. 播音员

以在话筒前(含镜头前)进行有声语言创作为主要工作的专业人员。①

2. 播音工作

以在话筒前(含镜头前)进行有声语言创作为主要任务的职业。②

3. 节目主持人

关于节目主持人的概念,业界较为认同的主要有以下几种:

"在我国现阶段,'主持人'在广播电视中的含义是:以有声语言驾驭节目进程的人。'节目主持人'是以有声语言为主干或主线'出头露面'驾驭节目进程的人。这里需要说明的是,必须在节目之中;必须'出头露面';必须驾驭节目进程;必须以有声语言为主干或主线。"③

"节目主持人是在广播电视中,以个体行为出现,代表着群体观念,用有声语言、形态来操作和把握节目进程,直接、平等地进行大众传播活动的人。"④

"节目主持人是在大众传播活动的特定节目情境中,以真实的个人身份和交谈性言语行为,通过直接、平等的人际交流方式主导、推动并完成节目进程、体现节目意图的人。"⑤

将以上几种阐释综合起来,就可以提炼出主持人概念的要点:广播电视媒体、

---

① 张颂.播音语言通论:危机与对策[M].北京:北京广播学院出版社,1994:58.
② 张颂.播音语言通论:危机与对策[M].北京:北京广播学院出版社,1994:58.
③ 张颂.播音语言通论:危机与对策[M].北京:北京广播学院出版社,1994:92.
④ 俞虹.节目主持人通论[M].杭州:杭州大学出版社,1996:5.
⑤ 应天常.节目主持语用学[M].北京:北京广播学院出版社,2001:54.

用语言驾驭、个性形象、群体意识。

所以,我们可以将节目主持人概括为:在广播电视媒体中,用有声语言驾驭和把握节目进程的人,以个性形象与受众进行直接和平等的交流与传播,代表着广泛的群体意识。

二、电视新闻播音主持工作的性质、地位和作用

1. 电视新闻播音主持工作的性质

电视新闻播音主持工作既具有自然属性,又具有社会属性;既具有新闻属性,又具有语言艺术特性;既具有再造性,又具有创造性。因此电视新闻播音主持工作是多学科交叉并具有一定复杂性和多样性的创造性工作。

2. 电视新闻播音主持工作的地位

电视新闻播音工作的地位,可以简括为"传播前沿""中介工序""联系纽带"。[1]

3. 电视新闻播音主持工作的作用

在传播过程中,电视新闻播音主持工作至少具有以下作用:第一,构建语言(副语言)传播系统,使传播潜能变为传播现实,具有传播形成作用;第二,传递信息,体现态度,揭示语义内涵,表明思想实质,具有了解和认识社会作用;第三,传达感情,形象具体生动,吸引感染受众,具有鼓舞、教育、激励作用;第四,规范美化语言,建设语言文明,具有语言表达的审美示范作用。[2]

三、电视新闻播音员与主播的内涵

电视播音员是对电视节目播出最后一个环节工作者的统称,电视新闻播音员的称谓源自之前对广播新闻播音员的叫法。在有广播新闻播音员称谓之前,播音员也被称为"广播员"。北京电视台(中央电视台前身)在1958年11月2日开始口播《简明新闻》的时候,诞生了我国第一位电视新闻播音员——沈力。而如今随着电视事业的发展以及电视新闻节目播音员、主持人概念和职能的变化,电视新闻播

---

[1] 阎玉.中国广播电视学[M].北京:中国广播电视出版社,1990:529.
[2] 姚喜双.播音学概论[M].北京:北京广播学院出版社,1998:26-28.

音员的内涵和称谓也在不断演变。

近年来,在内地电视新闻节目当中开始有"主播"的称谓,很多电视台已经将"播音员"改称"主播"。这是由于在亚太其他华人媒体当中对"Anchor"一词的汉语翻译不同而导致的,在实际工作当中,"主播"和"播音员"的工作状况还是略有不同的。比如,"播音员"主要以轮班的方式进行新闻的播报,而"主播"则是某个栏目的品牌形象,并要参与大量的编辑工作,有时候还要参与前期采访报道,有的人还可能是新闻栏目的主编和制片人,负责整个节目的统筹安排。

四、电视新闻节目主持人的内涵

世界上第一位电视新闻节目主持人是美国著名记者爱德华·默罗。1951年11月18日,他在哥伦比亚广播公司(CBS)电视节目《现在请看》节目中对朝鲜战争进行评论,开创了美国乃至世界电视新闻播报方式的新纪元。

最早提出"新闻节目主持人"概念的是哥伦比亚广播公司制片人唐·休伊特。1952年,他在报道总统大选的电视节目中设置了Anchor(来源于体育术语,指接力赛中最后一棒,也是跑得最快和最有实力的人),也就是后来所谓的新闻节目主持人。之后在美国各大广播公司都出现了一批著名新闻节目主持人。到了20世纪70年代,新闻节目主持人成为一种职业,其他西方发达国家也都纷纷效仿,推出了自己的电视新闻节目主持人。

1980年7月12日,中央电视台《观察与思考》节目第一次使用"主持人"称谓,当天由记者庞啸所主持的新闻节目《北京居民为什么吃菜难》播出后引起了强烈反响,这在中国电视史上具有划时代的意义。后来随着中国电视事业的突飞猛进,主持人队伍也蓬勃发展,到如今已经有了一批全国知名、深入人心的著名主持人。

对于节目主持人的定义众说纷纭,如前所述。

如果在"节目主持人"前面加上"电视新闻"四个字,那么这个概念便又有了更为严格的限制:第一,强调主持人的电视新闻素质;第二,具有随机应变的控制能力和逻辑严密的理性思维;第三,有政治敏感和人文关怀;第四,懂得新闻传播规律。

五、电视新闻播音员、主持人的素质构成和魅力构成

现代媒体的竞争终归是人才的竞争。电视新闻播音员、主持人应该具有什么

样的素质和内涵，一直是相关专家和从业者探讨和思索的课题。

1. 电视新闻播音员、主持人的素质构成

第一，过硬的政治素质。电视新闻播音员、主持人是新闻工作者，因此具备过硬的政治素质显得尤为重要。政治素质表现为政治理论、政治立场、政策观念和政治作风。

第二，扎实的新闻素质。作为电视新闻播音员、主持人，新闻素质无疑是最基本的素质之一。有了扎实的新闻素质才能在工作当中更好地进行传播工作。

第三，丰富的文化素养。广博而深厚的科学文化知识是电视新闻播音员、主持人必备的基本素质。任何一位电视新闻播音员、主持人都很难做到上知天文下知地理，但是我们不求成为"专家"，而应该在精通几门知识的前提下也涉猎各个领域，所以电视新闻播音员、主持人也常常被称作"杂家"。

第四，精湛的专业素养。作为新闻工作者的电视新闻播音员、主持人，同时又有语言艺术工作者的双重身份，所以还必须具有一定的有声语言表达技能，同时兼具较好的形体形象。

2. 电视新闻播音员、主持人的魅力构成

第一，思想意识的人文化。人文精神、人文关怀对电视新闻播音员、主持人的职业素养以及魅力构成具有特殊意义。除了要为党和人民做好"传声筒"，服务于大众，还应该在大众传媒中把"上情下达、下情上传"的工作做好，在这个过程当中，人文精神、人文关怀就显得尤为重要。具体来说，应该做到这两点：一是将传播视角从"俯视"转为"平视"，二是要具有强烈的社会责任感、正义感。

第二，知识储备的专业化。传媒的发展让电视新闻节目的细分化、专业化竞争已成为必然趋势。在激烈的竞争中，电视新闻播音员、主持人只有能够运用专业化的知识储备为受众提供信息服务，才能够真正赢得受众的信任和喜爱。具体来说，应该从以下两方面入手：一方面，电视新闻播音员、主持人的知识结构要更加专业化；另一方面，还应该能够创造性地运用相关知识，并具备转化知识的能力和悟性。

第三，综合能力的职业化。综合能力的职业化有狭义和广义两个层面。狭义的职业化，是指对某种职业相关技能的熟练掌握，拥有较为丰富的操作技能和方法。但是狭义的职业化也有其消极的一面，那就是会有职业化的思维定式、语言定式、行为定式,也常常会让播音员、主持人的工作变为机械重复,从而丧失激情、表现力和新鲜感。广义的职业化则是强调职业化的深层本质,是指对职业特点和职业角色深刻而全面的认识和把握。广义的职业化表现为:一是在节目中充分展示新闻记者的素质和修养;二是在现场具有良好的临场控制力和应变能力。

第四,创作风格的个性化。电视新闻播音员、主持人追求个性化传播最为突出的表现在:一是个性化的电视新闻播音员、主持人应该与栏目融为一体,并且是栏目的形象代言人和栏目的品牌,拥有众多的忠实受众;二是个性化的新闻播音员、主持人具有很强的号召力,他们的个人魅力明显影响着受众和收视率,一旦更换主持人或者节目改版,都会有所反映;三是个性化的电视新闻播音员、主持人同时具有个性化的气质;四是个性化的电视新闻播音员、主持人能够长期得到受众喜爱,最根本的原因是其内在的积淀和创造力。

思考和练习

1. 播音员、主持人的定义是什么?播音主持工作的内涵是什么?
2. 电视新闻播音主持工作的性质、地位和作用分别是什么?
3. 比较电视新闻播音员和电视新闻主播的概念和内涵。
4. 结合具体实例谈谈电视新闻播音员、主持人的素质构成和魅力构成。
5. 如何提高电视新闻播音员、主持人的能力和素质?
6. 你喜欢哪些电视新闻播音员、主持人?为什么?

第三节 电视新闻播音主持创作

一、电视新闻播音主持创作要素

电视新闻播音主持创作活动由很多要素组成。其中,创作主体(包括播音员、主持人)、创作客体(包括节目、稿件、画面、音响等)、受众(包括听众和观众)是构成播音创作活动的三个基本要素。下面主要介绍创作主体和创作客体两个要素。

1. 创作主体

创作主体,是指新闻播音创作活动中的主体。播音是运用有声语言和副语言通过广播电视传媒所进行的一项创作活动,创作主体也就是指播音创作者。[①]

电视新闻播音主持创作主体是电视新闻播音员和电视新闻主持人。两者工作的共同点:必须运用有声语言和副语言;必须以有声语言为主干或主线;对节目、稿件的把握最终必须通过语言体现。

作为创作主体,无论是电视新闻播音员还是电视新闻主持人,都是新闻工作者。创作主体可以有自己的个性特点,但必须将个性和大局有机地统一起来。虽然在节目中以个人身份和个性特点示人,但体现的都是集体劳动的成果、集体智慧的结晶,体现的都是国家、政党以及媒体的态度和立场。

2. 创作客体

创作客体也称创作依据、创作素材,是电视新闻播音主持创作活动的重要构成,包括节目、稿件、画面、音响等。

我们这里主要讲的是稿件,它是播音主持创作依据中的基本元素,按照不同的标准分为很多种,这里主要指文字稿件和腹稿。

各种创作客体的共同特点:可感性,即图像、音响可以直接感受到,文字稿件可以唤起创作主体的感受能力;可变性,即文字稿件具有丰富的内涵,创作主体可以根据自己的理解激发播讲欲望;二度性,即播音主持创作是在文字稿件的基础上进行的再一次表达,因此具有二度性;局限性,即播音主持创作虽然有发挥的空间,但是必须遵循原稿的主旨进行创作。

二、电视新闻播音主持创作方法

1. 坚持正确的播音创作道路

电视新闻播音员、主持人要站在无产阶级党性和政策的立场上,以新闻工作者特有的敏感,把握国内外形势的发展变化和人民群众的思想实际,准确及时地、高

---

① 姚喜双.播音学概论[M].北京:北京广播学院出版社,1998:33.

效率高质量地完成"深入理解——具体感受——形之于声——及于受众"的过程，以积极自如的话筒前状态进行有声语言的再创造，达到恰切的思想感情与尽可能完美的语言技巧的统一，体裁风格与声音形式的统一，准确、鲜明、生动地传达出稿件的精神实质，发挥广播电视教育和鼓舞广大人民群众的作用。[①]

坚持正确的播音创作道路，首先就要坚持播音创作的党性原则；其次要坚持播音创作的真实性原则；再次要坚持播音创作中的时效性原则；最后要很好地把握创作环节的有序性和创作要素的协同性。[②]

2. 创作技巧方法

电视新闻播音主持的创作可以大致分为有稿播音主持和无稿评述两部分。我们都知道播音主持总的要求：有稿播音锦上添花，无稿播音出口成章。那么怎么才能做好呢？下面我们就播音主持创作的内部技巧和外部技巧进行简要概述。

所谓内部技巧就是指有声语言表达前通过文字稿件所能调动起来的内心感受，是播音主持创作的一种心理活动。情感的调动是播音主持创作活动的核心和关键，通常我们所说的"内三"，是指"情景再现""内在语""对象感"三个主要技巧。

情景再现：就是创作主体把文字稿件所表述的具体场景和细节像过电影一样在脑海里呈现，以激发创作者的情感。一般分为四个步骤：理清头绪、设身处地、触景生情、现身说法。

内在语：主要是指那些在播音语言中不便表露、不能表露或者没有完全表露出来和没有直接表露出来的语句关系和语句本质。

对象感：播音主持时，一定要预先设定好受众，对受众设想得越具体，交流感就会越强烈。同时对象感也是激发创作激情的一种手段。

内心的感受和情感必须依靠语言的具体技巧才能表达出来，我们称之为外部技巧。通常所说的"外四"就包括停连、重音、语气、节奏四个主要的外部技巧。

停连：停，就是指停顿；连，就是指连接。有了停顿和连接，我们的语言表达就有了变化。

重音：是有声语言表达中需要着重强调的字、词或词组。但是应该明白，不一

[①] 阎玉. 中国广播电视学[M]. 北京：中国广播电视出版社，1990：535.
[②] 姚喜双. 播音学概论. 北京：北京广播学院出版社，1998：83-84.

定重音就要重读,只要能够把想要强调的部分表现得和其他字词不同就足以达到着重强调的目的了。当然,重音的表达一定要根据具体稿件和个人的理解以及表达特点灵活掌握。

语气:主要是指思想感情运动状态下语句的声音形式。语气由两方面构成:一是具体的思想感情,二是具体的声音形式。二者相辅相成。一定的思想感情,即态度;一定的声音表现形式,即语势。语势可分为五种基本类型:波峰类、波谷类、上山类、下山类、半起类。

节奏:是指表达时由文字稿件激起播音主持创作者思想感情波澜起伏所造成的抑扬顿挫、轻重缓急的声音形式的回环往复。节奏的运用,要掌握欲抑先扬、欲扬先抑、欲快先慢、欲慢先快、慢中有快、快中有慢、欲停先连、欲连先停、欲轻先重、欲重先轻等方法。

三、电视新闻播音主持创作要求

电视新闻播音主持创作不仅仅要求准确、清晰地进行表达,还应该具有一定的美感。具体说来有以下几点:

(1)字正腔圆,呼吸无声。
(2)感而不入,语尾不坠。
(3)基调恰当,语气清脆。
(4)节奏平稳,语速适中。
(5)多连少停,重音常重。[①]

思考和练习

1. 电视新闻播音主持创作的要素有哪些?它们之间的关系如何?
2. 电视新闻播音主持创作的正确道路是什么?
3. 电视新闻播音主持创作的方法有哪些?
4. 电视新闻播音主持在创作上有什么具体要求?体现了哪些美学要求?

---

① 张颂.朗读美学[M].北京:北京广播学院出版社,2002:230.

第四节　准备稿件及快速备稿

一、备稿六步

在电视新闻有稿播音创作当中，首先要做的是准备稿件，具体可分为以下六步。

第一步：划分层次

按稿件内容、有声语言传播规律和受众心理，将文字稿件的结构重新组织、安排，可以进行归并和划分。归并是将相同、相近自然段归并在一个部分。划分是将一个较大的自然段内容划分为若干小层次，以便清楚地表达。

第二步：概括主题

将稿件的中心思想用较为精练的语言概括出来。主题概括是共性与个性的统一，既要说出稿件的特点，又要解释事物的本质。

第三步：联系背景

任何稿件及稿件所反映的事物都不是孤立地存在的，其发生、发展都有一定的原因，都是在一定的背景下产生的。这里，创作主体要联系的背景是指播出背景。有时播出背景与稿件写作背景是同步的，主要是新闻性稿件。还有些是过去写好的稿件，但现在根据舆论宣传形势的需要播出。这就有一个"时间差"，这种情况应以播出背景为依据。

在分析播出背景时，可分为"上情""下情"。"上情"即当前党和国家的有关方针政策；"下情"即人民群众在这方面的实践活动。"下情"又可分为"主流"和"支流"。"主流"就是积极的一面；"支流"就是消极的一面。创作主体在分析背景时，既要看到主流（成绩），又要看到支流（问题）。看不到主流，就会一叶障目，影响宣传的坚定性；看不到支流，就会盲目乐观，影响宣传的针对性。

第四步：明确目的

播出目的是由背景生发而来。"目的"就是要解决"背景"中存在的问题。目的是统率。

第五步:找出重点

要把播出目的落实到稿件中去,就要靠分清稿件主次来很好地体现播出目的。主要部分可能集中在一个段落或层次上,也可能散见于全篇。创作主体要善于处理主次关系。既要重点突出主要部分和句子,又要让次要部分做好铺垫。

第六步:确定基调

基调是稿件总的感情色彩和分量。基调统一中不乏变化,但变化不能离开统一。"统一"是主旋律,"变化"是主旋律上的变奏。创作者在创作活动中运用其他素材如画面、音乐、音响时,也应注意了解和掌握它们在创作活动中的位置、功能和表现手段,综合协调,力争和谐统一。

二、快速备稿

前文学习了备稿六步的详细步骤,但是在现实工作中,尤其是在比较紧急的情况下,往往来不及做一些很细致的工作,具体准备稿件的六大步骤可能由于时间关系来不及逐步去落实,短时间内六大步不一定按照顺序逐一进行,而是有些步骤可以同时进行,有的时候需要我们使用三步并作两步走的快速备稿方法。

快速备稿时,需要我们在较短时间内完成如下主要准备工作:

第一遍快速阅读。根据以往对新闻稿件的结构的判断迅速划分出层次,概括出主题。同时要把稿件当中不熟悉的细节和不确定读音的字词勾画出来,以便进一步查询和确认。

第二遍熟悉稿件时,要能够联系背景,明确稿件的传播目的,找出稿件的重点,确定好播音的基调。同时也可以把具体的停连、重音、语气、节奏等外部技巧在稿件上做个标注,方便准确表达。

在正式播音之前,一般还有一些时间,或者在播完前面一条内容后还有播放成片的时间,可以利用这些时间对稿件进行精加工。

快速备稿还需注意以下两点:第一,由于时间紧迫,可以在快速备稿时出声,一是调动吐字发声器官;二是可以让不顺的地方凸现出来,以便及早发现从文字稿件转化为口语时存在的问题。第二,要常年在演播室准备一本最新版本的权威汉语词典,随时翻阅查找字词的读音和解释。养成翻阅字典的习惯是非常必要的,只要字音稍有不确定就一定要查找确认,绝不能心存侥幸,否则将贻笑大方。

更为重要的是平时多练基本功,多看报,多关注新闻动态。消息有相对固定的格式和写作方法,如果此类稿件接触得多了,哪怕是急稿,也能准确地脱口而出。总之,在没有充分时间准备的情况下,平时广博的知识储备(也就是广义备稿)以及积累的丰富经验,都能够很有效地辅助完成快速备稿。

思考和练习

1. 拿到新闻稿件应该怎样进行准备?
2. 时间紧迫的情况下,如何进行快速备稿?
3. 在快速备稿时,怎样体现出广义备稿和狭义备稿的重要性?为什么?

第五节　副语言及其运用

语言对于人际交往很重要,但是如果将人际交往的手段和技巧仅仅归结为语言,那就太简单化了。事实上,人们时常自觉不自觉地通过目光、面部表情、身体姿势、穿着打扮、接触方式、空间距离等体态语言来表达自己的情感和意愿,这些并非有声语言,但却在交流当中起着十分重要的作用,我们将其归为副语言。

心理学研究结果表明,从人们获取信息的渠道来看,只有11%的信息是通过听觉获得的,83%是通过视觉获得的。美国心理学家艾帕特·梅拉别恩从众多实验中得到了这样一个公式:信息的效果=7%的文字+38%的音调+55%的面部表情。从中可见副语言在信息传达中所起的重要作用。抒情何必三寸舌,眼波一漾,眉峰一耸,嘴角一咧,都是导隐衷、诉幽情的绝妙手段。英国心理学家米歇尔等人曾做过一个实验,他们发现:当语言信号和非语言信号不一致时,人们更加相信的是非语言信号所代表的意义。

这种负载着一定信息并辅助有声语言共同完成和完善表达任务的非语言因素,在语言学上称为副语言。副语言中最为重要的是体态语言。体态语言,又名举止神态语言(Body Language),俗称手势、表情,它与口头语言均为传情达意的手段。有时,体态语言还能传达某些无法用唇齿表达的信息。在信息交流中,体态语言是不可或缺的一种形式。体态语言主要有头部运动、面部表情、各种眼神、身体姿态、手势和足部运动等。

一、副语言的界定

副语言,包括眼神、面部表情、体态、服饰、时空感觉显示等。①

前几种副语言不难理解,时空感觉显示则是指广播中话筒的距离变化,筋肉感觉造成的气息、声音状态;电视中灯光强弱、镜头焦距,背景中季节、环境气氛显示等,都是在传播中运用的副语言。

在电视新闻播音主持创作中,副语言主要是由体态系统和境态系统组成的表情达意、传递信息的符号系统。体态系统,由传播主体的面部表情、身体动作以及服饰着装等组成。境态系统,则由与传播主体活动相关的传播环境构成。

二、副语言的作用

副语言具有特殊的交际功能,在日常生活中如此,在播音主持中更是如此。在播音创作中,副语言具有补充言语信息,替代言语信息,强调言语信息,否定言语信息,重复言语信息,调节言语信息等功能和作用。②

"准确、精巧、简洁而清晰地运用副语言交际艺术的关键,在于摸清副语言习俗的一般特征,亦即它的普遍规律。"③

只有明确了副语言的作用,把握了副语言的规律,才能更好地为电视新闻播音主持锦上添花。

三、副语言的体现规律

副语言的功能特征在播音创作中具有其体现规律。我们应该注意掌握其特

---

① 姚喜双.播音学概论[M].北京:北京广播学院出版社,1998:74.
② 姚喜双.播音学概论[M].北京:北京广播学院出版社,1998:74.
③ 曲彦斌.副语言习俗:手势、情态、口哨等语言现象[M].沈阳:辽宁大学出版社,1988:189.

征,把握其体现规律,使其更好地为播音创作服务。

(1)利用共通性,扩大交流面。(2)注意传承性,体现民族性。(3)运用符号性,增强表义性。(4)利用模糊性,加强引导性。(5)利用可塑性,增强创造性。(6)利用伴随性,加强协同性。(7)利用集成性,把握整体性。(8)运用形象性,增强可感性。①

四、副语言的设计

在说话过程中,副语言具有特殊的表达功能,但它毕竟只是完成表达任务的手段,而不是最终目标。对于口语表达来说,副语言具有辅助作用,在谈话过程中处于从属地位。正是这种从属地位决定了副语言的设计和运用必须由表达的内容、情绪、对象等因素来决定。由此,副语言的设计必须遵循以下几个基本原则:(1)要服从内容表达的需要;(2)要服从情绪表现的需要;(3)要服从对象、场合的需要;(4)要服从审美的需要。

五、正确使用副语言

副语言的运用旨在协助有声语言更好地表达思想感情,因而必须做到:

(1)自然得体。自然,是副语言的最基本要求。动作要自然,自然见真诚。有的人说话时,动作生硬、刻板如木偶,像在"背台词";有的人则刻意表演,动作和姿态总是那样做作。这都使人觉得别扭、不真实、缺乏诚意。有人说,"宁要自然的雅拙,不要做作的乖巧"。这不无道理。

(2)简洁明了。动作要大众化,举手投足要符合一般生活习惯,简洁明了,易于被人们看懂和接受。不要搞得烦琐复杂、拖泥带水,不要龇牙咧嘴、手舞足蹈像在表演戏剧。否则,不仅会喧宾夺主,妨碍有声语言的正常表达,也让听的人眼花缭乱,不知所云。要注意克服不良的习惯动作,避免无意义的多余手势。

(3)适度适宜。所谓适度,即要求动作要适量,以不影响听者听你说话的注意力为度,不要用得过多。所谓适宜,即要求动作必须与说话的内容、情绪、气氛协调

---

① 姚喜双.播音学概论[M].北京:北京广播学院出版社,1998:75-77.

一致,不故作姿态、故弄玄虚甚至手口不一。

（4）富有变化。说话时,适当重复动作是完全必要的,它往往能重现或强调原来的情绪。但不能总是重复一个动作,如果一种表情、一种手势贯穿始终,未免显得单调乏味、呆钝死板。因此,要善于随着内容和情绪的变化而适当地变换动作和姿态,使表达变得生动活泼、富有魅力。

思考和练习

1. 什么是副语言?
2. 副语言的重要性体现在哪些方面?
3. 举例说明副语言都有哪些作用?
4. 在副语言运用中应该遵循哪些规律?
5. 分别依据新闻消息播报、新闻专题、新闻访谈等新闻类节目的不同情境,为自己设计得体的副语言。

第二章 电视新闻消息播报

电视技术的日新月异,推动了电视新闻事业的迅速发展。在诸多电视节目当中,新闻节目无疑是各家新闻媒体最重要的内容之一。而在各种新闻类节目当中,新闻消息的播报又占有相当大的比例。可以说新闻消息播报是电视新闻传播中最具典型意义的一种传播方式。

播报作为电视新闻消息的一种主要传播方式,纵使世界范围内电视新闻事业如何迅速发展,始终是各大电视媒体采用最为广泛的方式之一。时至今日,具有高水平的新闻消息播报依然是各家电视媒体塑造整体形象的一个重要途径;作为新闻播音员、新闻主播,准确、清晰地播报好新闻消息,也是评判其业务素质和专业能力的一个重要因素。

在本章中,我们将新闻消息按照当前主要电视新闻媒体根据内容的分类,并结合现阶段电视新闻消息播报的特点进行全真稿件的分析和提示,以便读者更好地进行技巧训练和技能把握。

通常人们习惯称消息类电视新闻节目为电视新闻,即狭义的电视新闻消息。它在电视新闻节目中处于重要地位,是新闻节目中的主体、骨干。电视新闻消息是电视台实现国内外要闻总汇的主渠道,是受众了解国内外大事的主要窗口。中央电视台的《新闻联播》是消息类电视新闻节目的代表之一。

第一节　理论概述

电视新闻消息的有声语言表达必须符合新闻创作的规律。对新闻消息的结构和特点等有全面的了解，有利于新闻消息稿件的有声语言创作。所以，在此章节中，我们先来了解一下新闻消息的结构和稿件的特点。

一、新闻消息的结构

新闻消息的结构是指消息的整体与部分、部分与部分之间的组织关系，实质上就是怎样组织材料的问题。新闻消息的结构一般包括导语、背景、主体、结尾四个部分，前三部分可以灵活运用，背景材料并无一定格式。

新闻消息的结构有很多种，比方说"倒金字塔式"结构、"螺丝式"结构、"编年体式"结构、"悬念式"结构、"散文式"结构等，但是最常见的还是"倒金字塔式"结构。

1. 消息的"倒金字塔式"结构

消息的"倒金字塔式"结构也称"倒三角"结构，是消息写作中最常用的一种结构方式。它以事实的重要性程度或受众关心程度，先主后次地安排消息中各项事实内容，犹如倒置的金字塔或倒置的三角形，因而得名。它多用于事件性新闻消息的报道。

"倒金字塔式"结构起源于美国南北战争时期电报的运用。在战争期间，电报业务刚开始投入使用，记者的稿件通过电报传送，但由于电报技术上的不成熟和军事临时征用的原因，稿件有时不能完全传送，时常中断。后来，记者们想出了一种新的发稿方法：把战况的结果写在最前面，然后按事实的重要性依次写下去，最重要的写在最前面，在当时这种应急措施产生了创新的文体——"倒金字塔式"结构。

"倒金字塔式"结构按照新闻事件的结果、起因、经过的顺序来写，开头往往只是提供一种悬念，较具故事性，又称新闻故事。"倒金字塔式"结构的导语是一个"五W"俱全的语段。所谓"五W"是新闻术语，意指新闻中的何人（Who）、何事（What）、何时（When）、何地（Where）、何因（Why）这五个要素。"倒金字塔式"结构的主体是对导语的扩展，即对"五W"的扩展。"倒金字塔式"结构的结尾可有可无，如有话补充也可加一个简短的结尾。"倒金字塔式"结构的背景其实就是"何因",或是对"何因"的扩展。假如较简单,可放在导语;较复杂,可放在主体,一般在主体的开头。

"倒金字塔式"结构曾是独一无二的消息结构模式。由于它便于记者迅速写作,又便于编辑删改与编排,同时利于读者快速获取信息,至今仍是消息写作中的主要结构模式。

(1)"倒金字塔式"结构的特征。

"倒金字塔式"结构的特征是头重脚轻地组织、安排材料,将新闻的高潮或结论放在最前面,然后按事实重要性递减的顺序来安排,借以突出最重要、最新鲜的事实。这种结构方式中的导语尤为重要,其结尾一般都表现为自然结束。

"倒金字塔式"结构一般按材料的重要性安排顺序:最重要——次重要——次要——直至完毕。有直叙型的"倒金字塔式"导语,导语中开门见山地陈述最重要、最新鲜或读者最关心的事实;导语可独立成章,成为"简明新闻"或一句话新闻。

(2)"倒金字塔式"结构中对材料的时间安排。

总体性倒叙:将最后结果或后发生且富有吸引力的材料置于篇首。

局部倒叙:在倒叙中采用顺叙手法,或在倒叙段落中穿插顺叙。

总体性顺叙:交代事件的发展现在如何,进一步又如何。

(3)"倒金字塔式"结构的优缺点。

优点:易于组织材料,利于突出新闻的特点,行文简洁、明快,方便读者阅读,便于编辑处理。可以快速写作,不为结构苦思;可以快编快删,删去最后段落,不会影响全文;可以快速阅读,无须从头读到尾。这样的长处符合新闻"快"的特点,因此在战后,"倒金字塔式"结构继续保留下来,并得到推广。

缺点:结构形式缺乏变化,导语、正文、标题容易重复,文意跳跃性较大;缺少文采,没有生机,不能体现个性;结语不是铿锵有力,而是有气无力。

2.消息的"非倒金字塔"结构

(1)"金字塔式"结构:将结论、高潮、结局等放在最后,呈正三角形,这种结构多用描写型、悬念型、延缓型导语,也可不用导语。结构方法主要有三种:第一种是延缓型结构,在吸引读者的开头之后,不是将精彩材料一次性交代完毕,而是叙事跌宕起伏,逐渐向纵深延伸,最后以回味无穷的结尾结束。第二种是悬念型结构,是在延缓型结构上发展起来的,要求不断制造悬念,吸引读者兴趣。第三种是"DEE"结构,又称"华尔街日报体",DEE 是 Description(描写)、Explanation(解释)、Evaluation(评价)的缩写。其基本特征:从描写具体的某个人或场面入手,对事件进行进一步揭示和恰当的背景分析,进而显示主题,引出结论。

(2)"螺丝式"结构:取倒金字塔的上部,将最重要、最新鲜、最吸引人的事实编写在导语里,此为"螺丝帽";主体部分的材料在反映新闻事实的主题上处于相对重要的地位,是为"螺丝杆";直到材料变得明显次要,是为"螺丝尖"。这种结构的导语可采用除延缓型和悬念型以外的各种导语。

"螺丝杆"的写法主要有三种:第一种是时间顺序法,按事实发生、发展、结束的顺序来写,脉络清楚,线条单一;第二种是逻辑联系法,按照事物的内在逻辑联系安排材料,可按因果关系结构、并列关系结构、主次关系结构、从属关系结构来写;第三种是结合方法,就是将时间顺序与逻辑联系结合起来的一种综合方法。

(3)无导语消息:一气呵成、言简意赅、干净利落。比较典型的是非事件性新闻,比方说"简讯"或者"一句话新闻"都是无导语消息。

(4)"散文式"结构:章法灵活、构思自如,较多的是指一种写作方法或风格,结构方面主要强调散文的"形散神不散"。

3.事件性消息报道结构

事件性消息报道的结构大体上包括三种:

(1)单线条过程结构:按事件的自然发展过程记述,叙述多用过去时或过去进行时。

(2)多线条过程组接结构:多线条平行进展,有时交叉进行。多用现场描述,使用现在进行时。

(3)多侧面组合结构:从多个侧面反映事实,适用于重大问题、重大事件的报道,有时一个侧面即可成篇,形成一组报道。

4.非事件性消息报道结构

非事件性消息报道结构大体上包括两种:

(1)以虚代实式:通篇框架建立在抽象的理论、思想上,是"虚"的,而具体材料的安排则打破时空，服从于"虚"的逻辑。经验性报道、问题性报道常用此种结构方式。

(2)就实论虚式：先报道事实，再在此基础上发一些议论，大体有两种情况，即提炼出来的"虚"向着一个方向集中或是分散。每个单元的观点是独立的，彼此又存在一定的联系，但并不紧密，删去一两节无关紧要。如采访札记。

二、新闻消息稿件的特点

1.新闻消息语言的特点

(1)准确无误。要坚持新闻真实性的原则，除了新闻事实真实以外，语言的运用也必须准确。准确，就是反映事物最本质、最切实的状况，不含糊、不笼统、不模棱两可。

(2)简洁明快。新闻消息要求快而短，这就决定了新闻消息语言要简明扼要、直截了当，不能拖泥带水、拖沓冗长。要尽量用最少的文字及时、准确地报道事实真相。

(3)朴素实在。新闻消息用朴素、实在的语言报道新闻事实，这也是区别于其他文体语言的主要标志之一。朴素即自然，自然本身就有一种独具个性的和谐的内在美；实在就是表述时忌矫揉造作、渲染夸张。新闻消息的语言不能油腔滑调、花里胡哨。

(4)鲜活生动。新闻消息要及时、准确地反映丰富多彩、发展变化的客观事物，因此，新闻消息的语言必须清新优美、富有动感，并且能够引人注意、耐人寻味。新闻的新鲜感决定了新闻消息语言的鲜活生动，这也是其特征之一。

2.新闻消息写作的基本要求

(1)主旨集中。做到一事一报道，主旨明确，一目了然。

(2)短小精悍。新闻消息要求言简意赅，现在报纸上的新闻消息一般在500字以内，有的只有一句话（即一句话新闻或叫标题新闻）；在广播电视中一则新闻消息的播放时间通常只有1至2分钟。

(3)要素周全。具备五个"W"和一个"H"（何时 When、何地 Where、何人 Who、何事 What、何因 Why、何果 How）。这六个新闻要素，一直被新闻工作者奉为金科玉律。当然，一则新闻是否要完全具备这几个要素，得看需要而定。

（4）层次分明。新闻的结构形式有很多种，最常用的是"倒金字塔式"。结构不是模式，现实生活丰富多彩，新闻内容千变万化，新闻的结构形式也应千姿百态。

3. 新闻消息写作语言的把握

有关新闻消息的特点，各种论著的说法略有不同。兼顾广播电视媒体的特点，大致可以概括为"新鲜、真实、快捷、重要、短小、明了"。总体说来，也可以从以下三个方面来把握：

（1）选词

广播电视新闻消息中所用的词语一定要准确、浅显，还要符合视听的要求。在消息中用词应该准确无误，这是保证消息的内容得到有效表达的前提。

（2）造句

广播电视新闻消息中的句子既要简短还要浅显，因为要兼顾各个文化层次的受众。有人甚至提出要以短句为主，要多用口语化的句子。句子短，便于播、易于听；句子的意思浅显有助于受众理解。那种以为句子太浅显表达不出内容深度的观点是错误的，我们提倡的是"深入浅出"。

（3）谋篇

这里所谓的谋篇就是指对一则新闻消息的整体布局和写法。消息的谋篇要以更有效地吸引受众、更好地传播主旨为第一目标。受众心理学表明，新闻消息的开头往往决定听众是否会产生兴趣听下去。人的兴奋是有时限的，一个兴奋点被刺激后产生的兴奋，会随着事件的前行而逐渐消失，等到下一个兴奋点被刺激时才会再次兴奋起来。根据这些特点，为了使广播电视新闻消息能够更具吸引力，一般情形下，谋篇时就要考虑将最重要、与听众关系最密切或者是最有趣味的内容放在消息的最前面，让听众听了开头之后还想继续了解下去。

■ 思考和练习

1. 电视新闻消息都有哪些主要的结构类型？
2. 电视新闻消息语言的特点有哪些？
3. 电视新闻消息语言的基本特点是什么？

4. 电视新闻消息稿件在写作上应该注意什么？
5. 试比较平面媒体新闻消息和广播电视媒体新闻消息的语言特点。

第二节　电视新闻消息播报实例解析

一、国内时政要闻

我们在收看电视新闻的时候都会有这样一种体会，那就是往往国家的大政方针、国家领导人的政治工作以及世界政治格局和社会变革等都会在新闻节目的开始先播出，比如说国家各部委出台了一系列新的政策措施、国家领导人会见了哪些外国元首、社会不同方面发生了哪些重要的事件等。这是因为国家的大政方针和国家领导人的政治工作以及社会重大事件都关系到社会的全局，反映的是社会生活的方方面面，与百姓的生活息息相关，具有全民关注的重要性。由于观看电视新闻节目不能像阅读报纸一样可以自己选择新闻消息去了解，而是必须逐条地按照编辑好的顺序去收看，因此往往这些重要的时政要闻会在新闻节目的开始播出。下面我们就几个例稿逐一进行分析，并对播报要点进行提示①。

例1：习近平为米兰世博会中国馆开馆发表欢迎辞

2015年意大利米兰世博会5月1日开幕，世博会中国馆于同日开馆。国家主席习近平通过视频发表欢迎辞。

习近平在欢迎辞中表示，欢迎大家光临中国馆。/米兰世博会聚焦农业和食品，这个主题关系到每一个人的生存和发展，很有意义。/中国人自古就认为："民以食为天。"中国是世界上最大的发展中国家，解决好13亿多人的吃饭问题/是中国发展第一位的任务。长期以来，中国人民依靠自己的努力，成功解决了这个问题，为中国发展奠定了重要基础。

---

① 在示例分析和提示中，为方便起见，并结合实践经验，用"//"表示停顿，"/"表示短时停顿，"⌒"表示连接，"="表示语流中语势起伏变化较大的词或词组，"—"表示语流中语势起伏变化程度次于"="标注的词或词组，其中包含了部分重音和主要信息，即在表达时需要强调和突出的内容。

习近平指出,在中国馆,大家将了解到中国悠久的农业文明、先进的科技成果、丰富的饮食文化,这些都是中华文明的重要组成部分。/中国高度重视农业、农村、农民问题,视之为国家全部工作的重中之重。/中国正在大力推进农业现代化,愿同各国交流农业技术和经验,共同维护世界粮食安全,共同促进人类文明进步。

习近平最后祝米兰世博会成功举办。

2015意大利米兰世博会主题为/"滋养地球,生命能源",于5月1日至10月31日举办,共有148个国家和国际组织参展。/本届世博会上,中国国家馆首次以自建馆形式赴海外参展。

(中央电视台《新闻联播》2015年5月1日播出)

分析和提示:这是一则典型的时政要闻。在导语中我们可以概括出这样几个新闻要素:时间是2015年5月1日;地点在米兰;事件是米兰世博会开幕,中国馆同日开馆,习近平发表欢迎辞。因此,在播报这条新闻导语的时候,只要把以下几个信息表达清楚即可:2015年5月1日、米兰、米兰世博会、中国馆、习近平。

在接下来新闻主体部分前两个自然段的播报中,一段是阐述米兰世博会聚焦农业和食品的主题与中国的关系,另一段则是阐述在中国馆着重展示的内容及其内涵。因此,在主体的第一段当中,聚焦食品和农业、"民以食为天"、吃饭问题、第一位的任务、成功解决等词组无疑成为表达的重点;而在第二段当中,悠久的农业文明、先进的科技成果、丰富的饮食文化,农业、农村、农民问题,交流农业技术和经验,共同维护世界粮食安全,共同促进人类文明进步等信息便是播报当中需要着重表达的。

在本则新闻结尾是两句话的新闻背景,揭示了米兰博览会的主题为"滋养地球,生命能源",介绍了时间跨度为5月1日至10月31日,共有148个国家和国际组织参展,并强调了中国国家馆首次以自建馆形式赴海外参展。因此,"滋养地球,生命能源"、148、自建馆等几个主要信息便成为表达的重点。

这则消息的基调可以确定为积极、友好、期待的;语流应该平稳、流畅;在每个段落衔接处自然起落,在每一层意思结束以及新闻结束时能够落下并收住。

重音和次重音如例文中的"══""─"所标注,停连的处理如例文中的"/""//"

"﹀"所标注。

例2:李克强会见土耳其总统

国务院总理李克强29日在人民大会堂/会见土耳其总统埃尔多安。

李克强表示,中土都是重要新兴市场国家。习近平主席同你举行富有成果的会谈。中方愿同土方/在相互尊重、互利共赢基础上,加强政治互信,照顾彼此核心关切,深化各领域务实合作,推动中土关系健康稳定发展。

李克强指出,中方愿与土方用好两国副总理级政府间合作委员会机制,协调政治、经贸、人文等领域合作;将"一带一路"同土方"中间走廊"计划相衔接,加强铁路等基础设施建设、新能源、轻工、通信等产业合作,推动双边贸易均衡增长;拓展航空、航天、金融等新兴领域合作。希望土方为中方企业赴土投资提供便利和支持。

埃尔多安表示,土方愿进一步提升双边贸易投资合作水平。欢迎中方扩大对土基础设施建设、能源、信息通信、金融、航空、工程承包等领域投资与合作。/土耳其愿成为中方企业生产、物流基地,期待与中方一道开展第三方市场合作。

(中央电视台《新闻联播》2015年7月29日播出)

分析和提示:这则新闻消息也是典型的时政要闻,属于政要会见新闻。导语中的重要信息一目了然:李克强会见埃尔多安,而作为次要信息的时间和地点,相比较而言则可适当弱化处理。

此类新闻的主体部分一般都是主客双方分别发言,主体部分的前两自然段是李克强会见中发言的主要内容,另一段则是埃尔多安会见中发言的主要内容。在主体部分会见双方主要交换了本国态度和立场原则,并对双方未来关系与合作进行展望,因此,这一系列外交辞令中精准的措辞必然是播报表达的重点,同时具体在哪些方面达成共识以及在哪些方面进行合作等信息,也是作为着重强调的信息来进行表达。

这则消息的基调是正式、庄重的;语流、语势要求平稳、自然,多连少停,流畅自如。

重音和次重音如例文中的"━""—"所标注,停连的处理如例文中的"/""//""﹀"所标注。

例3：我国收费清理改革持续推进

财政部部长楼继伟接受本台记者专访时表示,将进一步清理规范收费,激发市场活力,扶持实体经济发展。

楼继伟表示,将重点落实好/对小微企业、养老医疗服务业、保障性住房建设、高校毕业生就业等减免收费的政策。坚决取缔违规设立的收费基金项目,凡没有法律法规依据、越权设立的,一律取消。清理规范按规定权限设立的收费基金,属于政府提供普遍性公共服务的收费要予以取消,对收费超过服务成本的,要降低征收标准。/整顿规范行业协会商会收费,坚决制止强制企业付费行为。/清理规范具有强制垄断性的经营服务性收费,没有法定依据的行政审批中介服务收费一律取消。

楼继伟说,收费与税收发挥的作用不同,政府提供的普遍性公共服务要通过税收筹集资金,而对特定企业个人的非普遍性服务,要向受益者收费。/所有收费项目由中央和省两级编制目录清单,接受社会监督。

（中央电视台《新闻联播》2015年5月28日播出）

分析和提示：对大政方针的宣传和落实情况的跟进也是时政要闻中重要的一类内容,从导语中可以看出,这则消息就是相关部委负责人对大政方针所做的进一步阐释。导语明确指出我国收费清理改革持续推进,将进一步规范收费,激发市场活力,扶持实体经济发展。这也是导语播报时所要强调的重点。

在新闻的主体部分,财政部部长楼继伟就如何持续推进收费清理改革,分别对实施重点、具体措施以及如何落实等广受关注的问题进行了较为详尽的阐述。这一系列措施的具体内容和实施办法,正是新闻消息的中心内容,也是播报表达的重点。而作为政策性内容,措辞严密是其显著特点,因此理清语句之间的关系,把握句子主干和脉络,让语言表达在逻辑关系和对比推进下行进,成为播好本则消息的关键所在。

这则消息的基调可以确定为积极、肯定、鼓舞的;语流要求明快、流畅;语势适当起伏变化,以突显语句之间的逻辑关系。

重音和次重音如例文中的"━""—"所标注,停连的处理如例文中的"/""//""⌣"所标注。

二、国际时政要闻

例1：美国被曝监听日本政府和企业

"维基揭秘"网站7月31号称,美国长期监听日本政府和企业重要人员的电话。日本政府官员表示,如果情况属实,日本将向美国提出抗议。

"维基揭秘"公布的美国政府机密文件显示,美国国安局曾监听/包括日本经济产业大臣、央行行长、内阁官房长官、秘书官等政要,日本财务省等政府机构/以及三菱、三井等主要企业的35条电话线路。监听可追溯到安倍晋三的首个首相任期,但没有明确提及是否对安倍本人进行监听。监听内容包括日美关系、气候变化谈判等。

"维基揭秘"创始人阿桑奇在一份声明中表示,这些文件显示,日美两国"互相提防"。

日本外务省一名发言人表示,日本和美国正就有关报道内容展开沟通。

自2013年6月以来,美国监控丑闻爆料者斯诺登通过媒体/陆续披露美国对内对外的监控项目,引发轩然大波。此前,美国国安局已被曝出/窃听德国、法国、巴西等国政要,酿成多起外交风波。

(中央电视台《新闻联播》2015年8月1日播出)

分析和提示：这则国际时政要闻分为四个部分：导语、主体、结尾和背景。

第一自然段是导语,在导语部分最重要的信息莫过于美国"长期"监听日本的电话,以及日本政府的态度："如果"情况属实,将提出抗议,所以在表达导语部分时抓住"长期"和"如果"两个关键词,此段的脉络和意思便跃然纸上,至于"维基揭秘"、美国、日本等词则稍加强调即可。

第二自然段属于本则新闻的主体,在主体部分详细介绍了美国"国安局"曾监听过日本的哪些政要和主要企业的多少条电话线路,这些信息便是表达的重点,另外还强调"没有"明确提及是否监听过安倍首相,进一步补充了监听的内容。

第三、第四自然段属于新闻的结尾部分,分别用一句话凝练地介绍了"阿桑奇"声明的内容以及日本外务省发言人表示的事态进展情况。

第五自然段是与本则消息相关的新闻背景,着重介绍了"斯诺登"披露的事件以及此前相关的窃听事件所酿成的多起外交风波,因此,这几个信息便是该段表达的重点。

这则消息在播报中的基调是客观、公正的,语势的起伏和走向对主体叙事有着重要作用,在节奏上可以稳健一些。

重音和次重音如例文中的"═""—"所标注,停连的处理如例文中的"/""//""⌒"所标注。

例2:普京:俄应保持海军强国地位

26日是俄罗斯海军日,俄罗斯海军当天在多个海军基地举行庆祝活动。俄罗斯总统普京当天表示,俄罗斯应保持海军强国的地位,这是重要的国家责任。

当天,俄罗斯海军在圣彼得堡、塞瓦斯托波尔和符拉迪沃斯托克等多个基地/举行了水上阅兵等庆祝活动。

普京在波罗的海舰队基地加里宁格勒出席海军日庆祝活动时,强调了保持海军强国地位的重要性。

同一天,普京还批准了俄罗斯新版海洋学说,新版海洋学说将俄罗斯海军发展的重点放在大西洋和北极方向。负责国防事务的俄罗斯副总理罗戈津表示,把海军发展的重点放在大西洋和北极方向是出于应对北约的需要。

近年来,随着地区安全局势的不断恶化,海军在俄罗斯国内的地位不断升高,这也为其装备的现代化提出了新的要求。据俄国防部提供的消息,俄罗斯海军计划今年接收50多艘新型战舰,其中包括10艘大型舰船和潜水艇以及40多艘各种小型舰船。

(中央电视台《新闻联播》2015年7月27日播出)

分析和提示:这则新闻消息可以分为三个部分:导语、主体和背景。

第一自然段是导语部分,最重要的信息就是"俄罗斯海军日",另外,在"多个"基地举行活动,以及"普京"表示应保持"海军强国"地位等信息也需稍做强调。

第二、三、四自然段分别介绍了在哪几个主要基地举行活动,普京在哪里强调了重要性,以及批准了新版海洋学说,这几个信息点便是播报时需要着重强调的。

第五自然段是本则新闻消息的新闻背景,地区安全局势发生了怎样的变化、提出了怎样的要求以及俄国防部有怎样的海军计划等一系列具体数据,均属这一段的重要信息,也是表达时需要强调的。

在播报这则新闻消息时应该确定的基调为客观、公正的,需要通过语势的起伏变化来将整个事件表达清楚,在节奏上也是以稳健、从容为主。

重音和次重音如例文中的"＝""—"所标注,停连的处理如例文中的"/""//""⌒"所标注。

例3:亚洲多国遭遇洪水侵袭

近日,缅甸、印度等东南亚和南亚多国连降大雨,造成当地洪灾、山体滑坡等自然灾害。

根据缅甸政府公布的消息,连日大雨/导致缅甸大部分地区遭遇水灾,目前已造成27人死亡。缅甸14个省邦中有12个省邦遭受不同程度的水灾。缅甸今年进入雨季以来,降水比往年偏多。缅甸政府估计,自7月下旬以来,有超过10万民众受洪灾影响。

连日来,印度多地也发生强降雨。在印度东部,强降雨引发洪水,造成部分道路中断,车辆被淹,很多学校和办公楼暂时关闭。

而在印度北部的北阿肯德邦,连日降雨导致山体滑坡,超过500人因道路阻断而被困。

此外,越南也遭遇洪灾并造成17人死亡;/在尼泊尔西部,强降雨引发山体滑坡造成约30人死亡。

(中央电视台《新闻联播》2015年8月2日播出)

分析和提示:这则国际新闻属于灾难性报道,可以分为两个部分:导语和主体。第一自然段是导语,用概括的方式将灾害情况加以报道。在导语部分应该强调的是更大区域界定的"东南亚"和"南亚"以及具体有哪些灾害,而作为具体国家名称的"缅甸""印度"等则做相应弱化处理,因为在主体部分还会具体介绍。

在接下来的几个小自然段共同形成的主体部分,便开始分别按照灾害严重程度加以详细报道,这其中的具体地名和受灾人数便成为播报中需要强调的信息。

这则新闻的基调可以确定为客观、关切,语势需要变化来烘托出具体灾害情况,节奏上以稳健为主。

重音和次重音如例文中的"═""—"所标注,停连的处理如例文中的"/""//""⌒"所标注。

三、国内、国际新闻简讯

例1.国内联播简讯

国内首个口腔干细胞库在京落成

国内首个口腔干细胞库在北京落成,主要进行口腔干细胞的采集提取、存储应用和医学研究等工作,设计存储口腔干细胞300万。

云南梁河一锡矿发生塌方,11人被困

昨天早晨8点左右,云南梁河县光坪锡矿/发生矿井塌方泥石流事故,11名作业人员被困井下。事故发生之后,当地立即启动应急预案展开救援。/根据雷达生命探测仪探测,被困人员仍有生命迹象。/目前塌方体的清理工作已经向前推进了81米左右,23名专业矿山救援队员也已经抵达现场增援。事故原因正在进一步调查。

桂粤警方摧毁一武装制毒贩毒网络

广西桂林、广东惠州两地警方/日前联手摧毁一武装制毒贩毒网络,在位于桂林荔浦县的窝点中缴获毒品800多公斤、霰弹枪两支,抓获犯罪嫌疑人10多名。

天津国际少年儿童文化艺术节开幕

2015年天津国际少年儿童文化艺术节今天开幕,吸引了海内外2,000多名少年儿童参加。本届艺术节将持续到8月2日,其间会举办少年儿童画展、国际儿童欢乐城等特色活动。

(中央电视台《新闻联播》2015年7月26日播出)

分析和提示:作为国内简讯,内容一般都是全国各地工农生产、人民生活、社会、科教、文卫、体育等方方面面的消息,这就存在不同内容连接在一起进行播报的情况。

由于每则简讯都很短小,如果由一个人播报的话,在听觉上容易产生混淆,所以在男女对播的节目中一般采用男女声轮流播报的形式,而在一个人播音主持的新闻节目中往往采用音效间隔开的方式。不管是用哪种方式,播报简讯的时候都一定要在开头和结尾用有声语言做区分,每则消息的结尾都应该有"着陆"感,也就是语势在结尾要能够落下、收住。

要特别注意每则简讯之间的衔接。有些简讯虽然内容不同,但编辑在编排的时候总是按照某种必然关系进行编排,所以播音员在备稿的时候一定要能够抓住一组简讯之间的内在联系,使用内在语等技巧将语句关系表现出来。

在简讯当中往往是各种表达技巧综合运用,尤其是有很多人名、地名、数据等,所以在播报简讯的时候要注意语言的流畅和主要重音的选取。为了保持整体感,还要注意多连少停,既能够让每则简讯清楚晓畅,又能够让一组简讯抱团儿。

当然,不管对一组简讯做了什么样的编排,都应该按照每则短消息的具体内容进行播报,但是在整体上还是要有一个统一、和谐的节奏感。

重音和次重音如例文中的"━""—"所标注,停连的处理如例文中的"/""//""⌣"所标注。

例2. 国际联播简讯

利比亚一法院判处卡扎菲次子死刑

28日,利比亚的黎波里上诉法院对30多名卡扎菲政权高官作出一审判决,包括卡扎菲次子赛义夫在内的多人被判处死刑。/他们被指控在2011年利比亚内战期间"镇压民众抗议",犯下了战争罪。/赛义夫自2011年以来一直被民兵武装关押,当天通过视频连线异地出庭。

美决定提前释放以色列间谍

28日,美国一联邦假释委员会决定/在今年11月21号提前释放已被关押近30年之久的以色列间谍波拉德。/舆论认为,美国此举是为了缓和/因伊朗核问题全面协议达成而引发的美以紧张关系。

现年61岁的波拉德是美国公民,曾供职于美国情报分析机构,因涉嫌向以色列透露机密情报,1987年被美方以间谍罪判处终身监禁。

津巴布韦"狮子王"遭猎杀引众怒

津巴布韦万盖国家公园最著名的雄狮塞西尔近日遭人猎杀。津巴布韦官方说,是美国游客帕尔默在当地人的协助下杀死了塞西尔,这一猎杀活动是非法的。目前两名当地非法捕猎者已被逮捕。

塞西尔一直深受津巴布韦民众喜爱。它的死在当地引发了震惊和愤慨。

人为失误致"太空船2号"坠毁

去年10月，维珍银河公司的"太空船2号"飞船测试时在美国坠毁。28日，美国国家运输安全委员会公布调查报告，认为驾驶员操作不当是造成太空船坠毁的主要原因。

"太空船2号"是英国维珍银河公司为开展太空旅游而研发的亚轨道飞行器，已有数百人预定了太空船票，这次坠毁对该公司的太空旅游计划造成了严重打击。

（中央电视台《新闻联播》2015年7月29日播出）

分析和提示：播报国际简讯，除了要注意在分析例1时提示的一些要点之外，比较有难度的可能就是播报外国的人名和地名。

在播报外国人名、地名的时候，如果是两个字的音译，则按照汉语普通话的"中重"格式，也就是第一个字读得适中，第二个字读得较重、调值完整，比如例2第二则简讯中提到的"伊朗"，第三则简讯中提到的国家公园"万盖"；如果是三个字的音译，则应该按照"中中重"格式，比如例2的第一则简讯中提到的"利比亚"，第二则简讯中提到的以色列间谍"波拉德"，还有第三则简讯中提到的狮子"塞西尔"；如果是四个字的音译，则应该按照"中重中重"格式，比如例2第三则简讯提到的"津巴布韦"；如果是五个字的音译，则先按照"二三"或"三二"的分组方法，分别读作"中重＋中中重"格式和"中中重＋中重"格式。

国际上的一些消息，在当地是重要新闻事件，在全球范围来看重要性可能会削弱，但是又要在简短的几句话中将新闻事件说清楚，因此有的时候国际简讯有较强的叙述性，这就要求我们在播报国际简讯的时候能够把握好。

国际简讯都是翻译自其他国际新闻社的，因此国际简讯的语法结构和国内简讯略有不同，往往会出现句法结构层层相套、修饰成分环环相扣的长句子，这也要求播音员能够把句子结构理清楚，并且能够找准停连的地方，以便让播报变得更加顺畅、自然。

重音和次重音如例文中的"━""━"所标注，停连的处理如例文中的"/""//""⌣"所标注。

四、地方新闻

例:行进中国·精彩故事

[口导]前段时间,一组普通人的照片在网络上迅速走红,转发量和点赞量都数以万计。63张照片无一例外都有一张笑脸,温馨而友善;/照片的主人公是谁?为啥能让那么多人点赞?今天的【行进中国 精彩故事】就让照片的拍摄者——69岁的武汉老人屠礼华来给大家讲讲"笑脸照"背后的故事。

[采访]

[配音]从2014年5月开始,屠礼华用新换的智能手机,先后拍下了63张笑脸照。

[采访]

[配音]这样拍下来的照片大都是低角度的侧面照,虽然没有任何拍摄技巧,但都恰到好处地拍到了每个人的笑脸。//这张是屠礼华拍摄的第一张照片,今年的5月14日,她出门买东西,一上公交车,这个女孩就起身给她让座。

[采访]

[配音]从那之后,每一次接受让座后,屠礼华都会提出这样的请求,但大多数人都会婉拒,有的甚至转身走开。

[采访]

[配音]但也有例外的时候,这张照片里腼腆笑着的女孩,让屠礼华印象最深。

[采访]

[配音]于是,在屠礼华拍下的63张照片中,就有了这唯一一张合影。而这也是她这辈子的第一张自拍照。

[采访]

[配音]接受让座的次数多了,屠礼华开始心疼起这些让座的年轻人,现在,屠礼华出行都尽量避开上下班高峰期。

[采访]

[配音]这一年,给屠礼华让座的远不止照片上的这63个人。她把这些照片导进电脑,起了个名字,叫"让座人"。

[采访]

[配音]屠礼华主动联系了当地报纸,想对这些"让座人"公开说声谢谢。

[采访]

(中央电视台《新闻联播》2015年1月1日播出)

分析和提示:在当今新媒体时代,社交网络让人人都成为"自媒体",那么到底是什么让这一组普通人的照片在网络上走红,就成为一个悬念,一系列的悬念和问题便构成了这则新闻的导语。谁?为什么?"屠礼华""背后"等关键词就成为导语当中需要突出强调的关键词。

在接下来的主体部分,新闻报道便通过简洁的叙事和采访来一一揭开这一系列的"悬念"。本则新闻的主体部分具有很强的叙事性,人物关系、人物行为等也都在主体部分逐步揭示出来,然而主人公屠礼华的经历并非一模一样,也有例外的时候,既有她印象最深的一幕,也有唯一的合影和第一次自拍。

在新闻的最后,屠礼华为63张照片起的文件名"让座人",烘托出了新闻的主题,既弘扬了传统美德,又让整个新闻报道鲜明、生动,更为推动社会风气的良性发展起到了主流媒体应该具有的舆论宣传作用。

这则新闻通篇都应该洋溢着一种温暖、温情和赞颂、赞美的基调,在叙事表达上需要充分调动语势起伏变化所具有的语言表现力和感染力,在节奏上应该根据具体细节表现出变化和错落有致。

重音和次重音如例文中的"▅""—"所标注,停连的处理如例文中的"/""//""⌣"所标注。

五、财经新闻

例1:中国人民银行定向降低存款准备金率

中国人民银行决定,自2015年6月28日起/有针对性地对金融机构实施定向降准,以进一步支持实体经济发展,促进结构调整。(1)对"三农"贷款占比/达到定向降准标准的城市商业银行、非县域农村商业银行/降低存款准备金率0.5个百分点。(2)对"三农"或小微企业贷款/达到定向降准标准的国有大型商业银行、股份制商业银行、外资银行/降低存款准备金率0.5个百分点。(3)降低财务公司存款准备金率3个百分点,进一步鼓励其发挥好/提高企业资金运用效率的作用。

　　同时,自2015年6月28日起下调金融机构人民币贷款和存款基准利率,以进一步降低企业融资成本。其中,金融机构一年期贷款基准利率下调0.25个百分点至4.85%;一年期存款基准利率下调0.25个百分点至2%;其他各档次贷款及存款基准利率、个人住房公积金存贷款利率相应调整。

(中央电视台《新闻联播》2015年6月27日播出)

　　分析和提示:这则财经新闻主要是金融政策法规的发布,其结构并非典型的导语加主体,但是可以把第一自然段的第一句话当作导语来看待,主要信息是"有针对性"地"定向降准"。

　　因为具体实施办法非常重要,且是备受关注的内容,所以直接在第一自然段就进行了介绍。实施办法具体有三点内容,这三点措辞非常严密,政策性非常强,因此在表达的时候一定要理清它们之间的不同与关联。第一点的关键词:"三农"贷款占比、"城市"商业银行、"非县域农村"商业银行、"0.5"个百分点等;第二点的关键词:"三农"或小微企业"、"国有大型"商业银行、"股份制"商业银行、"外资"银行、"0.5"个百分点等;第三点的关键词:"财务公司"、"3"个百分点、"运用效率"等。

　　在接下来的第二自然段主要介绍的是下调基准利率的政策措施,这一段的关键词:"下调"、"金融机构"、"企业"融资成本、一年期"贷款"、"0.25"个百分点、"4.85%"、一年期"存款"、"0.25"个百分点、"2%"、"其他"、"相应"调整等。

　　总体说来,这则消息的基调是权威、客观的,语势需要起伏变化以便能够把内容的层次拉开,节奏上需要稳健以便能在听觉上分辨出政策法规的细微措辞。

　　重音和次重音如例文中的"━""—"所标注,停连的处理如例文中的"/""//""⌣"所标注。

例 2:7 月份物价温和上涨 涨幅略有扩大

国家统计局今天公布数据显示,7 月份,全国居民消费价格总水平比上年同期上涨1.6%,涨幅比 6 月份扩大0.2 个百分点。其中,食品价格上涨2.7%,非食品价格上涨1.1%;消费品价格上涨1.4%,服务价格上涨2.2%。/1-7 平均全国居民消费价格总水平比去年同期上涨1.3%。

7 月份,在衣食住行等价格中,食品价格上涨最为明显。其中,猪肉价格同比上涨16.7%,比 6 月扩大9.7 个百分点,对 CPI 总指数的影响从上个月的0.2 个百分点扩大到0.48 个百分点。

国家统计局分析显示,猪肉价格上涨是 7 月份 CPI 上涨的主要原因,受供求关系转变影响,目前猪肉价格处于上升周期,价格连续第三个月恢复性上涨。

(中央电视台《新闻联播》2015 年 8 月 9 日播出)

分析和提示:这则财经新闻属于典型的数据发布。第一自然段直截了当地将具体数据呈现出来,这一系列的具体数据便是本段的关键词,另外,像"食品""非食品""消费品""服务"等类别也需要着重强调,突出"7"月份、"6"月份、"平均"是为了凸显年内月份和季度的比较。

第二自然段详细介绍了 7 月份"食品""猪肉"价格的变化,因此几个数据都是需要着重强调的。

第三自然段分析了 7 月份 CPI 上涨的主要原因是"猪肉"价格,还交代了已经是连续"第三个月"恢复性上涨,因此这两个关键信息也需要着重强调。

总体说来,这则消息的基调也是权威、客观的;同样,语势需要起伏变化以便能够把内容的层次拉开;节奏上需要用稳健的语言节奏以便能在听觉上分辨出数据比较之间的细微措辞。

重音和次重音如例文中的"▬""—"所标注,停连的处理如例文中的"/""//""⌣"所标注。

六、文化娱乐新闻

例1：中国芭蕾舞剧《牡丹亭》在美首演

　　当地时间8日晚，由中国国家芭蕾舞团推出的芭蕾舞剧《牡丹亭》/在美国纽约的林肯中心首演。这是中美人文交流高层磋商的成果之一。

　　舞剧以西方古典芭蕾舞的形式/展现了我国悠久的世界非物质文化遗产——昆曲的经典之作。演出感染了许多现场观众。

　　中国国家芭蕾舞团/还将为纽约观众带来经典芭蕾舞剧《红色娘子军》。

（中央电视台《新闻联播》2015年7月10日播出）

分析和提示： 这是一则文化演出的新闻消息，虽然篇幅很短小，但依然属于典型的导语、主体和结尾三段式结构。

　　导语部分，主要突出演出剧目"《牡丹亭》"和首演地点"林肯中心"即可，同时也可用相对较弱的方式突出"中国国家芭蕾舞团"和"中美人文交流高层磋商"两个信息。

　　主体部分主要介绍了用"西方古典芭蕾舞"的形式，展现了"昆曲"的经典之作，其他信息都可以一带而过，以突出重点。

　　结尾部分为一句话，进一步介绍另外一部经典剧目"《红色娘子军》"。新闻语句言简意赅，我们的重点信息表达也要做到"少而精"。

　　这则消息在播报时可以确定为热情、优美的基调；内容和结构并不复杂，所以语势自然、顺畅即可；在节奏上可以以轻松、明快为主。

　　重音和次重音如例文中的"＝""－"所标注，停连的处理如例文中的"/""//""⌒"所标注。

例2：羊年春晚：我为春晚点个赞！

　　昨晚，2015年中央电视台春节联欢晚会/通过全媒体实现全球直播，多种艺术形式对"共筑中国梦、家和万事兴"主题的创意呈现和情感表达，引发社会各界观众的广泛好评。

开场节目《四世同堂/合家欢》流淌出家的祥和与温暖,/硬汉组合《中华/好儿孙》唱出了中华民族"精气神",《共筑/中国梦》展现着中华儿女满怀豪情奋力向前,/《把心/交给你》唱出了国家领导人为人民谋福祉,与人民同呼吸、共命运、心连心的时代赞歌。

四个多小时的节目里,走心的歌《从前慢》《当你老了》直击人心;/创意武术《自古英雄出少年》《江山如画》艺术地呈现中华武术博大精深、代有英才;/古典意韵的歌曲《蜀绣》配以全息技术将刺绣工艺精美呈现;/小品《投其所好》、相声《这/不是我的》针砭时弊,辛辣讽刺溜须拍马的不正之风,引发了观众的一致点赞!

今天,众多媒体大篇幅发表对春晚的评论文章。人民日报以《喜看春晚/新境界》为题,肯定央视紧扣时代脉搏,回应百姓关注;/新华网提炼出羊年春晚关键词:反腐、乡愁、点赞、草根,文章说/或许在每个人心中都有一个不一样的春晚,但今年春晚上的经典仍将与我们的现实生活重叠,在大家的记忆里刻画很长的时间。

普通网民则直言/今年春晚反腐语言类题材尺度之大,恰好结合新一届领导集体在惩治腐败方面做的积极工作,令人振奋。

(中央电视台《新闻联播》2015年2月19日播出)

分析和提示:这是一则文化娱乐新闻,由导语和主体两部分组成。

导语为第一自然段,介绍了"春节联欢晚会"通过"全媒体"方式全球直播,"共筑中国梦,家和万事兴"主题的表达引发广泛好评,这几个关键词就是导语着重强调的。

主体部分共分为两个层次。第一个层次为第二、三自然段,详细介绍了节目的内容和内涵;第二个层次为第四、五自然段,分别截取了主流媒体和普通网民对晚会的评价。

在播报这则消息时的基调可以大致确定为欢乐、祥和、积极、励志;由于内容较为丰富,所以语势的起伏变化利于表现出语句之间的层次;在节奏上可以是明快的。

重音和次重音如例文中的"━""—"所标注,停连的处理如例文中的"/""//""⌒"所标注。

七、科教新闻

例1:科隆游戏展:触觉手套助推远程医疗

近日,在德国科隆举行的游戏展上,一款触觉手套吸引了参观者的目光。手套的拇指、食指和中指部位上都安装了传感器。通过电子元件传输的信号,手套可将虚拟场景中的感受,真实地传递到佩戴者手上,比如物体的温度、震动/和表面的光滑程度等。

墨西哥研究人员说,这款手套可以远程感知病人的体温等状况,未来可以在远程医疗等方面有所作为。

(中央电视台《新闻联播》2015年8月10日播出)

分析和提示:这是一则科技新闻,结构很简单。第一段最为关键的信息是"触觉手套",其"拇指""食指"和"中指"都安装了传感器,只要这些信息表现清楚了,意思便一目了然。

而第二自然段需要着重表达的是"墨西哥"研究人员、"体温"、"远程医疗",其余信息可以弱化处理。

对于这则新闻,基调可以确定为客观、积极的;由于内容简洁,所以语势力求变化、流畅即可;节奏上可以自然、明快。

重音和次重音如例文中的"▬""—"所标注,停连的处理如例文中的"/""//""⌒"所标注。

例2:快乐成长 多彩"六一"

今天是六一国际儿童节,孩子们在丰富多彩的活动中,尽享节日乐趣。

这个六一,一场幼儿趣味足球活动在内蒙古呼和浩特激战正酣。虽然年龄不大,但小队员们拼起来却是个个全力以赴。

作为国家足球改革试点省区,内蒙古已经建设了600多所足球特色学校,今年当地还将设立足球公益基金,让更多贫困地区的孩子们也能感受到足球的乐趣。//

不少地方还把增强安全意识作为了儿童节的第一课。/在革命老区陕西照金,当地供电部门的爱心志愿者/为孩子们讲解安全用电知识;/在安徽亳州,交警部门把交通安全模拟体验活动搬进了农村小学校园。//

六一期间,种类繁多的主题活动也是精彩纷呈。/湖南长沙用一堂特别的科学实验课,让同学们在游戏中学习物理知识。/以动漫音乐为主题的音乐会在北京精彩上演,由父母和孩子组成的家庭交响乐团同台演奏。/在古城西安,近万名少年儿童在长卷上共绘美丽中国。/贵州福泉的孩子们则通过"文明礼仪"知识竞赛,在潜移默化中接受社会主义核心价值观的熏陶。

这两天,由济南军区援建山东、河南两省革命老区的10所"八一爱民小学"全部交付使用,3,000多名老区儿童喜迁新校。

(中央电视台《新闻联播》2015年6月1日播出)

分析和提示:这是一则关于教育活动的新闻消息,是由导语和主体两部分组成。

导语部分只有一句话,国际"儿童节""丰富多彩"的活动正是表达重点。

主体部分共有五个自然段,每个自然段都反映了一个地区富有特色的儿童节活动,正是全国各地不同的特色活动,才构成了这个儿童节的"丰富多彩",因此,每个地名和特色主题活动便是每一自然段的表达重点,同时几个重要数据也需要着重强调。

这则新闻的基调大致可以确定为热情、生动、活泼,语势必须起伏变化、晓畅自然,节奏上可以是轻松、明快的。

重音和次重音如例文中的"＝""—"所标注,停连的处理如例文中的"/""//""⌒"所标注。

八、体育新闻

例1:申冬奥成功 北京获各方高度评价

从2001年到2015年,跨越14年之后,北京再度成功申办奥运会,国际社会纷纷祝贺北京成为第一个先后举办夏季奥运会和冬季奥运会的城市,而北京的办赛能力也得到了普遍认可。

美联社报道称,在国际奥委会看来,北京举办2022年冬奥会是一个安全、可靠的选择。路透社则认为,2008年夏季奥运会的举办让北京成为热门选择,而将冰雪运动普及到全球最多人口的国家这一前景/也打动了奥委会官员。

虽然阿拉木图以四票之差与举办冬奥会失之交臂,哈萨克斯坦总理马西莫夫仍在第一时间表达了对北京的祝贺。

一些国际奥委会嘉宾也高度评价了北京的优势。

2018年冬奥会将在韩国江原道的平昌举行。江原道知事希望与北京促成"奥运合作"关系,分享筹办冬奥会的经验。

(中央电视台《新闻联播》2015年8月1日播出)

分析和提示:这则体育新闻是由导语、主体和结尾三部分共同构成的。

第一自然段是导语部分,最主要的信息是"14年"之后北京"再度"申办奥运会成功,成为"第一个"先后举办"夏季"和"冬季"奥运会的城市,"办赛能力"得到认可。

主体部分由第二、三、四自然段组成,分别介绍了国际新闻社"美联社"和"路透社"的相关报道,以及阿拉木图"虽然"以"四票"之差与冬奥会失之交臂,但"仍"表达了祝贺,另外一些嘉宾"也"予以高度评价。这些关键词均为主体部分的重要信息,在播报时可以加以强调。

最后一个自然段是新闻的结尾,"2018年"冬奥会举办城市"平昌"知事希望与北京促成"奥运合作"关系来分享经验,这几个关键词便是表达的重点。

整体来看,这则新闻播报时可以确定为积极、振奋、鼓舞、自豪的基调;语势的起伏变化有利于表现出内容之间的层次和关联;节奏上以自然、明快为主。

重音和次重音如例文中的"═""—"所标注,停连的处理如例文中的"/""//""⌣"所标注。

例2:喀山世锦赛落幕 中国队荣登榜首

喀山游泳世锦赛9号落下帷幕。中国代表团最终以15金/10银/10铜的战绩,首次荣登游泳世锦赛金牌榜和奖牌榜第一位,创造了中国参加游泳世锦赛之后的最好战绩。

女子4×100米/混合泳接力/是本届游泳世锦赛的最后一个比赛项目。中国姑娘们发挥出色。傅园慧仰泳后名列第二,史婧琳蛙泳反超到第一,/此后蝶泳的陆滢/和自由泳的沈铎/保住第一的优势。中国队最终以3分54秒41的成绩,获得该项目冠军。这也是中国国家游泳队时隔六年之后,再次登上世锦赛/女子4×100米/混合泳接力的冠军领奖台。

孙杨在本届世锦赛夺得了400米和800米自由泳的冠军/以及200米自由泳的银牌。//尽管9日晚由于心脏不适,孙杨最后时刻退出了1,500米自由泳决赛,但他还是凭借个人战绩,蝉联游泳世锦赛"最佳男运动员"称号。

(中央电视台《新闻联播》2015年8月10日播出)

分析和提示:这则体育新闻属于体育赛事消息,是由导语和主体两部分构成。

导语部分的关键词是"喀山"游泳世锦赛、"15金10银10铜",首次荣登"金牌"榜和"奖牌"榜第一位,创造了中国的"最好"战绩,需要在播报时着重强调。主体部分分为两个自然段,分别报道了女子4×100米混合泳接力的赛况和孙杨蝉联最佳男运动员的情况,因此这两段当中除了运动员姓名和比赛名次很重要以外,每一项具体的比赛成绩也是需要表达的重点。

整体来看,积极、振奋、紧张、励志可以确定为大致的基调;在具体描述赛况的时候需要语势的起伏变化来完成紧张氛围的表达;节奏上大致是明快、顺畅的。

重音和次重音如例文中的"━""—"所标注,停连的处理如例文中的"/""//""⌣"所标注。

九、口播和口导

例1:中共中央办公厅印发《推进领导干部能上能下若干规定(试行)》

本台消息:近日,中共中央办公厅印发了/《推进领导干部能上能下若干规定(试行)》,并发出通知,要求各地区/各部门遵照执行。

通知指出,《规定》/按照全面从严治党、从严管理干部要求,/对解决干部能上不能下问题作出具体规定,规范了工作程序,建立了工作责任制,是做好新时期干部工作的重要遵循。//《规定》的颁布实施,对于贯彻落实党的十八大和十八届三中、四中全会精神,/贯彻落实习近平总书记系列重要讲话精神,/完善从严管理干部队伍制度体系,/着力解决为官不正、为官不为、为官乱为等问题,/推动形成能者上、庸者下、劣者汰的用人导向和从政环境,/建设高素质干部队伍,/具有十分重要的意义。

通知要求,各级党委(党组)/要将推进领导干部能上能下/纳入全面从严治党、从严管理干部的重要内容,/坚持原则、敢于负责,/做到真管真严、敢管敢严、长管长严。//要正确把握政策界限,注意保护干部/干事创业、改革创新的积极性。/要加强督促检查,对贯彻落实《规定》不力的,严肃追究责任。

(中央电视台《新闻联播》2015年7月28日播出)

分析和提示:这是一则政策法规的政令通告口播,由导语和主体两部分构成。

口播时,可以确定为庄重、权威的基调,语势上要具有适度的起伏以表达出层次,节奏保持稳健、自然、流畅。

重音和次重音如例文中的"═""—"所标注,停连的处理如例文中的"/""//""⌒"所标注。

例2:【人民日报评论员文章】做群众的贴心人

本台消息:明天出版的人民日报将发表评论员文章,题目是/《做群众的贴心人——三论/努力成为党和人民信赖的好干部》。//文章说,习近平总书记向县委书记们提出的四点要求中,"做群众的贴心人",明确指出了好干部的价值追求、行动方向。

文章强调,做群众工作,就要将心比心、换取真心。群众想什么,我们就干什么,把群众呼声作为干事创业的第一信号,把群众满意作为工作的根本目标。

(中央电视台《新闻联播》2015年7月7日播出)

分析和提示:这是一则简短的评论员文章,由导语和主体两部分构成。

口播时,可以大致确定为严肃、庄重、态度鲜明的基调;虽然全文短小凝练,但是语势要有适当幅度,彰显评论的力度;节奏适宜持重、稳健、抑扬顿挫。

重音和次重音如例文中的"━""—"所标注,停连的处理如例文中的"/""//""⌣"所标注。

口播时播音员需要注意两种情况:其一,在当前大多数新闻演播室有提示器的情况下,要注意体态语言的准确表达,尤其要注意表情和眼神的恰当运用,这些副语言的表达需要依据内容和大致的基调加以调整;其二,在遇到急稿或者没有提示器的情况下,还要适当地抬头示意。对于在哪里抬头示意并没有强制性规定,依据人际交流的习惯以及在需要强调或者句尾、段落结束、一层意思结束的时候,可以适当抬头示意,既增强了交流感,也能够突显重要信息。

思考和练习

1. 新闻消息的结构有哪些主要类型?各有什么特点?
2. 试分析新闻消息稿件特点与广播电视有声语言传播特点之间的关系。
3. 电视新闻消息有哪些划分方法?分别有哪些种类?
4. 电视新闻消息的有声语言表达大致可分为几种?分别有何特点?
5. 从练习材料中选取并编排一组新闻节目,尝试运用不同表达方式进行播报。

第三节 补充练习材料

一、国内时政要闻

1. 中国共产党第十九次全国代表大会在京开幕

绘就伟大梦想新蓝图,开启伟大事业新时代。举世瞩目的中国共产党第十九次全国代表大会18日上午在人民大会堂开幕。

习近平代表第十八届中央委员会向大会作了题为《决胜全面建成小康社会夺取新时代中国特色社会主义伟大胜利》的报告。习近平指出,中国共产党第十九次全国代表大会,是在全面建成小康社会决胜阶段、中国特色社会主义进入新时代的关键时期召开的一次十分重要的大会。大会的主题是：不忘初心，牢记使命，高举中国特色社会主义伟大旗帜，决胜全面建成小康社会，夺取新时代中国特色社会主义伟大胜利，为实现中华民族伟大复兴的中国梦不懈奋斗。

人民大会堂雄伟庄严，万人大礼堂气氛热烈。主席台上方悬挂着"中国共产党第十九次全国代表大会"的会标，后幕正中是镰刀和锤头组成的党徽，10面鲜艳的红旗分列两侧。二楼和三楼眺台上分别悬挂着"不忘初心，牢记使命，高举中国特色社会主义伟大旗帜，决胜全面建成小康社会，夺取新时代中国特色社会主义伟大胜利，为实现中华民族伟大复兴的中国梦不懈奋斗！""伟大、光荣、正确的中国共产党万岁！"的横幅。

上午9时，会议开始。

在主席台前排就座的大会主席团常务委员会成员有习近平、李克强、张德江、俞正声、刘云山、王岐山、张高丽、马凯、王沪宁、刘延东、刘奇葆、许其亮、孙春兰、李建国、李源潮、汪洋、张春贤、范长龙、孟建柱、赵乐际、胡春华、栗战书、郭金龙、韩正、江泽民、胡锦涛、李鹏、朱镕基、李瑞环、吴邦国、温家宝、贾庆林、宋平、李岚清、曾庆红、吴官正、李长春、贺国强、杜青林、赵洪祝、杨晶。

大会由李克强主持。全场起立，高唱《中华人民共和国国歌》。

李克强宣布，党的十九大应出席代表2,280人，特邀代表74人，共2,354人，今天实到2,338人。他对列席大会的党外朋友和有关方面负责同志表示热烈的欢迎。

在热烈的掌声中，习近平代表第十八届中央委员会向大会作报告。

报告共分13个部分：一、过去五年的工作和历史性变革；二、新时代中国共产党的历史使命；三、新时代中国特色社会主义思想和基本方略；四、决胜全面建成小康社会，开启全面建设社会主义现代化国家新征程；五、贯彻新发展理念，建设现代化经济体系；六、健全人民当家作主制度体系，发展社会主义民主政治；七、坚定文化自信，推动社会主义文化繁荣兴盛；八、提高保障和改善民生水平，加强和创新社会治理；九、加快生态文明体制改革，建设美丽中国；十、坚持走中国特色强军之路，全面推进国防和军队现代化；十一、坚持"一国两制"，推进祖国统一；十二、坚持和平发展道路，推动构建人类命运共同体；十三、坚定不移全面从严治党，不断提高党的执政能力和领导水平。

习近平在报告中指出，十八大以来的五年，我们坚持稳中求进工作总基调，迎难而上，开拓进取，取得了改革开放和社会主义现代化建设的历史性成就，党和国家事业全面开创新局面：经济建设取得重大成就；全面深化改革取得重大突破；民主法治建设迈出重大步伐；思想文化建设取得重大进展；人民生活不断改善；生态文明建设成效显著；强军兴军开创新局面；港澳台工作取得新进展；全方位外交布局深入展开；全面从严治党成效卓著。同时，必须清醒看到，我们的工作还存在许多不足，也面临不少困难和挑战。

习近平说，五年来的成就是全方位的、开创性的，五年来的变革是深层次的、根本性的。五年来，我们党以巨大的政治勇气和强烈的责任担当，提出一系列新理念新思想新战略，出台一系列重大方针政策，推出一系列重大举措，推进一系列重大工作，解决了许多长期想解决而没有解决的难题，办成了许多过去想办而没有办成的大事，推动党和国家事业发生历史性变革。这些历史性变革，对党和国家事业发展具有重大而深远的影响。

习近平指出，经过长期努力，中国特色社会主义进入了新时代，这是我国发展新的历史方位。这标志着我国社会主要矛盾已经转化为人民日益增长的美好生活需要和不平衡不充分的发展之间的矛盾。我国社会主要矛盾的变化，没有改变我们对我国社会主义所处历史阶段的判断，我国仍处于并将长期处于社会主义初级阶段的基本国情没有变，我国是世界最大发展中国家的国际地位没有变。

习近平强调，全党要牢牢把握社会主义初级阶段这个基本国情，牢牢立足社会主义初级阶段这个最大实际，牢牢坚持党的基本路线这个党和国家的生命线、人民的幸福线，领导和团结全国各族人民，以经济建设为中心，坚持四项基本原则，坚持改革开放，自力更生，艰苦创业，为把我国建设成为富强民主文明和谐美丽的社会主义现代化强国而奋斗。

关于新时代中国共产党的历史使命，习近平指出，实现中华民族伟大复兴是近代以来中华民族最伟大的梦想。中国共产党一经成立，就把实现共产主义作为党的最高理想和最终目标，义无反顾肩负起实现中华民族伟大复兴的历史使命。今天，我们比历史上任何时期都更接近、更有信心和能力实现中华民族伟大复兴的目标。

习近平强调，实现伟大梦想，必须进行伟大斗争；实现伟大梦想，必须建设伟大工程;实现伟大梦想,必须推进伟大事业。伟大斗争,伟大工程,伟大事业,伟大梦想,紧密联系、相互贯通、相互作用,其中起决定性作用的是党的建设新的伟大工程。

习近平用"八个明确"对新时代中国特色社会主义思想进行了阐述。他说,新时代中国特色社会主义思想明确坚持和发展中国特色社会主义,总任务是实现社会主义现代化和中华民族伟大复兴,在全面建成小康社会的基础上,分两步走在本世纪中叶建成富强民主文明和谐美丽的社会主义现代化强国。

习近平指出,新时代中国特色社会主义思想,是对马克思列宁主义、毛泽东思想、邓小平理论、"三个代表"重要思想、科学发展观的继承和发展,是马克思主义中国化最新成果,是党和人民实践经验和集体智慧的结晶,是中国特色社会主义理论体系的重要组成部分,是全党全国人民为实现中华民族伟大复兴而奋斗的行动指南,必须长期坚持并不断发展。

习近平阐述了构成新时代坚持和发展中国特色社会主义基本方略的"十四条坚持":坚持党对一切工作的领导;坚持以人民为中心;坚持全面深化改革;坚持新发展理念;坚持人民当家作主;坚持全面依法治国;坚持社会主义核心价值体系;坚持在发展中保障和改善民生;坚持人与自然和谐共生;坚持总体国家安全观;坚持党对人民军队的绝对领导;坚持"一国两制"和推进祖国统一;坚持推动构建人类命运共同体;坚持全面从严治党。

习近平在谈到"两个一百年"奋斗目标时说,改革开放之后,我们党对我国社会主义现代化建设作出战略安排,提出"三步走"战略目标。解决人民温饱问题、人民生活总体上达到小康水平这两个目标已提前实现。从现在到二〇二〇年,是全面建成小康社会决胜期。从十九大到二十大,是"两个一百年"奋斗目标的历史交汇期。我们既要全面建成小康社会、实现第一个百年奋斗目标,又要乘势而上开启全面建设社会主义现代化国家新征程,向第二个百年奋斗目标进军。

习近平提出,从二〇二〇年到本世纪中叶可以分两个阶段来安排。第一个阶段,从二〇二〇年到二〇三五年,在全面建成小康社会的基础上,再奋斗十五年,基本实现社会主义现代化。第二个阶段,从二〇三五年到本世纪中叶,在基本实现现代化的基础上,再奋斗十五年,把我国建成富强民主文明和谐美丽的社会主义现代化强国。

习近平指出，要贯彻新发展理念，建设现代化经济体系。深化供给侧结构性改革；加快建设创新型国家；实施乡村振兴战略；实施区域协调发展战略；加快完善社会主义市场经济体制；推动形成全面开放新格局。

习近平阐述了健全人民当家作主制度体系，发展社会主义民主政治的内容：一是坚持党的领导、人民当家作主、依法治国有机统一；二是加强人民当家作主制度保障；三是发挥社会主义协商民主重要作用；四是深化依法治国实践；五是深化机构和行政体制改革；六是巩固和发展爱国统一战线。

习近平指出，要坚定文化自信，推动社会主义文化繁荣兴盛。牢牢掌握意识形态工作领导权；培育和践行社会主义核心价值观；加强思想道德建设；繁荣发展社会主义文艺；推动文化事业和文化产业发展。

习近平强调，要提高保障和改善民生水平，加强和创新社会治理。优先发展教育事业；提高就业质量和人民收入水平；加强社会保障体系建设；坚决打赢脱贫攻坚战；实施健康中国战略；打造共建共治共享的社会治理格局；有效维护国家安全。

习近平提出，要加快生态文明体制改革，建设美丽中国。推进绿色发展；着力解决突出环境问题；加大生态系统保护力度；改革生态环境监管体制。

习近平指出，坚持走中国特色强军之路，全面推进国防和军队现代化。必须全面贯彻新时代党的强军思想，贯彻新形势下军事战略方针，建设强大的现代化陆军、海军、空军、火箭军和战略支援部队，打造坚强高效的战区联合作战指挥机构，构建中国特色现代作战体系，担当起党和人民赋予的新时代使命任务。

习近平指出，要坚持"一国两制"，推进祖国统一。保持香港、澳门长期繁荣稳定，支持香港、澳门融入国家发展大局，发展壮大爱国爱港爱澳力量，让香港、澳门同胞同祖国人民共担民族复兴的历史责任、共享祖国繁荣富强的伟大荣光。继续坚持"和平统一、一国两制"方针，推动两岸关系和平发展，推进祖国和平统一进程。

习近平指出，坚持和平发展道路，推动构建人类命运共同体。中国将高举和平、发展、合作、共赢的旗帜，恪守维护世界和平、促进共同发展的外交政策宗旨，坚定不移在和平共处五项原则基础上发展同各国的友好合作，推动建设相互尊重、公平正义、合作共赢的新型国际关系。

习近平强调，坚定不移全面从严治党，不断提高党的执政能力和领导水平。

习近平提出了新时代党的建设总要求以及必须抓好的八个方面重要任务：把

党的政治建设摆在首位;用新时代中国特色社会主义思想武装全党;建设高素质专业化干部队伍;加强基层组织建设;持之以恒正风肃纪;夺取反腐败斗争压倒性胜利;健全党和国家监督体系;全面增强执政本领。

习近平报告过程中,全场一次次响起热烈的掌声。

现任和曾任全国人大常委会副委员长、全国政协副主席的党外人士,在京各民主党派中央、全国工商联副主席,无党派代表人士,宗教界代表人士,在京全国人大、全国政协常委中的民主党派、无党派和民族宗教界人士作为来宾列席大会。党内有关负责同志也列席了大会。

3,000多名中外记者采访报道了开幕会盛况。

(中央电视台《新闻联播》2017年10月18日播出)

2. 全国政协十三届一次会议闭幕

中国人民政治协商会议第十三届全国委员会第一次会议在圆满完成各项议程后,15日上午在人民大会堂闭幕。会议号召,人民政协各级组织、各参加单位和广大政协委员,更加紧密地团结在以习近平同志为核心的中共中央周围,以习近平新时代中国特色社会主义思想为指导,同心同德、扎实工作,为决胜全面建成小康社会、夺取新时代中国特色社会主义伟大胜利、实现中华民族伟大复兴的中国梦而努力奋斗。

上午9时30分,闭幕会开始。

会议由中共中央政治局常委、全国政协主席汪洋主持。全国政协副主席张庆黎、刘奇葆、帕巴拉·格列朗杰、董建华、万钢、何厚铧、卢展工、王正伟、马飚、陈晓光、梁振英、夏宝龙、杨传堂、李斌、巴特尔、汪永清、何立峰、苏辉、郑建邦、辜胜阻、刘新成、何维、邵鸿、高云龙在主席台前排就座。

习近平、李克强、张德江、俞正声、张高丽、栗战书、王沪宁、赵乐际、韩正等在主席台就座。

汪洋宣布,政协第十三届全国委员会第一次会议应出席委员2,158人,实到2,142人,符合规定人数。

会议通过了政协第十三届全国委员会第一次会议关于常务委员会工作报告的决议、政协第十三届全国委员会第一次会议关于中国人民政治协商会议章程修正案的决议、政协第十三届全国委员会第一次会议提案审查委员会关于政协十三届一次会议提案审查情况的报告、政协第十三届全国委员会第一次会议政治决议。

汪洋在讲话中说,政协第十三届全国委员会第一次会议,是在全国各族人民深入学习贯彻习近平新时代中国特色社会主义思想和中共十九大精神,决胜全面建成小康社会、开启全面建设社会主义现代化国家新征程的重要时刻召开的。在中共中央高度重视下,在各有关方面大力支持下,经过全体委员共同努力,圆满完成各项议程。

汪洋指出,会议期间,中共中央总书记、国家主席、中央军委主席习近平等党和国家领导同志出席大会开幕会和闭幕会,深入到界别小组同委员共商国是。广大委员以高度的政治责任感,深入讨论政府工作报告和其他报告,讨论宪法修正案草案和监察法草案,以及国务院机构改革方案,认真审议全国政协常委会工作报告、政协章程修正案草案等文件,履职建言成果丰硕。这是一次民主、团结、求实、奋进的大会,充分彰显了中国特色社会主义民主政治的生机活力。

汪洋说,中国共产党领导的多党合作和政治协商制度是我国的一项基本政治制度,是中国共产党、中国人民和各民主党派、无党派人士的伟大政治创造,是从中国土壤中生长出来的新型政党制度。中国人民政治协商会议这个庄严的名称,清楚地界定了它的性质和作用,必须准确地把握这个名称、这项制度赋予我们的使命。人民政协是政治组织,必须旗帜鲜明讲政治。人民政协是人民民主的重要制度,必须以人民为中心履职尽责。人民政协是专门协商机构,必须求真务实提高协商能力水平。第十三届全国人民代表大会第一次会议已经表决通过中华人民共和国宪法修正案,宪法是国家的根本法,是治国安邦的总章程,是中国共产党和全国人民意志的集中体现。人民政协要坚持一切活动以宪法为根本准则,在宪法和法律范围内履行职责、开展工作,切实增强尊崇宪法、学习宪法、遵守宪法、维护宪法、运用宪法的思想自觉和行动自觉。

汪洋说,新时代呼唤新作为,人民政协要以共同目标寻求最大公约数,以大团结大联合画出最大同心圆,以协商民主凝聚强大正能量,以改革创新激发工作新活力,努力把不同党派、不同民族、不同阶层、不同信仰的海内外中华儿女凝聚起来,形成致力于实现祖国统一和中华民族伟大复兴中国梦的最广泛的爱国统一战线。

汪洋最后说:"让我们更加紧密地团结在以习近平同志为核心的中共中央周

围,为决胜全面建成小康社会、夺取新时代中国特色社会主义伟大胜利努力奋斗!"

出席闭幕会的领导同志还有:丁薛祥、马凯、王晨、刘鹤、刘延东、许其亮、孙春兰、李希、李强、李建国、李鸿忠、李源潮、杨洁篪、杨晓渡、张又侠、陈希、陈全国、陈敏尔、范长龙、胡春华、郭声琨、黄坤明、蔡奇、尤权等。

中共中央、国务院有关部门负责人列席闭幕会。各国驻华使节应邀旁听闭幕会。

大会在雄壮的国歌声中闭幕。

闭幕会后,习近平等党和国家领导人与出席会议的全体政协委员合影留念。

(中央电视台《新闻联播》2018年3月15日播出)

3. 中非合作论坛北京峰会举行圆桌会议 习近平主持通过北京宣言和北京行动计划

中非合作论坛北京峰会圆桌会议4日在人民大会堂举行。国家主席习近平和论坛共同主席国南非总统拉马福萨分别主持第一阶段和第二阶段会议。会议通过《关于构建更加紧密的中非命运共同体的北京宣言》和《中非合作论坛—北京行动计划(2019—2021年)》。

上午10时许,习近平同论坛共同主席国南非总统拉马福萨及其他53个论坛非洲成员代表团团长一同步入会场。习近平宣布会议开始。

与会各方重点就推进中非关系、深化各领域合作、构建更加紧密的中非命运共同体、共建"一带一路"以及共同关心的国际和地区问题发表了看法。

习近平强调,两天来,北京峰会围绕"合作共赢、携手构建更加紧密的中非命运共同体"这一主题,凝聚合作共识,对接发展战略,再次唱响中非合作共赢、共同发展主旋律。

习近平指出,论坛北京峰会共同回顾了中非合作论坛成立18年来特别是2015年约翰内斯堡峰会以来中非全面战略合作伙伴关系取得的长足发展,审议了中非"十大合作计划"全面落实情况,对此感到满意。我们一致决定携手打造责任共担、合作共赢、幸福共享、文化共兴、安全共筑、和谐共生的中非命运共同体,筑牢中非关系政治基础,拉紧中非人民感情纽带,充实中非合作时代内涵。

习近平指出,我们一致通过了峰会成果文件,为中非关系发展指明了方向。

《关于构建更加紧密的中非命运共同体的北京宣言》全面体现了中非对当今世界重大问题的共识，彰显了中非团结友好、共享机遇、共迎挑战的决心。《中非合作论坛——北京行动计划》对未来3年和今后一段时间中非各领域务实合作进行了规划，展现了中非携手实施"八大行动"、推动中非合作提质增效的坚定意愿，描绘了中非合作共赢、共同发展的新蓝图。

习近平强调，我们一致同意秉持共商共建共享原则，将中非合作论坛建设成为中非团结合作的品牌、国际对非合作的旗帜。我们将加强政策协调，推进落实论坛峰会成果，并把中非共建"一带一路"、非洲联盟《2063年议程》、联合国2030年可持续发展议程、非洲各国发展战略紧密结合起来，为非洲发展振兴提供更多机遇和有效平台，为中非合作提供不竭动力和更大空间。

习近平指出，峰会围绕国际形势、和平安全、全球治理等重大国际和地区问题深入交换看法。我们决心加强沟通和协作，坚定维护开放型世界经济和多边贸易体制，反对保护主义、单边主义，共同维护彼此核心利益和发展中国家整体利益，积极推动建设相互尊重、公平正义、合作共赢的新型国际关系，为构建人类命运共同体作出新的更大贡献。

习近平强调，新时代中非关系正蓄积起强劲动能，迎来广阔美好的前景。中国愿同非洲一道，乘着论坛北京峰会东风，全力推动中非战略合作伙伴关系不断迈上新台阶。我们要矢志不渝传承中非传统友好，让中非友谊之树更加根深叶茂；要矢志不渝深化中非政治互信，让中非合作战略基础更加稳固；要矢志不渝推进中非共同发展，让合作成果更多惠及中非人民；要矢志不渝加强中非团结协作，让世界和平发展大潮更加强劲。

习近平指出，中非合作蓬勃发展，不仅促进了非洲发展进步，提振了非洲人民、国际社会对非洲发展前途的信心，更带动了国际合作伙伴倍加重视非洲，加大对非洲投入和合作。让我们以此次峰会为新起点，秉持初心，团结一致，为实现中非共同发展振兴的伟大梦想而努力奋斗。

非洲各国领导人高度评价此次峰会，一致认为峰会是加强非中团结合作的历史性盛会，向世界再次释放非中致力于加强友好协作、促进发展中国家大团结的强烈信号。很高兴更多非洲国家加入论坛，非中友谊朋友圈不断扩大。这次峰会务实高效，成果丰富，有力推动非中合作深入发展，开启了非中合作新时代。论坛将以构建更加紧密的中非命运共同体为引领,为推动构建人类命运共同体汇聚更多力量,为世界和平稳定与发展繁荣积蓄更多正能量。

非方对中非合作论坛约翰内斯堡峰会确定的"十大合作计划"落实情况感到满意,高度评价习近平在北京峰会开幕式讲话中宣布的"八大行动"等对非务实合作新主张、新举措,表示有关举措和倡议完全契合非洲经济社会发展的优先领域,将加强对非中关系发展的顶层设计,在更高水平上实现非中合作共赢、共同发展,壮大发展中国家整体力量,推动国际秩序向更加公正、合理方向发展。非方支持并赞赏"一带一路"倡议,坚信非中共建"一带一路"将加快推动非洲区域一体化,并将为实现非洲联盟《2063年议程》以及联合国2030年可持续发展议程提供重要助力。

非方表示,中国始终倾听、理解并支持非洲。中国帮助非洲时,从不干涉非洲国家内政。中国在对非合作中总是以义为先,与国际关系中长期存在的不平等局面形成鲜明对比。感谢中国在国际上主持正义,维护非洲和发展中国家正当权益。非中加强各领域合作将有力提升广大发展中国家在国际事务中的作用和影响。

各方高度评价这次峰会通过的《关于构建更加紧密的中非命运共同体的北京宣言》和《中非合作论坛—北京行动计划(2019—2021年)》,将全力推进落实北京行动计划,构建更加紧密的中非命运共同体。

丁薛祥、杨洁篪、王毅、何立峰等出席上述活动。

(中央电视台《新闻联播》2018年9月4日播出)

4.李克强主持召开国务院常务会议

国务院总理李克强8月22日主持召开国务院常务会议,部署进一步推进缓解小微企业融资难融资贵政策落地见效;决定扩大基本医保跨省异地就医住院费用直接结算范围,便利群众就近就医;确定促进天然气协调稳定发展的措施和生物燃料乙醇产业总体布局。

会议指出,按照党中央、国务院部署,有关部门出台实施了一系列缓解小微企业融资难融资贵的措施。为推动金融更好服务实体经济,促进就业稳、企业兴,会议强调,一要坚持稳健的货币政策,不搞"大水漫灌",注重精准施策,疏通传导机制,鼓励金融机构增加小微企业贷款,降低融资成本。缩短小微企业贷款审批周期。二要建立金融机构绩效考核与小微信贷投放挂钩的激励机制。适当提高贷存比指标容忍度。支持发行小微企业贷款资产支持证券。三要坚持促发展和防风险并重,优化监管考核,使小微企业得实惠,禁止存贷挂钩、借贷搭售等行为,有效防范和化解金融信贷风险。

为落实政府工作报告深化医改要求,推进基本医保跨省异地就医住院费用直接结算,会议确定,将外出农民工和外来就业创业人员全部纳入直接结算。年底前确保每个县级行政区至少有 1 家直接结算定点医疗机构。加快将所有定点医疗机构接入国家结算平台,推动网上直接结算。

会议确定了深化改革促进天然气协调稳定发展的措施:一是构建多元化供应体系,加强管网、储气库、接收站等建设,保障天然气供需平衡和有序利用。二是加大国内勘探开发力度,创新机制鼓励各类投资主体参与。三是完善天然气调峰、应急和安全保障机制。做好今冬明春保供预案,新增气量优先保障城镇居民生活和大气污染严重地区冬季取暖散煤替代。"煤改气"要坚持"以气定改"。用差别化价格政策促进削峰填谷。

为发展绿色能源,并消化部分粮食品种过多库存,会议确定了生物燃料乙醇产业总体布局。坚持控制总量、有限定点、公平准入,适度布局粮食燃料乙醇生产,加快建设木薯燃料乙醇项目,开展秸秆、钢铁工业尾气等制燃料乙醇产业化示范。会议决定扩大车用乙醇汽油推广使用,除原有 11 个试点省份外,今年进一步在北京等 15 个省份推广。

(中央电视台《新闻联播》2018 年 8 月 22 日播出)

5. 韩正会见出席首届中国国际智能产业博览会的各国领导人

中共中央政治局常委、国务院副总理韩正 22 日在重庆分别会见出席首届中国国际智能产业博览会的蒙古国副总理恩赫图布辛、老挝副总理宋迪、新加坡荣誉国务资政吴作栋。

会见恩赫图布辛时,韩正表示,中蒙是山水相连的好邻居,两国加强全方位合作,符合两国人民根本利益。中方始终将中蒙关系放在周边外交的重要位置,坚定奉行亲诚惠容理念和与邻为善、以邻为伴的周边外交方针。我们愿以中蒙建交 70 周年为契机,落实好两国元首重要共识,加强高层往来,深化务实合作,扩大人文交流,共同开创两国友好合作新局面。

恩赫图布辛表示,蒙古国钦佩中国取得的巨大发展成就。蒙方坚定奉行一个中国原则,愿共同落实好双方高层共识,对接好"发展之路"和"一带一路"倡议,把蒙中关系打造成邻国交往的典范。

会见宋迪时,韩正首先对老挝南部水电站发生溃坝表示慰问。韩正表示,在两党、两国最高领导人引领推动下,中老全面战略合作伙伴关系不断深入,惠及两国人民和本地区发展。中方始终视老方为可信赖的好邻居、好朋友、好同志、好伙伴,将坚定奉行对老友好政策,愿同老方加强沟通协调,共同落实好双方高层重要共识,保持高层交往势头,构建具有战略意义的中老命运共同体。

宋迪感谢中方在老挝南部水电站发生溃坝后给予的宝贵援助,高度评价老中关系不断巩固深化,表示老方愿同中方一道,密切高层交往,深化务实合作,打造牢不可破的老中命运共同体。

会见吴作栋时,韩正表示,中新是亲密友好邻邦,在两国历届领导人的亲自关心推动下,创造性地走出了一条互学互鉴、互利共赢的合作之路。中新合作潜力巨大、前景广阔,中方愿同新方一道,办好新一轮双边合作机制会议,共同维护以规则为基础的多边贸易体制,推动经济全球化朝着更加开放、包容、普惠、平衡、共赢的方向发展。

吴作栋表示,新加坡一直以来高度重视对华关系。当前新中关系持续稳定发展,合作更全面、更多元。新方反对单边主义和保护主义,主张共赢、多赢,愿同中方加强互联互通合作,推动建设开放型世界经济,推动新中关系不断发展。

(中央电视台《新闻联播》2018年8月22日播出)

6.栗战书出席第二十四次全国地方立法工作座谈会

第二十四次全国地方立法工作座谈会15日在浙江杭州召开。中共中央政治局常委、全国人大常委会委员长栗战书出席会议并讲话强调,要以习近平新时代中国特色社会主义思想和党的十九大精神为指导,总结改革开放40年来我国立法工作,特别是地方立法工作的成就和经验,推动地方立法工作与时代同步伐、与改革同频率、与实践同发展,为完善中国特色社会主义法律体系、促进地方经济社会发展作出新贡献。

栗战书指出,改革开放40年来,有立法权的地方人大及其常委会在党中央和地方党委领导下,围绕党和国家中心工作,以宪法和法律为依据,紧密结合地方实际,积极探索和推进地方立法工作,制定一大批地方性法规,为各地经济社会发展提供了重要法制保障。

栗战书指出,中国特色社会主义进入新时代,地方立法工作必须顺应新时代新要求、呼应人民群众新关切、紧跟党中央新部署。要自觉把地方立法工作放在党和国家事业发展大局中来谋划、来推进,推动新时代地方立法工作与时俱进、完善发展。

栗战书强调,做好新时代地方立法工作,要深入学习贯彻习近平新时代中国特色社会主义思想,坚持党对立法工作的领导,坚持立法为民,坚持法制统一,坚持立法与改革发展相适应,突出地方特色,不断提高立法质量。要发挥人大及其常委会在立法工作中的主导作用,加强生态环境、社会民生等重点领域地方立法,做好规范性文件备案审查工作,以党的政治建设为统领,加强地方立法队伍建设。

(中央电视台《新闻联播》2018年9月15日播出)

二、国际时政要闻

1. 加强合作 欧盟发布欧亚互联互通战略

欧盟委员会与欧盟对外行动署19日联合发布政策文件,阐述欧亚互联互通战略,加强同亚洲国家的合作。

这是欧盟迄今就欧亚互联互通提出的最为全面系统的政策主张。

欧委会当天发表声明称,欧盟将致力于打造欧盟版的互联互通模式,重点打造交通、能源、数字及人际交流网,与亚洲国家和组织建立互联互通伙伴关系。

这份政策文件提出,将中国列为首要双边合作对象,并强调"欧中互联互通平台"合作、欧盟与亚投行的合作。

过去五年,不少欧洲国家已经通过中国提出的"一带一路"倡议与亚洲国家展开多方面合作。"一带一路"倡议还与英国、波兰等多个欧盟成员国实现了政策对接或规划对接。

欧盟国家外长预计将在下月中旬讨论这份政策文件,并于之后提交到在布鲁塞尔举行的亚欧首脑会议。

（中央电视台《新闻联播》2018 年 9 月 21 日播出）

2. 伊朗阿瓦士阅兵式恐袭致严重伤亡

根据伊朗官方通讯社 23 日报道，伊朗南部阿瓦士 22 日阅兵式上发生的恐怖袭击事件，已造成 29 人死亡，另有 70 多人受伤。伊朗最高领袖哈梅内伊表示，中东地区的亲美势力应对阿瓦士恐袭负责。

据伊朗武装部队高级发言人阿布法兹勒介绍，当天 4 名武装人员乔装成伊斯兰革命卫队士兵及民兵组织成员，在阅兵式上突然向人群开枪，武装分子几天前就已经把武器藏匿在约定地点附近。目前，活跃在胡齐斯坦省的民族分离主义武装以及极端组织都宣称对袭击事件负责。

伊朗最高领袖哈梅内伊 22 日发表公开信，称中东地区的亲美势力应对阿瓦士恐袭负责。哈梅内伊还指示伊朗情报部门对袭击事件展开严谨细致的调查，将犯罪分子及其同党绳之以法。伊朗外交部长扎里夫 22 日说，境外势力招募、训练、武装和资助的恐怖分子袭击了阿瓦士。

22 日晚上，伊朗政府召见了荷兰、丹麦和英国三国驻伊朗外交使节，并指责三国窝藏恐怖分子。

（中央电视台《新闻联播》2018 年 9 月 23 日播出）

3. 普京：向叙提供 S-300 为保证俄军安全

24 日，俄罗斯总统普京与以色列总理内塔尼亚胡通电话，在谈及向叙利亚提供 S-300 防空导弹系统时，普京表示，俄方决定协助叙军提高防空能力的做法是适当的。

据克里姆林宫发布的消息，普京表示，俄罗斯已决定协助叙军提高防空能力，这一做法在当前形势下是适当的。普京说，俄方首先是为了防止在叙利亚打击国际恐怖主义的俄罗斯军人的生命受到任何潜在威胁。

普京还说，以色列空军针对叙利亚的行动是造成俄军飞机被击落的主要原因，以方发布的以色列战机活动信息与俄罗斯国防部的结论不符。

而据以色列总理办公室的声明,内塔尼亚胡对普京说,他相信以色列国防军声明的真实性。他重申俄罗斯军机被击落的责任在叙利亚军方以及叙境内的伊朗军事力量。此前,以色列国防军发表声明说,俄军机被击落时,以战机并没有躲藏在其后面,当时以方战机正处在以色列领空。

俄罗斯国防部长绍伊古 24 日说,俄方数年前曾打算向叙军提供 S-300 防空导弹系统,但由于以色列方面的反对而暂停实施,不过目前,与此相关的叙利亚局势已然改变。除提供 S-300 防空导弹系统之外,绍伊古还宣布将向叙利亚政府军提供多个自动指挥系统和电子战支援,以提高叙军防空战力。

(中央电视台《新闻联播》2018 年 9 月 25 日播出)

4. 印尼中苏拉威西省发生地震并引发海啸

印尼中苏拉威西省 28 日发生里氏 7.7 级地震,并引发海啸以及多次余震。已造成 384 人死亡,540 人受伤,多人失踪。目前暂无中国公民伤亡报告。

此次地震的震中位于中苏拉威西省栋加拉县陆地,震源深度约 11 公里。地震发生后,震中附近海域一度发生数米高的海啸。印尼气象、气候和地球物理局在地震发生后也发布海啸预警,并在 34 分钟后取消了预警。

印尼国家抗灾署发言人 29 日对媒体表示,海啸发生时时速达到大约 800 公里,冲击力巨大,造成严重人员伤亡。在距离震中约 80 公里的中苏拉威西省首府帕卢市,当晚原计划有一场海滩庆祝活动,海啸发生时,数百人正在沙滩上做准备。抗灾署发言人说估计很多人被海浪卷走,地震造成帕卢市大量建筑倒塌,道路、桥梁受损。震后发生的泥石流,导致通往帕卢的主要公路被切断。当地发电厂受损严重,电力中断;帕卢机场由于塔台和跑道受损而关闭。当地主要医院大楼遭到破坏,给伤员救治带来困难。而在震中栋加拉县通信完全中断,具体受损情况还无法得知。

印尼相关部门正在架设临时通信系统,抢修变电站。印尼搜救局已派出大型船只和直升机赶往震区提供帮助,印尼军方也开始通过运输机向灾区运送救援物资。

(中央电视台《新闻联播》2018 年 9 月 29 日播出)

5. 世贸组织 2018 公共论坛落幕

世贸组织 2018 公共论坛 4 日在日内瓦正式落下帷幕。多个国际组织官员和专家在论坛上肯定中国的改革开放成果,认为中国经济将实现持续增长,继续推动全球经济发展。

为期3天的论坛以"贸易2030"为主题,聚焦未来如何实现可持续的、由技术推动的贸易发展和构建更加包容的国际贸易体制。活动吸引了来自全球政商学界的2,500多人参加。

世界贸易组织总干事阿泽维多在论坛上表示,世贸组织既要坚守基本规则,也要调整规则以适应技术变革带来的挑战。他同时呼吁国际社会共同应对当下不断发生的经贸摩擦。

出席论坛的国际组织官员和专家表示,过去40年,中国通过改革开放实现了全方位发展,中国进一步开放的系列新政策举措,将会继续推动其自身发展并造福世界。

(中央电视台《新闻联播》2018年10月6日播出)

6. IMF发布报告称全球金融风险增加

国际货币基金组织10日在印尼发布最新一期《全球金融稳定报告》,报告称,全球金融体系面临的风险上升,如果新兴市场压力加剧,或全球贸易关系进一步恶化,这些风险可能大幅提高。

报告说,在过去半年内,全球金融稳定性的短期风险有所增加。贸易冲突的紧张局势已经开始对一些新兴经济体造成影响。

国际货币基金组织对中国政府稳定经济增长、化解金融风险的措施表示肯定。

当天,国际货币基金组织、世界银行和世界贸易组织的负责人联合召开新闻发布会,警告贸易保护主义政策危害世界经济,呼吁贸易冲突降级。

与会经济学家也强调支持多边贸易政策,认为其对全球经济发展至关重要。

国际货币基金组织、世界银行和世界贸易组织近期联合发布报告,呼吁各经济体继续推动全球贸易一体化改革,重振多边贸易体系,以更好适应现代世界经济形势发展变化的需要。

(中央电视台《新闻联播》2018年10月10日播出)

三、国内、国际新闻简讯

1. 国内联播简讯

第 124 届广交会今天开幕

第 124 届广交会今天在广州开幕，预计来自全球 210 多个国家和地区的近 20 万采购商参会，中国高科技产品备受青睐。本届广交会前十大采购商来源地中，"一带一路"沿线国家占了 7 位。

金沙江堰塞湖水位基本恢复常态

记者从应急管理部了解到，目前金沙江堰塞湖水位基本恢复常态，上下游水情平稳，堰塞湖下泄洪峰已平稳到达云南境内，下游水电站已提前腾库防范应对。截至 14 日 17 时，四川、西藏、云南三省区未出现大的险情，未出现人员伤亡。

2018 国际山地旅游暨户外运动大会举行

今天，2018 国际山地旅游暨户外运动大会在贵州省黔西南州兴义市开幕，多个国家相关机构以及专家学者等 800 多人出席。大会还配套举办国际山地户外活动挑战赛等各类活动 68 项。

(中央电视台《新闻联播》2018 年 10 月 15 日播出)

中俄首座跨江铁路大桥中方段工程完工

中俄首座跨江铁路大桥——同江中俄铁路大桥中方段工程今天全部完工。大桥主桥长 2,215.02 米，我国境内长 1,886.45 米。它是国内首座跨境套轨铁路大桥，可适应中俄两国不同规格的轨距。大桥设计年过货能力 2,100 万吨，通车后将为我国新增一条连俄通欧国际大通道。

世界血栓日——心脑血管疾病患者需预防血栓

今天是世界血栓日。血栓包括静脉血栓和动脉血栓，是心力衰竭、中风和静脉血栓栓塞症的根源。静脉血栓栓塞症已成为全球前三位致死性血管性疾病。医生提醒，心脑血管疾病患者等危险人群需做好血栓预防。

全国航模公开赛 上演速度与激情

2018 全国航模公开赛暨涡喷大师编队邀请赛今天开赛，来自国内外的 12 支队伍竞逐蓝天,上演速度与激情。比赛通过科普和竞技的融合,让现场观众感受航空科技的魅力。

"互联网+"大学生创新创业大赛总决赛举行

第四届中国"互联网+"大学生创新创业大赛总决赛今天在厦门大学举行,比赛吸引了265万名大学生、64万个团队报名参赛。同时还特设"青年红色筑梦之旅"比赛项目,鼓励青年学生传承红色基因、助力乡村振兴。

内蒙古锡林郭勒迎来大批过境候鸟

最近,内蒙古锡林郭勒各大湖泊湿地迎来大批过境候鸟,包括赤麻鸭、鸿雁、大雁等,它们时而振翅飞翔,时而追逐水面,构成一幅充满生机的自然美景。

(中央电视台《新闻联播》2018年10月13日播出)

沪哈空中大通道今天启用

今天,连接我国东北和长三角地区的沪哈空中大通道(一期)空域优化方案正式启用。该方案将一半从东北出发前往长三角的航班分流到沿海航线,不再途径京津冀地区,缓解了京津冀地区上空的飞行压力。

我国乡镇快递网点覆盖率已超90%

国家邮政局数据显示,今年全国乡镇快递网点覆盖率已超过90%。去年全年农村地区收投快件量超过100亿件,带动农产品进城和工业品下乡超过6,000亿元。

新疆喀什:"海水稻"在盐碱地试种成功

中科院深圳农业基因所今年引入新疆喀什地区的三个海水稻新品种,目前试种取得成功。新品种海水稻不仅能在重度盐碱地依靠自然生长,而且比当地传统品种增产30%。

第七届山东文博会在济南开幕

今天,第七届山东文化产业博览交易会在济南开幕。共有31个国家的1,200多家展商参展,特别设立的"一带一路"展示区,集中展示各个国家的传统工艺美术、创意设计等内容。

华南仍有降温 全国大部将回暖

受冷空气影响,今天清晨,北京、河北等地的气温不足 0℃;长江中下游部分地区气温下降 6~8℃。随着冷空气继续南下,它对我国的影响接近尾声。

(中央电视台《新闻联播》2018 年 10 月 11 日播出)

2. 国际联播简讯

以色列 16 年来在希伯伦首建定居点

以色列内阁 14 日批准在约旦河西岸城市希伯伦新建一个犹太人定居点。媒体说,这是近 16 年来,以色列首次在希伯伦建设新的犹太人定居点。以色列的阿拉伯人政党批评了内阁的这一决定,认为政府在"继续激怒该地区"。巴勒斯坦政府发言人 14 日说,以方此举将给和平带来消极影响。

犹太人定居点问题是阻碍巴以和谈的一大障碍。巴方坚持,除非以方完全停止犹太人定居点建设,否则拒绝恢复和谈。

韩朝高级别会谈落实《平壤宣言》

韩朝双方 15 日在板门店韩方一侧的"和平之家"举行高级别会谈,就《9 月平壤共同宣言》的后续落实方案进行商讨,并就交通、军事、体育等问题达成一致。双方商定,将于 11 月末、12 月初举行铁路、公路对接和现代化项目开工仪式。双方还决定尽早举行将军级会谈,根据双方军事领域协议,讨论结束非军事区军事对峙状态及成立军事联委会等事宜。

这是韩朝在双方领导人平壤会晤后举行的第一次高级别会谈。

德巴伐利亚选举 执政联盟遭重挫

14 日,德国巴伐利亚州进行新一届州议会选举投票。在对 92% 的选票进行统计后显示,德国总理默克尔领导的基民盟的"姊妹党"——基社盟获得 37.7% 的选票,尽管仍然是议会第一大党,但丢掉绝对多数席位,创下数十年来最差战绩。基社盟面临 60 多年来首次无法在巴伐利亚州单独执政的局面。

巴伐利亚州是难民进入德国的主要门户。该州选民对默克尔积极接纳难民的举措有较大不满。分析人士指出,基社盟选举受挫以后,将进一步加剧德国执政联盟内部的分歧。

俄称国际空间站储备足以再撑半年

俄罗斯媒体14日援引国际空间站俄罗斯舱段任务负责人索洛维约夫的话说，目前国际空间站有足够的食物、水、燃料和氧气，足以再撑上至少六个月时间，不必担心空间站会因为飞船发射暂停而陷入物资短缺的境地。

11日，载有俄美宇航员的俄罗斯"联盟"号飞船发射失败，俄方随后宣布暂停所有载人航天发射，货物飞船发射计划也有可能暂停。自从美国航天飞机退役后，俄罗斯的"联盟"号飞船便成了宇航员往返国际空间站的唯一途径。

（中央电视台《新闻联播》2018年10月15日播出）

土耳其一法院决定释放美国牧师

土耳其伊兹米尔市一家法院12日决定当庭释放美国籍牧师安德鲁·布伦森。布伦森当天晚些时候已经乘飞机离开土耳其，据悉他将前往德国转机，然后返回美国。现年50岁的布伦森已在土耳其生活20多年。2016年12月，他因被控间谍罪和与恐怖组织有牵连而遭土耳其方面逮捕。

今年8月，美国政府以土耳其持续监禁布伦森为由，宣布针对土耳其实施多项制裁。土耳其则出台了反制措施。

俄大使指责英国阻碍俄派遣外交官

俄罗斯驻英国大使雅科文科12日在伦敦表示，俄英两国关系目前处于历史低点。他同时指责说，由于英国政府拒绝向俄方新派遣外交人员发放签证，导致俄驻英使馆的人员一直空缺。今年3月，俄前情报人员斯克里帕尔及其女儿据称在英国中毒，英国政府认为俄罗斯应对此事负有责任，俄方则坚决否认。随后，英国驱逐了23名俄外交人员。

加沙地带冲突致7名巴勒斯坦人死亡

12日，成千上万名巴勒斯坦人聚集在加沙地带与以色列交界地区继续"回归大游行"抗议示威活动，抗议者与以色列士兵发生冲突。巴勒斯坦卫生部说，7名巴勒斯坦人在冲突中被以军士兵打死，冲突还造成252名巴勒斯坦人受伤。

以色列军方则表示，一些巴勒斯坦人破坏边境的部分隔离栅栏，并试图闯入一处军事地点，以军士兵因此开枪。

比利时足坛扫黑行动正式逮捕 9 人

比利时联邦检察院 12 日宣布,此前比利时足坛扫黑行动中拘押的 29 名嫌疑人共有 19 人已被起诉,其中 9 人被正式逮捕,包括 4 名经纪人、1 名裁判员、1 名前律师等。这 19 人所涉及的罪名包括涉嫌贪腐、洗钱、操控球赛结果等。

比利时检方 10 日起,针对国内各大甲级俱乐部的总部展开了 60 多次搜查,同时还在法国、塞尔维亚等另外 6 个欧洲国家展开扫黑。

(中央电视台《新闻联播》2018 年 10 月 13 日播出)

阿富汗选举集会现场遭袭 8 人死亡

9 日,阿富汗南部赫尔曼德省首府拉什卡尔加市发生自杀式爆炸袭击,造成至少 8 人死亡、10 人受伤。袭击发生在一名国民议会议员候选人的办公室外,当时那里聚集了很多人参加与选举有关的集会活动。据当地媒体报道,死者中包括一名国民议会议员候选人。目前还没有组织宣称制造了这起袭击事件。

阿富汗将于本月 20 日举行国民议会选举,阿富汗塔利班 8 日呼吁抵制选举,威胁将在选举期间发动袭击。

美关税政策影响 福特计划全球裁员

美国媒体 8 日援引一份报告说,受美国政府钢铝关税政策影响,福特汽车公司蒙受大约 10 亿美元利润损失,可能全球裁员大约 12%,人数超过两万。媒体还报道说,在美国政府新的关税政策下,通用汽车、菲亚特－克莱斯勒等多家汽车制造商都下调了全年利润预测。

瑞银涉嫌税务欺诈在法国受审

瑞士联合银行集团 8 日因被控严重税务欺诈、洗钱和非法招揽客户等罪名在法国巴黎受审。法国检方指控瑞银集团于 2004 年至 2011 年期间,非法招揽法国富裕阶层客户到瑞士开设账户以逃避法国政府税收,协助客户洗白没有向法国有关部门申报的钱财。据法方估算,这起诉讼中,瑞银帮助法国客户逃税的金额可能超过 100 亿欧元。

如果罪名成立,瑞银可能面临约 50 亿欧元罚款。

4 级飓风"迈克尔"逼近美国

10 日,飓风"迈克尔"在墨西哥湾上空增强为 4 级,风速达到每小时 210 公里,预计将于当地时间 10 日中午在美国佛罗里达州登陆。美国国家飓风研究中心称，飓风"迈克尔""极其危险"，佛罗里达州全境已经宣布进入紧急状态，全州 50 万人被要求或建议撤离。亚拉巴马州、佐治亚州、南北卡罗来纳州都将迎来降雨，一些地方的雨量可能达到 300 毫米。

飓风"迈克尔"此前给古巴西部部分地区带来狂风暴雨，导致部分地区发生洪水。

(中央电视台《新闻联播》2018 年 10 月 10 日播出)

四、地方新闻

1. 杭州：数字经济驱动发展变革

杭州以数字经济为主线，推动产业、社会、城市"三位一体"高质量发展，走出了一条以数字经济驱动发展变革，打造美丽中国样本的杭州之路。

在杭州，如今已经有超过 98％的出租车，95％的超市和便利店都可以手机结账；市民在手机上可以随时随地办理出入境、公积金、社保等 153 项政府服务；杭州的拥堵系数从 2016 年的全国第 5 降至 2018 年的第 57，而这一切都源于杭州蓬勃发展的数字经济。

与此同时，杭州已经形成了以云计算、电子商务、移动互联网等五大产业为主导的数字经济体系，聚集了全国超 1/3 的电商平台，为全国提供了 70％以上的云计算能力。2017 年，杭州市实现数字经济增加值同比增长 21.8％，对经济增长的贡献率超过 50％。

(中央电视台《新闻联播》2018 年 10 月 16 日播出)

2. 安徽小岗村：敢闯敢试 农村改革激发新活力

1978 年，发端于安徽小岗村的"包产到户"拉开了中国农村改革的大幕。40 年来，从家庭联产承包责任制，到农村集体产权制度改革，再到三权分置改革，中国农村实现了从传统农业向现代农业的转变。今天的"壮阔东方潮 奋进新时代——庆祝改革开放 40 年"系列报道，我们去小岗村看一看。

程夕兵今年除了自家的430亩水稻外,还承包了安徽省农垦集团的260亩水稻,成了一名农田里的"职业经理人"。

像程夕兵这样的农田经理人,在小岗村还有17位。党的十八大后,小岗村探索农业生产全程社会化服务,村集体流转4,300亩高标准农田,并与安徽农垦集团合作,由他们提供技术、资金和烘干仓储三项服务,帮助农民规避自然、经营责任和市场三项风险,而职业农民则凭借技术获取报酬。

2016年4月25日,习近平总书记视察小岗村时指出,新形势下深化农村改革,主线仍然是处理好农民和土地的关系。

农村的历次改革,都是在处理农民和土地的关系。当年,小岗村实施的"大包干",让农民有了自己的承包地。

后来,随着现代农业的发展,对生产关系提出了新要求。土地连片,规模经营成了新趋势。2000年,小岗村试着流转了村里80亩地建葡萄园,当时村民严立华流转了自家12亩半地,面积最大,心里也最不踏实。

必须让农民吃上定心丸。2013年中央一号文件提出,"鼓励和支持承包土地向专业大户、家庭农场、农民合作社流转"。让专业的人来种地,成了新趋势,小岗村329户村民的4,300亩土地流转并改造成了高标准农田。

2013年,农村土地集体所有权、农户承包经营权确权颁证全面启动,小岗村成为全国首批试点;2016年10月,小岗村在全国率先颁发了土地流转经营权证。目前,小岗村集体资产股份合作制改革、小型水利设施产权制度改革、农房和宅基地三权分置改革试点等13项改革正在推进,一些改革经验又将在这里萌芽。

(中央电视台《新闻联播》2018年10月15日播出)

3. 浦东新区:勇当创新发展先行者

今天的《百城百县百企调研行——庆祝改革开放40年》系列报道,我们把目光投向浦东新区。上海浦东新区积极提升政府服务意识,打造更优化的投资环境,引导中外企业向创新驱动的高端产业发展。

这段时间,上海新国际博览中心的会展业务十分繁忙。中心的负责人德国人迈克尔在上海已经扎根30年,做了多年食品贸易后,前两年他又改行到浦东做起了会展服务业。

是什么原因让迈克尔放下了老本行？原来，迈克尔注意到，在新一轮的深化改革中，浦东把对外开放的重点从一般生产加工领域扩大到了服务贸易领域，积极打造良好的营商环境，建立了与国际通行做法相衔接的经济运行法规体系和体制环境。

在浦东新区的企业服务中心，我们看到了专门设立的"找茬窗口"。

"对照国际最高标准，构建开放型经济新体制"，浦东新区让国内企业"走出去"，把国外企业"引进来"，进一步发挥引领示范作用。

如今，在上海浦东，除了经济特区外，其他如经济开发区、高新技术开发、出口加工区、自由贸易试验区等所有"园区形式"都一应俱全。

以开放促改革、促创新、促发展，浦东不再满足于"国内领先"。

按照国家战略定位，浦东正在建设世界一流的经济中心、贸易中心、航运中心、金融中心、科创中心，通过全面深化改革开放，为创新发展不断注入新的动力。

（中央电视台《新闻联播》2018年10月13日播出）

4. 天津滨海新区：打造改革开放先行区

矗立于渤海之滨的天津滨海新区，把深化改革作为增强发展活力的必由之路，探索新常态下新旧动能转换的"新路径"，打造改革开放的先行区。

在天津滨海新区的南疆码头，16万方液化天然气储罐进入了最后的调试阶段，这个月12日就将交付使用。而在此之前，储气罐的扩建项目需要提交20多项申报材料，至少半年才能完成审批。

2014年，滨海新区依法设立了全国第一家行政审批局，将109枚公章精简为1个，取得了我国行政审批制度改革的重大突破。四年来，改革的步伐从未停止。现在，滨海新区充分运用"互联网＋政务服务"思维，打造智慧审批，构建一站式"线上＋线下"和"实体＋虚拟"的为民服务体系。

不断深化的审批制度改革，为滨海新区吸引了一大批优质的企业和人才。三年前，齐俊桐带着十几个人来到天津滨海创业，成立了"一飞智控"。成立初期，滨海新区为"一飞智控"提供了工商、注册、税务等环节的服务，而齐俊桐和他的同伴们只需专注于产品开发和市场的拓展。短短三年，"一飞智控"估值增长近100倍。

审批做的减法，服务上的加法，背后是制度创新带来的倍增效益。截至今年上半年,滨海新区新兴行业产值快速增长,新能源、生物医药产值分别增长21%和14.1%。市级以上研发机构达464家,比2012年增加了一倍,累计建成67家众创空间。

(中央电视台《新闻联播》2018年10月9日播出)

5. 深圳:打造"创新链"引领高质量发展

习近平总书记指出,从农村到城市,从试点到推广,从经济体制改革到全面深化改革,40年众志成城,40年砥砺奋进,40年春风化雨,中国人民用双手书写了国家和民族发展的壮丽史诗。在波澜壮阔的40年征程中,一座座城市发生历史性巨变,一家家企业不断展现蓬勃活力。从今天起,《新闻联播》推出"百城百县百企调研行"系列报道,看一看改革开放给我们带来的变化。今天,首先来关注改革开放的排头兵——深圳。

探寻深圳的创新活力,记者首先来到了位于南山区的中科院深圳先进技术研究院,和一般研究院不同,它更像一个通往未来科技的创新梦工厂。这个正在进行的国家重大科研仪器专项,就是要运用一种特殊的超声波进入大脑,调控和修复脑神经,来试图破解阿尔兹海默症、帕金森等脑疾病治疗的世界级难题。

2012年12月,习近平总书记在广东考察时强调,要大力实施创新驱动发展战略,加快完善创新机制,全方位推进科技创新、企业创新、产品创新、市场创新、品牌创新。5年多来,作为首个国家创新型城市,深圳坚持把创新作为城市发展主导战略,摆在与改革、开放同等重要的位置。

瞄准世界科技前沿、面向国家重大需求,深圳正在全力打造一个"基础研究+技术攻关+成果产业化+科技金融"的创新链条,争当重要科技领域的领跑者。今年3月,深圳挂牌成立了5家诺贝尔奖科学家实验室,启动了4家基础研究机构。

华为、腾讯、比亚迪、大族激光等一大批深圳本土生长出来的企业,都见证和参与了深圳的创新奇迹。从前店后厂、加工贸易,到跟随式创新,再到"无中生有"的源头创新,他们一步一步从这里走向了世界。今年上半年,华为实现销售收入3,257亿元,同比增长15%。在经济下行压力较大的背景下,科技巨头们依然马力十足,迸发创新能量。

一个个科技企业的跨越式发展,只是深圳数万家创新企业的缩影,其背后是深圳日益完善的自主创新体系。创新作为发展的第一动力,让深圳的城市面貌发生了翻天覆地的变化。经济总量从1979年的1.97亿元上升到去年的2.24万亿元。目前,深圳全社会研发投入占GDP比重超过4%,达到国际先进水平。

进入新时代,为了实现高质量发展,深圳又开始了新的谋划。就在不到一个月前,深圳宣布成立光明区,要在这里打造一个涵盖生物学、材料学、空间科学等重大科学基础设施的科学城。

面向未来,深圳将通过大科学基础设施建设,进一步提升基础研究和源头创新的能力,不仅为高质量发展提供不竭的源动力,也将为粤港澳大湾区提供重要的创新引擎,再次开启深圳创新引领发展的新征程。

(中央电视台《新闻联播》2018年10月8日播出)

6. 山东:加快通道建设 构建开放新格局

山东抓住"一带一路"建设机遇,加快通道建设,实施更加积极主动的开放带动战略,以开放促发展。

这两天,山东开放发展接连有新动作。3,000多中外嘉宾齐聚儒商大会,共谋加快开放发展。在青岛胶州的中国—上海合作组织地方经贸合作示范区,总投资437亿元的26个项目集中开工。

几年前,这里还冷冷清清,顶着特大型集装箱中心站的名声,却常常处于"吃不饱"的状态。而39公里外的青岛港,又经常面临"货物无处堆放"的尴尬。如何进一步加快开放发展?青岛港、胶州等有关方面坐到一起,开启一体运作的海铁联运模式。

海铁联运打开了发展新空间,这里先后开通前往乌兹别克斯坦、俄罗斯等国家的国际班列,形成北达俄蒙、东连日韩、西到欧洲、南到南亚的国际物流大通道。

运输体系的不断完善,加快提升山东的开放型经济水平。今年已有19家世界500强落户山东。1—8月,山东省外贸进出口总值达1.2万亿元,同比增长3.2%。

(中央电视台《新闻联播》2018年10月7日播出)

五、财经新闻

1.【精准施策看"六稳"】中国有能力实现全年主要经济目标

国家发展改革委副主任、国家统计局局长宁吉喆近日在接受本台记者采访时表示,今年以来,面对复杂的国内外经济形势,中国经济总体平稳、稳中向好,中国有能力实现全年经济发展的主要预期目标。

面对复杂多变的国内外形势,前8个月,中国经济一些主要经济指标出现了不同程度的波动,对此,宁吉喆进行了分析。

宁吉喆表示,信心来自于中国经济前8个月的表现。

经济增长、就业、物价和国际收支四大宏观经济指标表现平稳。

与此同时,经济发展的态势向好,表现为经济结构在优化、经济效益在改善以及发展质量在提升。

供给侧结构性改革、三大攻坚战和重点领域改革都在持续推进,取得明显成效。

在谈到中美经贸摩擦对中国经济的影响时,宁吉喆表示,影响是肯定有的,但随着供给侧结构性改革深入推进,中国经济转型升级加快,内需对经济增长的作用不断加大,创业创新也在加快发展,总的来看,影响是可控的。

宁吉喆表示,下一步中国将切实减轻企业负担,扩大就业和再就业,扩大国内需求,扩大改革开放,扩大国际多元化市场空间,为中国经济平稳发展注入动力。

(中央电视台《新闻联播》2018年10月8日播出)

2.【精准施策看"六稳"】积极财政政策效应不断显现

日前,财政部部长刘昆接受本台记者采访表示,积极财政政策效应正在不断显现,仅减税降费,预计全年规模就将超过1.3万亿元,推动了经济高质量发展。下一步,我国将推动加力减负、补齐短板、促进消费、节用裕民。

今年,面对经济下行压力,我国积极财政政策不断发力。最新数据显示,截至9月26日,地方政府新增一般债券已完成全年计划的91.8%,新增专项债券完成全年计划的85%,重点支持重大区域发展战略和易地扶贫搬迁、棚户区改造、交通等领域。与此同时,预算执行进度加快,前8个月全国财政支出完成预算的67%,财政资金得到充分有效利用。在减税降费方面,除了年初已经确定、目前已实施的措施外,年内还新增多项减税措施,积极财政政策效应不断显现。

刘昆表示,中国的税负水平近年来逐渐降低。国际货币基金组织数据显示,2015年我国宏观税负为29%,世界各国平均水平为36.8%;2016年我国宏观税负为28.2%,2017年为27.2%,连续两年下降。

一方面是经济存在下行压力,一方面减税降费,财政收入增速放缓后,如何保障重点支出?刘昆表示,要调整财政支出结构,把钱用在刀刃上。

谈到今年以来中美经贸摩擦,刘昆表示,对于在经贸摩擦中受到影响的企业,财政部门已经制定了帮扶措施,包括协调解决企业在出口方面的问题,支持受影响企业内部转岗和技能培训等,帮助企业渡过难关。

刘昆表示,今年以来我国已连续3次下调了部分商品进口关税税率,在此基础上,从今年11月1日起,还将降低1,585个税目工业品等商品进口关税税率,关税总水平也将由上年的9.8%降至7.5%。我国持续加快自主对外开放步伐,不仅有利于国内经济发展,也将给世界经济发展带来新的机遇。

(中央电视台《新闻联播》2018年10月7日播出)

3. 【精准施策看"六稳"】乡村振兴战略助力中国经济增长

我国是农业大国,重农固本是安民之基、治国之要。今年是实施乡村振兴战略的开局之年,中央农办主任、农业农村部部长韩长赋在接受央视记者专访时表示,今年以来,农业农村经济发展稳中向优,乡村振兴战略开局良好,成为中国经济增长新的动力空间。

韩长赋介绍说,作为实施乡村振兴战略的重要举措,今年以来,我国农业生产能力基础继续夯实。粮食产量有望连续6年稳定在12,000亿斤以上,人均占有量超过445公斤,比国际粮食安全线多了45公斤。

韩长赋介绍说,当前,我国城镇化水平已经达到58%以上,工业化水平也快速发展,而农业农村还是发展短板。实施乡村振兴战略,加快补齐农业农村发展短板,这对我国经济社会发展的支撑,将更有力、更全面、会行稳至远。在面对复杂的经济形势时,可以有充足的回旋余地。

韩长赋表示,农村发展潜力巨大。目前,我国有 2,800 多万农民从事休闲农业、电商等新产业新业态;2.87 亿农民外出务工;去年,超过 28 亿人次到乡村旅游。实施乡村振兴战略,将会引导更多社会资源向乡村投入,成为我国经济增长新的动力空间。

韩长赋还表示,改革开放 40 年来,中国农业的对外开放也是全方位的。我国农业贸易体量巨大,已成为全球最大的农产品市场之一。目前,大豆、食糖、棉花等农产品,我国都是全球最大买家。

(中央电视台《新闻联播》2018 年 9 月 27 日播出)

4.8 月我国主要经济指标总体稳定 结构持续优化

在国务院新闻办今天举行的新闻发布会上,国家统计局公布了 8 月份国民经济运行情况,总的来看,8 月份国民经济运行继续保持总体平稳、稳中向好的发展态势。

8 月份,主要指标总体稳定:全国规模以上工业增加值同比实际增长 6.1%,增速比上月加快 0.1 个百分点。社会消费品零售总额增长 9.0%,增速比上个月加快 0.2 个百分点;1—8 月份固定资产投资增长 5.3%,增速比 1—7 月份回落 0.2 个百分点,回落幅度有所收窄。8 月份,全国城镇调查失业率为 5.0%,比上月回落 0.1 个百分点。

8 月份,经济结构继续优化。从工业来看,高技术产业、战略性新兴产业和装备制造业都保持较快增长,增速明显快于全部规模以上工业增加值的增速。

从市场销售来看,升级类商品、服务消费增长势头比较好。

从投资来看,1—8 月份制造业投资增长 7.5%,连续 5 个月加快增长;民间投资增长 8.7%,今年以来累计各个月的增长速度都在 8% 以上。

(中央电视台《新闻联播》2018 年 9 月 14 日播出)

5.西部地区主要经济指标向好 区域协调发展增强

我国西部地区各项主要指标增速持续向好,东西部差距不断缩小。

从经济实力来看,2013 年到 2017 年,西部地区生产总值从 12.7 万亿元增加到

17.1万亿元,年均增长8.8%,占全国的比重从19.8%提高到20.0%。5年间,主要经济指标高于全国平均水平。

从基础设施来看,西部地区铁路运营里程达到5.4万公里,其中高速铁路7,618公里。高速公路通车里程突破5万公里。民用运输机场数量达114个,占全国比重近50%。

此外,西部地区建成了一批国家重要的能源基地、资源深加工基地、装备制造业基地和战略性新兴产业基地,成为国民经济的重要支撑。5年来,西部地区安排新一轮退耕还林还草3,865.6万亩,面积累计达1.26亿亩,森林覆盖率进一步提高。

与此同时,西部地区人民生活水平持续提高。2017年城镇和农村居民人均可支配收入年均增长超过10%。5年来超过3,500万贫困人口实现脱贫,目前西部地区贫困发生率全部下降到10%以下。

(中央电视台《新闻联播》2018年8月30日播出)

6.国务院政策例行吹风会:金融服务实体经济取得一定成效

在今天举行的国务院政策例行吹风会上,人民银行相关负责人就金融服务实体经济相关情况进行了介绍。

人民银行副行长朱鹤新介绍说,2018年金融服务实体经济、缓解融资难融资贵方面取得了一定的成效。今年以来,3次降准释放的资金中有1万多亿元定向用于支持小微企业等普惠金融领域。7月份普惠口径小微贷款余额7.38万亿元,同比增长15.8%,增速比上年末提高6个百分点。

朱鹤新介绍说,下一步要发挥好政策合力,做好政策之间的协调,切实提高金融服务小微企业的质效。同时,依法依归查处小微企业和金融机构对内外勾结、弄虚作假、骗贷骗补等违法违规行为,实施跨部门多层级联合惩戒。

(中央电视台《新闻联播》2018年8月21日播出)

六、文化娱乐新闻

1. 习近平同志《论坚持推动构建人类命运共同体》出版发行

中共中央党史和文献研究院编辑的习近平同志《论坚持推动构建人类命运共同体》一书,已由中央文献出版社出版,即日起在全国发行。

这部专题文集以 2013 年 1 月 28 日习近平同志主持中共十八届中央政治局第三次集体学习时讲话的要点《更好统筹国内国际两个大局,夯实走和平发展道路的基础》为开卷篇,以 2018 年 6 月 22 日习近平同志在中央外事工作会议上讲话的要点《坚持以新时代中国特色社会主义外交思想为指导,努力开创中国特色大国外交新局面》为收卷篇,收入习近平同志论述坚持推动构建人类命运共同体的重要文稿 85 篇,约 32 万字。

党的十八大以来,习近平同志站在人类历史发展进程的高度,正确把握国际形势的深刻变化,顺应和平、发展、合作、共赢的时代潮流,深入思考"建设一个什么样的世界、如何建设这个世界"等关乎人类前途命运的重大课题,对构建人类命运共同体的时代背景、重大意义、丰富内涵和实现途径等重大问题进行深刻阐述,引领中国特色大国外交理论与实践创新,为人类社会实现共同发展、持续繁荣、长治久安绘制了蓝图,体现了中国致力于为世界和平与发展作出更大贡献的崇高目标,体现了中国将自身发展与世界发展相统一的全球视野、世界胸怀和大国担当。

坚持推动构建人类命运共同体,是习近平新时代中国特色社会主义外交思想的重要内容,是习近平新时代中国特色社会主义思想的重要组成部分,对于统筹国内国际两个大局,始终不渝走和平发展道路、奉行互利共赢的开放战略,坚持正确义利观,始终做世界和平的建设者、全球发展的贡献者、国际秩序的维护者,为实现"两个一百年"奋斗目标和中华民族伟大复兴的中国梦营造更加有利的国际环境,具有十分重要的指导意义。

(中央电视台《新闻联播》2018 年 10 月 14 日播出)

2. 瞄准冬奥契机 吉林推介冰雪旅游

瞄准 2022 年冬奥会带来的发展契机,吉林省这两天在北京市展开了一系列推介活动,吸引全球游客参与吉林的冰雪旅游。

今天上午,"吉林冰雪耀京华"冰雪旅游文化活动在北京王府井大街拉开帷幕,在800米长的王府井步行街上,近200家旅游单位和企业设立了14个分展台,多角度、全方位展示吉林冰雪产业优势,推介旅游产品。

吉林省的这次推介活动包含冰雪旅游产品营销、冰雪文化演绎、冰雪体育体验等多个内容,使北京和吉林的两地合作交流,从政府推动延伸到部门合作,从企业参与放大到公众互动。在北京明长城前,吉林省旅游部门还运用3D技术,由旅游向导雪娃向大家介绍大美吉林的雪国风光。

近两年,吉林深挖冰雪资源这座"富矿",越野滑雪、雪地高尔夫、雪地拉力赛等特色产品越来越受欢迎,"冬季到吉林来玩雪"已经成为吉林的金字招牌。

(中央电视台《新闻联播》2018年10月12日播出)

3. 各地快闪活动 唱响"我爱你中国"

国庆长假期间,各地在商场、工地、旅游景点等多个地方推出了"我爱你中国"系列快闪活动。意想不到的场景,充满深情的歌声,点燃起人们的爱国热情,欢乐祥和、喜庆热烈的国庆氛围扑面而来。

国庆节这天,北京前门大街一场出人意料的快闪点燃了现场所有人的热情。在多位主持人、歌手的带领和感染下,全场数千人从惊喜到感动、从倾听到合唱,共同向新中国深情表白。

在新疆天山天池景区,游人如织的水畔突然响起了悠远悦耳的小号声。

随着《我爱你中国》的乐曲声响起,在景区的不同位置,不同民族、不同行业的老人、孩子和年轻人,边唱边走进了游客中间。对祖国动情的歌唱,很快带动了数千名来自天南海北的游客,自发地参与进来放声歌唱,素不相识的人们在共同的爱国情怀中心心相通。

快闪结束了,但很多人还意犹未尽。

在国家重点工程项目"京沈高铁望京隧道"施工现场,400名员工在岗位上过节。10月2日这天,一曲《我爱你中国》在建设者耳畔响起,歌声让工人们惊喜的同时也深受感染。

在浙江安吉县余村,当年习近平总书记在这里首次提出"绿水青山就是金山银山"。国庆节这天,一曲《我爱你中国》在绿水青山中响起,深情的歌声渐渐由单人领唱演变成气势磅礴、男女老少的大合唱。

(中央电视台《新闻联播》2018年10月4日播出)

4. 四海逢佳节 共叙家国情

中秋节承载着故乡情、家国情。连日来,各地举办形式多样的节庆活动,挖掘中秋文化内涵,展现中国精神。

广州文化公园的灯会已经有62年历史了,这组彩灯是李师傅制作的,32岁的他已经是一位有15年制作彩灯经验的老师傅了。童年里常常观赏的花灯,现在对他而言更是一种文化象征,他努力锤炼手艺,正是为了将这种文化传承下去。

小饼如嚼月,默品其滋味。中秋品月饼,是中华民族已经流传千年的习俗,虽然制作工艺不尽相同,但所饱含的寓意却亘古不变,那就是阖家团圆。在太原的水沟村,家家户户每逢中秋,就会自己动手做月饼。

在河北沧州,大家围在一起,揉皮、包馅、印形状……不一会儿,一个个圆润的月饼就成型了。

做完月饼,再来感受一番中华传统礼仪。在射礼、投壶礼等传统礼艺表演中,举手投足间传递出中华文化所蕴含的"尊德敬礼"精神。

中秋节,不仅是团圆时刻,更是丰收时节,稻穗飘香,千层金黄,首届农民丰收节的举办,为神州大地增添了喜悦的色彩。

安徽砀山60多万亩酥梨硕果累累,当地人用一场独具地方特色的文化演出欢度佳节。在广西龙脊,万亩梯田已经退绿变黄,村民们在阖家团圆的中秋节,以剥玉米比赛、播种比赛等方式庆祝丰收。

在圆明园遗址公园,"德耀中华"中秋公益诗会举行,来自16个国家的外国留学生和50余所高校大学生,与全国道德模范、身边好人共诵经典,喜迎中秋,抒发家国情怀。

在内蒙古新巴尔虎右旗,大小乌兰牧骑携手走进社区,用深情质朴的表演,为社区居民送上节日的美好祝福。

在新时代,传承千年的中秋习俗也呈现出新风貌。北京海淀区首届中秋文化科技体验节,给市民们带来一个"科技范儿"十足的中秋假期。

在陕西汉中的汉源湖上,500架无人机腾空而起,汉文化博物馆与水上文艺表演交相辉映,呈现出浓浓的中国风。

"月是故乡明,人是家乡亲",中秋节是属于全体华人的共同节日。今晚8点,2018年中央广播电视总台中秋晚会将在央视综合频道、综艺频道和中文国际频道并机直播,并在全球落地播出。晚会把中华优秀传统文化、先哲、先贤的思想智慧融入到节目中,将主会场设在了孔子故乡山东曲阜,并在马来西亚吉隆坡和澳大利亚悉尼设置了两个分会场。

(中央电视台《新闻联播》2018年9月24日播出)

5. 丰年庆佳节 亿万农民喜迎"中国农民丰收节"

秋天是丰收的季节,带给人们最充实最饱满的喜悦之情。明天,亿万农民将迎来首个"中国农民丰收节"。汗水与欢笑,正描绘着这个时代的丰收图景。

处处好秋色,家家庆丰年。在东北大粮仓的黑龙江,稻浪千层,农机轰鸣。趁着秋高气爽,水稻收割正全面展开。

在西藏日喀则市白朗县、江孜县等青稞主产区,秋收正在海拔4,000米的地里进行,由于选种了新品种,今年这里的平均亩产将超过800斤。

神州大地,沃野千里。我们的丰收节不光有五谷丰登,还有瓜果飘香,鱼儿满仓。辽宁丹东的圆黄梨、山西稷山的大红枣,都在枝头告诉我们"丰收"这个关键词。

在北京延庆前黑龙庙村,丰收节的庆祝就以葡萄文化为主题。村民们说,今年风调雨顺,葡萄长得比往年都要好,大家伙还将请城里游客来共庆丰收,分享喜悦。

稻花香里说丰年。在陕西安康桂花村,金黄色的稻田里,村民们喊山斗歌、割稻打谷,用热火朝天的劳动场面诠释着奋斗的意义。

在渔米之乡浙江建德镇头村文化礼堂里,几百名村民聚集一堂,共同迎接丰收节,这也拉开了浙江万家农村文化礼堂庆丰收活动的大幕。明天,全省1万个农村文化礼堂将同时展开丰收节的庆祝活动。

在甘肃张掖、贵州铜仁,丰收的农产品被搬上展台、摆上长桌宴;在江西高安、安徽砀山,传统农业技能大比拼,展示出乡村振兴的勃勃生机。

庆祝"中国农民丰收节",全国"乡村振兴,旅游先行"项目也在日前发布。该项目在全面启动乡村旅游计划的同时,还推进生态环保计划,并发起"最美乡村故事"图文大赛等活动。

(中央电视台《新闻联播》2018 年 9 月 22 日播出)

6.各地举办纪念活动 警钟长鸣勿忘"九一八"

今天是"九一八"事变爆发 87 周年纪念日,各地举办多种形式的纪念活动,警钟长鸣,珍爱和平。

今天上午 9 时许,在当年"九一八"事变的发生地——辽宁沈阳,近千名群众举行"勿忘九一八"撞钟铭警仪式。随后,辽宁全省 14 市同时鸣响防空警报。

在江苏南京,400 余名各界代表在侵华日军南京大屠杀遇难同胞纪念馆内,撞响了和平大钟。

今天,黑龙江虎头要塞遗址博物馆首次展出当年侵华日军遗留物品,揭露了日军侵华的罪行。

经过吉林省汪清县军地近三年共同规划,当地日军侵华罪证陈列馆今天正式落成,共展出 500 多件照片、实物。

(中央电视台《新闻联播》2018 年 9 月 18 日播出)

七、科教新闻

1.习近平致信祝贺西藏民族大学建校 60 周年

中共中央总书记、国家主席、中央军委主席习近平 15 日致信祝贺西藏民族大学建校 60 周年,向全校广大师生员工和校友致以热烈的祝贺。

习近平在贺信中指出,西藏民族大学建校以来,贯彻党的教育方针,坚持正确办学方向,坚持立德树人,为党和人民、为西藏各项事业发展培养了一大批优秀干部和专业技术人才。西藏民族大学 60 年来取得的成绩,是在党的领导下西藏各项事业蓬勃发展、西藏各族人民生活不断改善的生动体现。

习近平强调,站在新的历史起点上,希望你们全面贯彻落实新时代中国特色社会主义思想和党的十九大精神,紧紧围绕培养什么样的人、怎么培养人、为谁培养人这一根本问题,培育和弘扬社会主义核心价值观,提高教育教学水平,贯彻党的民族政策和宗教政策,加强民族团结进步教育,传承中华优秀传统文化,自觉维护民族团结,全面推进学校各项工作,努力培养德智体美劳全面发展的社会主义建设者和接班人,为推动西藏经济社会发展,为实现"两个一百年"奋斗目标、实现中华民族伟大复兴的中国梦作出新的更大贡献。

西藏民族大学坐落在陕西咸阳,前身为1957年中央指示创办、1958年开学的"西藏公学",是西藏和平解放后党中央在祖国内地为西藏创办的第一所高等学校。

(中央电视台《新闻联播》2018年10月15日播出)

2.我国成功发射两颗北斗导航卫星

今天12时23分,我国在西昌卫星发射中心用长征三号乙运载火箭(及远征一号上面级),以"一箭双星"方式成功发射第三十九、四十颗北斗导航卫星。

这两颗卫星属于中圆地球轨道卫星。卫星经过3个多小时的飞行后顺利进入预定轨道,后续将进行测试与试验评估,适时提供服务。今年7月以来,北斗三号系统进入高密度组网发射任务期,以每月一次两星的速度加速实施组网,4个月间成功将8颗北斗三号导航卫星送入预定轨道。

根据计划,后续还将发射两颗中圆地球轨道卫星和一颗地球同步轨道卫星,于年底前建成基本系统,为"一带一路"沿线国家提供服务。

(中央电视台《新闻联播》2018年10月15日播出)

3.中国载人航天工程应用成果发布

2016年9月15日,天宫二号空间实验室发射升空,目前完成了两年的在轨设计寿命,今天在北京举行中国载人航天工程应用成果介绍会。

截至2018年9月25日,天宫二号空间实验室已在轨正常运行738天,各项功能正常、指标良好,将于2019年7月受控离轨。作为我国第一个真正意义上的太空实验室,天宫二号搭载有14项约600公斤重的应用载荷,其中空间冷原子钟和伽玛暴偏振探测仪等实验项目进入世界先进行列;地球科学观测遥感器率先实现空间验证,取得显著应用效益;量子密钥分配、伴随卫星等空间应用新技术,实现了技术体制创新。载人航天工程实施以来,已有11名航天员出色地完成了六次载人飞行任务,健康、生活和工作三大驻留保障技术得到了有效验证。

中国载人航天工程的第三步任务——空间站工程全面展开,目前已经完成主要系统关键技术攻关,计划于2022年前后建成载人空间站,在轨运营十年以上,中国正式迈进"空间站时代"。

(中央电视台《新闻联播》2018年9月26日播出)

4.2018年国家网络安全宣传周亮点纷呈

正在成都举行的2018年国家网络安全宣传周,通过举办博览会、主题日等活动,进一步提升全社会网络安全意识和防护技能。

网络安全博览会是这次宣传周的主要活动之一。博览会设置了关键信息基础设施安全保护、安全生活等主题展区,展示了我国网络安全产业的最新项目和成果。其中,一批贴近百姓生活的网络安全产品亮相,像汽车遭遇网络劫持时的安全防护、主动识别诈骗行为的安全系统等引人关注。

宣传周期间,来自国内外的网络安全专家学者还就个人信息的保护、网络安全的军民融合等进行了探讨。

宣传周期间开展的网络安全进学校、进社区活动,吸引了公众广泛参与,大家在游戏、知识竞赛中,潜移默化掌握网络安全知识。

(中央电视台《新闻联播》2018年9月22日播出)

5.习近平致信祝贺2018世界人工智能大会开幕强调 共享数字经济发展机遇 共同推动人工智能造福人类

2018世界人工智能大会17日在上海开幕。国家主席习近平致信,向大会的召开表示热烈祝贺,向出席大会的各国代表、国际机构负责人和专家学者、企业家等各界人士表示热烈欢迎。

习近平在贺信中指出,新一代人工智能正在全球范围内蓬勃兴起,为经济社会发展注入了新动能,正在深刻改变人们的生产生活方式。把握好这一发展机遇,处理好人工智能在法律、安全、就业、道德伦理和政府治理等方面提出的新课题,需要各国深化合作、共同探讨。中国愿在人工智能领域与各国共推发展、共护安全、共享成果。

习近平强调,中国正致力于实现高质量发展,人工智能发展应用将有力提高经济社会发展智能化水平,有效增强公共服务和城市管理能力。中国愿意在技术交流、数据共享、应用市场等方面同各国开展交流合作,共享数字经济发展机遇。希望与会嘉宾围绕"人工智能赋能新时代"这一主题,深入交流、凝聚共识,共同推动人工智能造福人类。

开幕式上,中共中央政治局委员、上海市委书记李强宣读了习近平的贺信并致辞。他表示,习近平主席的贺信,为我们推动人工智能快速健康发展指明了方向。上海要以面向全球、面向未来的视野,把握机遇,营造环境,全力打造人工智能创新策源、应用示范、制度供给和人才集聚高地。

中共中央政治局委员、国务院副总理刘鹤出席开幕式并讲话。他表示,习近平主席专门发来贺电,充分体现了中国政府对本次大会和人工智能发展的高度重视。中国人工智能发展逐步走出了一条需求导向引领商业模式创新、市场应用倒逼基础理论和关键技术创新的独特发展路径。下一步,要坚持以需求引领发展,强化基础研究和基础设施,激发微观主体创新活力,大力加强人才培养。中国愿与世界各国共同努力,使人工智能向有益于人类的方向发展。

(中央电视台《新闻联播》2018 年 9 月 17 日播出)

6. 学有所教 筑梦未来

党的十八大以来,围绕公平与质量两条主线,通过大力投入和深化改革,我国教育不断迈上新台阶。

在乡村教育中,小规模学校和乡镇寄宿制学校被公认为是最薄弱的环节。新学期开始,各地将这些小班小校打造得"小而优",提升农村孩子学习兴趣。

十八大以来,像这样回应民生热点、直面难点痛点的教育改革措施持续发力。

为给学区房降温,指标均衡分配、学区多校划片等措施让全国 20 多个重点城市的小学和初中就近入学率稳定在 97% 和 95%;为缓解"入园难",国家连续实施三期学前三年行动计划,中央财政投入上千亿专项资金,到 2020 年,学前三年毛入园率可达 85%。

为提高高等教育质量,高校"双一流建设"作为又一项战略工程全面实施,进入世界权威排行前500名的高校是5年前的3倍。

深化教育体制机制改革、统筹推进城乡义务教育一体化、新时代教师队伍建设,一项项重大政策出台、惠及亿万民生。据最新统计,我国义务教育巩固率达到93.4%,高中阶段毛入学率88.3%,高等教育毛入学率45.7%,即将由大众化迈入普及化阶段。

(中央电视台《新闻联播》2018年9月9日播出)

八、体育新闻

1. 第三届夏季青奥会在布宜诺斯艾利斯开幕

第三届夏季青年奥运会6日晚在阿根廷首都布宜诺斯艾利斯拉开帷幕。

本届青奥会共设32个大项、241个小项的比赛。来自200多个国家和地区的约4,000名15至18岁选手参赛,男女比例首次达到1比1。中国代表团由139人组成,其中运动员82人,平均年龄16.9岁,将参加田径、游泳、乒乓球等24个大项、102个小项的比赛。中国代表团旗手为男子三人篮球运动员王云章。

与奥运会相比,青奥会不仅是一项奥林匹克体育赛事,更是一个文化交流和教育平台。

(中央电视台《新闻联播》2018年10月7日播出)

2. 第18届亚运会今晚闭幕:中国代表团获132金 连续十届居奖牌榜首位

第18届亚运会今天结束了所有比赛,最终,中国代表团共获得132枚金牌,连续十届亚运会位居金牌和奖牌榜首位。

在昨晚进行的男篮决赛中,中国队84比72战胜伊朗队夺得冠军,至此,中国队包揽了篮球项目的金牌。跳水比赛昨晚收官,中国队再获两金,包揽跳水项目所有的10枚金牌。此外,中国队昨天还收获两枚拳击金牌、一枚桥牌金牌。

本届亚运会,中国代表团共获得132金、92银、65铜,并打破2项世界纪录、4项亚洲纪录和19项亚运会纪录。中国队在射箭、游泳、田径等项目上多次创造历史突破,三大球项目取得显著进步,在篮球项目上,中国队包揽了3对3、5对5男、女子组所有的4枚金牌;中国女足获得一枚宝贵的银牌;中国女排则延续强势表现,以全胜战绩登上最高领奖台。

第18届亚运会闭幕式,北京时间今晚8点举行。在闭幕式上,杭州将接过会旗,亚运会将进入杭州时间。

(中央电视台《新闻联播》2018年9月2日播出)

3. 第18届亚运会在印尼首都雅加达开幕

第18届亚运会北京时间昨晚8点在印度尼西亚首都雅加达开幕。

开幕式在能容纳8.8万人的朋加诺体育场举行,欢迎仪式后,来自45个国家和地区的代表团依次入场。在旗手跆拳道运动员、里约奥运会冠军赵帅的带领下,中国体育代表团第7个入场。

开幕式文艺表演的主题为"感受亚洲能量",在开幕式尾声,印度尼西亚羽毛球名将王莲香点燃了本届亚运火炬。

今天是雅加达亚运会开幕后的首个比赛日,6个大项上共产生21枚金牌。

在刚刚结束的10米气手枪混合团体决赛中,我国选手纪晓晶、吴嘉宇获得金牌。

(中央电视台《新闻联播》2018年8月19日播出)

4. 法国夺得2018俄罗斯世界杯冠军

北京时间今天凌晨,2018俄罗斯世界杯圆满落幕。法国和克罗地亚在决赛中上演了一场精彩的进球大战,最终法国队4比2击败克罗地亚,时隔20年再度捧起大力神杯。

比赛一开场克罗地亚队就展现出强烈的进攻欲望,法国队则是以做好防守为主。第18分钟法国队格里兹曼禁区前赢得任意球并亲自主罚,皮球打在了克罗地亚队曼朱基奇的头顶后变线飞入球门,法国队1比0领先。过早丢球并未让克罗地亚人乱了阵脚,仅过了10分钟,他们就利用战术任意球,由佩里西奇将比分扳平。

第 35 分钟，佩里西奇在角球防守中手球。在视频回看后，裁判判罚给法国队点球，格里兹曼一蹴而就，法国队 2 比 1 领先。第 59 分钟，姆巴佩右路突破传中，博格巴中路连续两脚打门，将比分扩大到了 3 比 1。5 分钟后，姆巴佩禁区外远射破门将比分扩大到 4 比 1。此后，尽管法国队门将洛里在第 68 分钟送上大礼让曼朱基奇扳回一城，不过比赛大局已定。最终法国队 4 比 2 击败克罗地亚，时隔 20 年再次夺得世界杯冠军。

（中央电视台《新闻联播》2018 年 7 月 16 日播出）

5. 中国羽毛球男队战胜日本队 重夺汤姆斯杯

2018 年汤姆斯杯羽毛球男团决赛在泰国曼谷刚刚结束。中国队以 3 比 1 战胜日本队，继 2012 年之后，再次夺得汤姆斯杯，这也是历史上中国队第十次夺得汤姆斯杯。

首场比赛，中国队派出头号单打谌龙对阵日本队的桃田贤斗，不过谌龙表现不佳，以 0 比 2 不敌对手，丢掉第一分。

随后的第二场比赛中，中国男双张楠/刘成以 2 比 0 击败日本队的井上拓斗/金子祐树，为中国队将总比分扳成一平。

第三局比赛，二号单打石宇奇顶住压力，直落两局 2 比 0 击败西本拳太，帮助中国队在决战中取得 2 比 1 领先。

关键的第四场比赛，中国队的李俊慧/刘雨辰对阵日本队的园田启悟/渡边勇大，双方各取一局之后，决胜局的比分一直焦灼。最后时刻，中国队率先拿到冠军点，并以 22 比 20 战胜对手，最终中国队总比分 3 比 1 战胜日本，时隔 6 年再次夺得汤姆斯杯。

（中央电视台《新闻联播》2018 年 5 月 27 日播出）

6. 2018 世界乒乓球团体锦标赛 中国男团实现九连冠

昨晚，2018 世界乒乓球团体锦标赛在瑞典落幕。在男子团体决赛中，中国男队 3 比 0 击败德国，连续第九次捧起了斯韦斯林杯。

作为本届世乒赛的压轴大戏，中国队昨晚派出最强阵容出战，去年世乒赛男单前三名得主马龙、樊振东和许昕悉数登场。为中国队打头阵的是大满贯得主马龙,他以3比0战胜37岁的老将波尔。随后登场的樊振东以3比0横扫菲卢斯,为中国队拿到第二分。第三个出战的许昕以3比1战胜弗朗西斯科,最终中国男乒以总比分3比0击败德国,实现了世乒赛男团九连冠,历史上第21次捧起了斯韦斯林杯。

(中央电视台《新闻联播》2018年5月7日播出)

九、口播和口导

1. 中共中央办公厅印发《关于统筹规范督查检查考核工作的通知》

近日,中共中央办公厅印发了《关于统筹规范督查检查考核工作的通知》。

《通知》指出,督查检查考核工作是推动党的理论和路线方针政策、党中央决策部署贯彻落实的重要手段,是改进党的作风、激励广大干部担当作为的重要举措。近年来,督查检查考核工作不断加强,激励鞭策的指挥棒作用有力发挥,必须坚持不懈抓下去。但也存在名目繁多、频率过高、多头重复、重留痕轻实绩等问题,地方和基层应接不暇、不堪重负,干部群众反映强烈,既不利于集中精力抓落实,也助长了形式主义、官僚主义,损害党群干群关系,必须下决心加以解决,把督查检查考核工作做得更好更有成效。

《通知》要求,督查检查考核工作要严格控制总量,实行计划管理;要注重工作实绩,改进方式方法;要加强组织领导,激励担当作为。

(中央电视台《新闻联播》2018年10月9日播出)

2. 中办 国办印发《中央企业领导人员管理规定》

2018年5月11日,中共中央总书记、国家主席、中央军委主席习近平主持召开中央全面深化改革委员会第二次会议,审议通过了《中央企业领导人员管理规定》。近日,中共中央办公厅、国务院办公厅印发了《规定》,并发出通知,要求各地区各部门结合实际认真遵照执行。

通知指出,《规定》深入贯彻习近平新时代中国特色社会主义思想,贯彻落实党的十九大和十九届二中、三中全会精神,贯彻落实全国组织工作会议精神和全国国有企业党的建设工作会议精神,认真贯彻执行新时代党的组织路线,坚决落实党要管党、全面从严治党方针,坚持党管干部原则,坚持发挥市场机制作用,从进一步激励中央企业领导人员新时代新担当新作为出发,完善了有别于党政领导干部、充分体现中央企业特点的领导人员管理制度,是推进中央企业人事制度改革的重要成果,是新时期做好中央企业领导人员管理工作的基本遵循。

通知强调,《规定》的印发实施,对于坚持和加强党对中央企业的全面领导,提高中央企业领导人员管理工作质量,打造对党忠诚、勇于创新、治企有方、兴企有为、清正廉洁的高素质专业化中央企业领导人员队伍,激发和保护企业家精神,更好发挥企业家作用,培育具有全球竞争力的世界一流企业,具有十分重要的意义。

通知要求,各级党委(党组)要根据《规定》精神,完善所管理的国有企业或者所属企业领导人员管理制度。要坚持从实际出发,注重精准性、有效性,不能简单上下套用、盲目照搬照抄。要加强调研、检查和指导,及时研究新情况、解决新问题,切实建好、用好、管好国有企业领导人员队伍。

(中央电视台《新闻联播》2018 年 9 月 29 日播出)

3. 中国发布《关于中美经贸摩擦的事实与中方立场》白皮书

国务院新闻办公室今天发布《关于中美经贸摩擦的事实与中方立场》白皮书,旨在澄清中美经贸关系事实,阐明中国对中美经贸摩擦的政策立场,推动问题合理解决。

白皮书全文约 3.6 万字,除前言外,共包括六个部分,分别是中美经贸合作互利共赢、中美经贸关系的事实、美国政府的贸易保护主义行为、美国政府的贸易霸凌主义行为、美国政府不当做法对世界经济发展的危害、中国的立场。

白皮书说,中国是世界上最大的发展中国家,美国是世界上最大的发达国家。中美经贸关系既对两国意义重大,也对全球经济稳定和发展有着举足轻重的影响。

白皮书指出,中美两国经济发展阶段、经济制度不同,存在经贸摩擦是正常的,关键是如何增进互信、促进合作、管控分歧。长期以来,两国政府本着平等、理性、相向而行的原则,先后建立了中美商贸联委会、战略经济对话、战略与经济对话、全面经济对话等沟通协调机制,双方为此付出了不懈努力,保障了中美经贸关系在近 40 年时间里克服各种障碍,不断向前发展,成为中美关系的压舱石和推进器。

白皮书说,2017年新一届美国政府上任以来,在"美国优先"的口号下,抛弃相互尊重、平等协商等国际交往基本准则,实行单边主义、保护主义和经济霸权主义,对许多国家和地区特别是中国作出一系列不实指责,利用不断加征关税等手段进行经济恫吓,试图采取极限施压方法将自身利益诉求强加于中国。

白皮书说,面对这种局面,中国从维护两国共同利益和世界贸易秩序大局出发,坚持通过对话协商解决争议的基本原则,以最大的耐心和诚意回应美国关切,以求同存异的态度妥善处理分歧,克服各种困难,同美国开展多轮对话磋商,提出务实解决方案,为稳定双边经贸关系作出了艰苦努力。然而,美国出尔反尔、不断发难,导致中美经贸摩擦在短时间内持续升级,使两国政府和人民多年努力培养起来的中美经贸关系受到极大损害,也使多边贸易体制和自由贸易原则遭遇严重威胁。为澄清中美经贸关系事实,阐明中国对中美经贸摩擦的政策立场,推动问题合理解决,中国政府特发布此白皮书。

白皮书指出,中美经贸关系事关两国人民福祉,也关乎世界和平、繁荣、稳定。对中美两国来说,合作是唯一正确的选择,共赢才能通向更好的未来。中国的立场是明确的、一贯的、坚定的。

(中央电视台《新闻联播》2018年9月24日播出)

4. 央视快评:在希望的田野上谱写乡村振兴的华彩乐章

在第一个"中国农民丰收节"来临之际,习近平总书记代表党中央,向全国亿万农民致以节日的问候和良好的祝愿,并就实施乡村振兴战略发表重要讲话。

总书记的讲话进一步明确了乡村振兴战略在国家现代化进程中的时代意义,是新时代做好"三农"工作的总纲领和路线图。

"一年好景君须记,最是橙黄橘绿时。"我们要以总书记重要讲话精神为遵循,牢牢立足中国基本国情农情,始终坚持以人民为中心的发展思想,坚持因地制宜实事求是的方法论,尊重农业发展和乡村建设规律、尊重农民首创精神、尊重市场作用、尊重农民根本利益,努力走出一条生产技术先进、市场竞争力强、生态环境可持续的乡村振兴之路,早日建成产业兴旺、生态宜居、乡风文明、治理有效、生活富裕的新乡村,在希望的田野上谱写改革发展新的华彩乐章。

(中央电视台《新闻联播》2018年9月23日播出)

5. 人民日报刊发重要文章:《风物长宜放眼量——从强国兴衰规律看我国面临的外部挑战》

今天出版的人民日报刊发重要文章:《风物长宜放眼量——从强国兴衰规律看我国面临的外部挑战》。文章认为,回望大国兴衰历史,新兴国家在发展进程中的关键性阶段,往往会受到守成国家的刻意打压。在我国爬坡过坎的关键性阶段,美国主动挑起贸易战,打乱中国发展进程的意图暴露无遗。我们要紧密团结在以习近平同志为核心的党中央周围,从容应对,更加专注地做好自己的事情。面对偏见,用行动说话;面对压力,用能力、实力说话。中国完全有信心有能力跨过这道"坎"。

(中央电视台《新闻联播》2018 年 9 月 11 日播出)

6. 新华社特稿:《在爱的海洋里成长——记"海洋"全俄儿童中心接收汶川地震灾区儿童疗养十周年》

新华社今天播发特稿《在爱的海洋里成长——记"海洋"全俄儿童中心接收汶川地震灾区儿童疗养十周年》。文章说,十年前,受俄罗斯政府邀请,1,500 名来自四川等地震灾区的孩子分两批赴俄疗养,其中不少人在"海洋"全俄儿童中心度过一段难忘时光。在元首外交引领下,中俄人文交流和民间交往日益深入,促进两国民众心灵相通,为双边关系的持续发展提供精神动力,推动中俄关系的大船劈风斩浪,扬帆远航。

第三章　电视新闻节目主持

在电视新闻节目当中,新闻消息的有声语言传播可以有多种样式,既可以是宣读式,也可以是播报式,还可以是谈话式。但是,随着电视新闻节目样式的丰富,在很多新闻杂志型或者新闻版块型节目中,更多的是多种新闻播音主持方式的综合运用,其中既有传统意义上的消息播报,又有形式灵活的说新闻,还有带有评论作用的小言论评述,这就让电视新闻节目的语言表达样式也随着电视新闻节目的变化而更加丰富多彩了。

这个章节,针对当前国内主流电视媒体大量涌现的新闻杂志型和新闻版块型节目的具体样态,从电视的特点、主持人语言表达的特点出发,结合一些具体实例对电视新闻节目主持进行分析讲解,使读者能够便捷地掌握一些基本技能。

第一节　新闻杂志型节目主持

一、定义

新闻杂志型节目,又称为杂志型新闻节目,是电视新闻深度报道的重要节目形态之一。它借鉴杂志的综合编排方法,利用电视的传播优势和报道、评述手法,按栏目的宗旨,将不同样式和内容的新闻版块小栏目串联起来,形成一个完整的节目,在固定时间播出。其中,主持人起着突出的作用。该节目形式吸取了专题报道和集纳性动态新闻的优点,其显著特点:杂而有序,中心突出,形式上综合性强,灵活多样。

《广播电视简明辞典》对新闻杂志型节目(Magazine—format documentary series)的定义是,"电视屏幕上的综合性新闻性节目。它在固定栏目时间内采用杂志综合编排方式,以节目主持人的形式播出……这类节目由主持人把内容串联为有机整体,并对重要的新闻做简要的评述,有利于充分发挥电视传播的优势"。

新闻杂志型节目以传播深度信息为主,同时兼顾其他社会功能,借以满足受众多方面的需求。比较有代表性的新闻杂志型节目在中国有《东方时空》,在美国有《60分钟》。《东方时空》在改版前的主要子栏目有《百姓故事》《东方之子》《时空调查》《时空连线》。播出方式是日播,强调时效性,以提供深度信息和权威分析及评论为主。《60分钟》基本固定的节目框架是节目介绍、具体报道等,还有名牌子栏目安迪·鲁尼(Andy Rooney)的评论,以及并非每期均有的观众来信选播。《60分钟》主要使用"讲故事"的叙述模式,具体有侦探模式、分析者模式、游客模式等,强调故事的冲突,使新闻具有娱乐的特征。

二、概况

在广播电视节目比较发达的美国,广播发展初期,由于信号覆盖不充分,同时听众的构成比较复杂,所以广播节目必须考虑到各种受众群体的需要,尽可能地满足受众需求,于是在20世纪30年代就诞生了最早的版块节目。在版块节目诞生的同时,主持人形式也纷纷出现,并以主持人个性风格和受众建立了密切的收听关系。当时的新闻节目大多表现为新闻版块形式,有大量的新闻记者采录的报道在节目中直接播出。

新闻杂志型节目就脱胎于新闻版块节目。新闻杂志型节目最早出现于美国。1952年美国广播公司(NBC)副总经理韦弗为摆脱广告商对新闻节目的控制,提出创办杂志型电视新闻节目的设想。目前美国的几大商业电视网都有自己的名牌新闻杂志型节目,节目在黄金时段播出,收视率稳居高位。与发达国家相比,中国的新闻杂志型节目起步较晚。1987年7月,上海电视台推出了国内第一档新闻杂志型节目《新闻透视》。1988年1月,福建电视台创办了新闻杂志型节目《新闻半小时》。此后,国内诞生了一批较有影响力的新闻杂志型节目。1993年5月,中央电视台推出了大型新闻杂志型节目《东方时空》,一时间好评如潮。此后新闻杂志型节目形式被广泛运用于各时段电视新闻节目中。

三、新闻杂志型节目播音主持的整体把握

新闻杂志型节目,不仅告诉人们发生了什么事,而且还告诉人们这些事情背后潜在的东西以及将要发生什么。它注重新闻的调查,注重分析、说理和引导,是对重大新闻事件、典型新闻的纵深报道、阐释评述,起到舆论引导的作用,给受众留下深刻印象并发人深思。

新闻杂志型节目必然具备新闻的本质特征,同时兼顾新闻杂志型节目的特点。因此从节目内容的设置,再到具体内容的选择,最后是整个节目的编排,必须全盘把握,每一步都需要精心策划和思考。

1. 内容设置

新闻类节目既要有时效性,又要加强针对性。新闻杂志型节目还要兼顾社会性、知识性、服务性和趣味性的内容,及时捕捉、剖析受众关注的重大新闻、热点新闻和社会问题,力求题材内容多样化,透视分析全方位,注重发挥综合优势。

"深"是新闻杂志型节目的一个根本性特征。这首先要通过对社会热点问题的系列报道进行多方位现场"透视"。可以利用前方记者的现场优势,向受众客观、深入报道事件的发生、发展,通过现场记者的眼睛对问题进行全方位"透视",激发受众深入思考。还可以通过主持人的思考性语言,提出新见解和颇有针对性的、富有见地的建议。主持人的思考、评述是增强新闻杂志型节目思想深度的重要方式。

在此类电视新闻节目中,中央电视台的《东方时空》是个典型代表。中央电视台《东方时空》于1993年5月1日开播,虽然当时时长只有45分钟,但是作为中央电视台第一个新闻杂志型节目,开播伊始就产生了广泛影响,同时也改变了我国观众早间不收看电视节目的习惯,被业界誉为"开创了中国电视改革的先河"。《东方时空》2000年11月27日进行过一次大改版,时长从45分钟扩为150分钟,以演播室为调度中心,用直播方式将新闻、实用资讯、新闻专题等诸多内容有机串联,更加突出信息的时效性和服务性。同时还推出了《东方时空》所独有的周末版节目,构成浑然一体的大型早间新闻杂志型节目,被兄弟媒体评价为"中国新闻晨报""中国新世纪传媒新动向的代言人""电子媒体发展的趋势"。2001年10月,《东方时空》

再次改版,将新闻及资讯内容分离出去,在保留原有的《东方之子》《百姓故事》《世界》《纪事》各子栏目的基础上,推出新的子栏目《时空连线》。2004年9月1日,《东方时空》移至晚间黄金时段播出,联手中央电视台综合频道《新闻联播》《焦点访谈》,推出晚间新闻版块。

2. 编排优势

新闻杂志型节目是在固定的栏目、固定的时间,采用杂志型编排方法,由主持人主持播出。在内容上虽然"杂",但是并不"乱",并且长短结合,重点突出。形式上采用版块结构,灵活多变。整个节目由主持人将各个内容串联成为一个有机的整体,并对重要题材做深入采访和评述。

新闻杂志型节目在传播上有不少优点:(1)用多样化题材和手段来激发受众的兴趣;(2)容量大、题材广,巧妙融为一体;(3)变化灵活,结构合理,随时调整。总之,新闻杂志型节目的设置和编排都力求新颖和个性,关键在于编排安置要得当合理,符合受众的心理和习惯。

以中央电视台的《东方时空》为例。《东方时空》坚持其一贯的主流性和新闻性,坚持对新闻事件和人物进行全面、深度、个性化报道,在原有的各个版块基础上,新增《时空看点》《时空调查》和《媒体观点》三个新元素。整合后的《东方时空》各部分弹性互动,风格更加一致。

《东方时空》栏目自开播之日起,就陆续创办了多个富有特色和影响力的子栏目,给广大电视观众奉献了许多优秀的节目。

《时空连线》:第一时间直击新闻事件,为观众带来快速、深入的现场报道。它的目标是成为中央电视台当天国内重大新闻最权威、最及时的专题报道窗口。

《时空看点》:纵评天下事,为观众带来当日热点新闻最快的评论和分析。

《东方之子》:浓缩人生精华,探求新闻人物的内心世界,同时努力在中国主流媒体中创造更真实、更开放的谈话空间,力图为当代中国留下一份珍贵的口述历史。

《百姓故事》:讲述老百姓自己的故事,用镜头记录普通中国人的喜怒哀乐,关注处于社会转型中的中国人的生存状态,与观众共同分享人生。

《时空调查》:聚焦社会热点,关注观众反馈,用数字表达观点,用数字解读国计民生。

《媒体观点》：汇聚百家之言，展示各方观点，全方位解读社会新闻热点，为观众提供观点碰撞和交锋的平台。

3. 注意要点

(1) 恰当选择和配置节目内容。

一是，准确把握时机，优先撷取并突出社会关注的重大新闻题材，使之成为节目的主干。二是，保持节目内在统一性的同时力争题材多元化，力求每一期节目拥有多方面的内容，借以满足受众的不同需求。三是，既要顾及题材间的联系，也注意防止简单堆砌同类题材。

中央电视台《东方时空》除了每天播出的一些相对固定的子栏目，还为观众提供别具一格的周末版节目。《世界》由主持人水均益领衔，与中央电视台驻世界各地首席记者联袂，以独特的视角报道每周最受关注的国际重大新闻事件和新闻人物。《纪事》是一档以纪实形态为主的时长为 30 分钟的纪录片栏目，关注国家、社会和人物的命运，在坚持人文关怀的同时，重视纪录片的社会的、历史的文献价值，具备一定的精品意识。《记忆》主要选择若干位在 20 世纪影响了中国人言行和思想的人物，将节目的基本情节限定在人物最精彩、最具戏剧性的一年，进而展示出主人公和他所生活的时代。一人一年，通过对历史人物的真实细节的追寻，浓缩中国近百年来的若干精彩瞬间。

(2) 协调节目的内部表现形式。

一是，根据题材的特点采用相应的表现形式，做到"量体裁衣"。二是，将节目整体形式纳入节目策划范围，让节目采制群体明确其要求。三是，适当变换局部的表现形式，包括音像资料的重新剪辑和组接。四是，在表现形式不便变换的情况下，采取必要的缓冲措施，如采用间隔形式协调局部，或插入过渡性的材料等。

中央电视台《东方时空》一直在节目内容和表现形式上不断尝试，摸索和总结出了一套新闻杂志型节目的成功经验。时至今日，《东方时空》已成功播出了十几年，十几年来，《东方时空》形成了"关注社会、激浊扬清、锐意进取"的栏目风格，并不断在节目内容和表现形式上推陈出新，提升其品质。

思考和练习

1. 新闻杂志型节目和新闻专题型节目有什么异同?
2. 你都看过哪些新闻杂志型节目?试分析一下节目内容的构成和特点。
3. 你喜欢哪些新闻杂志型节目的主持人?其语言表达上有什么特点?
4. 根据第二章第三节补充练习材料中的新闻素材,或从报纸、杂志、网络上选编一些新闻素材,模拟编排并主持一档新闻杂志型节目。

第二节 民生新闻节目主持

一、定义

1. 民生新闻的内涵

"民生"一词最早出现在《左传·宣公十二年》,所谓"民生在勤,勤则不匮"。这里的"民",就是百姓的意思。而《辞海》中对于"民生"的解释是"人民的生计",是一个带有人本思想和人文关怀的词语,话语语境中显然渗透着一种大众情怀。"在现代社会中,民生和民主、民权相互倚重,而民生之本,也由原来的生产、生活资料,上升为生活形态、文化模式、市民精神等既有物质需求也有精神特征的整体样态。"市民阶层开始争取自身的话语权,"民生"与大众传播媒介的结合就变得势在必行,于是,便出现了"民生新闻"这一概念。

目前,业界和学界对于民生新闻的内涵,众说纷纭,且尚无定论。主要观点有以下几种:

第一种,民生新闻是关注人民生计、关心市民生活的新闻,从广义上说它属于社会新闻,但在内容上主要关注的是普通老百姓的生存状态与生存空间。

第二种,民生新闻是从群众日常生活中采制而来的新闻,内容上锁定群众的生存状况、生存空间,关注群众的冷暖痛痒、喜怒哀乐,形式上充分利用先进的传播手段,提高新闻的时效性和互动性,拉近电视与观众的距离。民生新闻是"平民视角、民生内容、民本取向"。

第三种，民生新闻是以民本思想为基点，以平民视角和人文叙事手法关注和表现普通百姓的生命、生存、生活、生计等内容的一种电视新闻表现形式。具体表现在三个方面：平民视角、民生内容、人文叙事。

第四种，民生新闻是以城市居民为传播对象，以频道主要覆盖城市为报道范围，以与市民日常经济、社会生活息息相关的新闻事件为主要题材的一种电视新闻体裁。

第五种，民生新闻以"民生、民情、民意"为主要关注点，以城市百姓"身边事、麻烦事、稀奇事、关心事"为主要报道题材，通过记者现场调查、跟踪报道、嵌入式体验等灵活多样的方法采编制作，注重新闻的实用价值、娱乐价值、情感价值的电视新闻。

严格说来，我们认为，"民生新闻"算不上是一个有关新闻体裁样式的科学概念。传统新闻学领域对于新闻体裁样式的划分都是遵循着单一的标准，而民生新闻是一个由多种标准共同作用的划分结果。

以上是辽宁大学新闻系电子传播媒体研究小组编写的《小析"民生新闻"现象——以辽宁电视台〈新北方〉和沈阳电视台〈直播生活〉为例》一文中所提到的关于民生新闻内涵的文字，比较全面，也比较深入。

2. 民生新闻的定义

民生新闻是我国近年来兴盛的一个重要新闻类型，各种媒体都把它作为在日益激烈的竞争中吸引读者和受众的重要手段，并取得了很好的效果。

所谓民生新闻就是关注人民生计、关心市民生活的新闻，内容上锁定群众的生存状况、生存空间、生存环境，关注与百姓生活息息相关、对群众有影响的事件及信息。

因此，对民生新闻可以做如下更为全面和严谨的界定：民生新闻是以关注民众生计、民众意愿、民众立场为主要价值取向，并致力于以民众视角、民众喜闻乐见的形式，对与民众生计、民众生存、民众日常生活、民众切身利益密切相关的新近变动事实的传播。[①]

从题材对象上，它与时政新闻、经济新闻、科教新闻并列，而和社会新闻的关系

---

① 吴信川. 新编广播电视新闻学[M]. 上海：复旦大学出版社，2006：128.

却有着些许不同,需要进一步厘定。《新闻学大辞典》对社会新闻的解释:反映社会生活中体现社会伦理道德的事件、社会风气、社会问题、风俗民情以及自然界和社会上的奇闻轶事的新闻。

民生新闻与社会新闻虽然都选用相似的题材,但摄取的却是不同层面的内容,传播效果也是完全不同的。两者的不同主要表现在价值取向上,社会新闻是站在一种高位审视的立场;而民生新闻则以一种对普通老百姓感同身受和利益关切的姿态,体现民生的视野、民生的态度、民生的情怀,并且它可以最直接和广泛地实现媒体下情上达的功能,发挥媒体的舆论监督在树立社会公共道德和保障社会公共利益方面的积极作用。

二、概况

1. 民生新闻的出现及发展概况

从20世纪90年代开始,各地的晚报、都市报等报刊上的都市社会新闻、市井新闻作为民生新闻的雏形已经小有影响。而在电视荧屏上,1995年北京电视台的《点点工作室》(1998年改名为《元元说话》,1999年至今叫《第七日》),基本具备了电视民生新闻的雏形。1997年北京电视台的《北京特快》与1999年成都电视台推出的《今晚8:00》等,也都呈现出了典型的民生新闻特质。

2002年,江苏电视台城市频道推出了《南京零距离》,被认为是开创了大时段城市电视民生新闻节目的先河。之后,南京地区陆续开播了《直播南京》《绝对现场》《法治现场》《标点》《服务到家》《1860新闻眼》等民生新闻栏目。由此引发了本地区以大时段直播或"准直播"为外在特征,以关注本土化市民生活形态为主体内容的城市新闻"大战"。

2. 民生新闻的特点与优势

(1)关注民生、贴近百姓,平民色彩浓。

关注民生就是关注时代。民生新闻将民生现场置于媒体的聚焦之下,同时,民生新闻记录着百姓的生活状态、生活矛盾、情感困惑,在新闻报道中勾勒百姓生活全景图。所以说,民生新闻具有贴近性和平民化色彩,这样使受众感到亲近,容易获得其信赖。

(2) 服务特征明显。

从某种意义上说，民生新闻的服务性，很大程度上体现在它为受众提供的有效信息上。民生新闻往往被亲切地称作"老百姓自己的新闻"，这其中蕴含着民生新闻服务民众的价值理念。

(3) 报道领域较宽。

实际上，国内外重大时政、经济新闻莫不与民生有关。因此，经济新闻与民生新闻可以相互融合，关键是要在这些新闻中找到与百姓生活相关的契合点，即把新闻的视角从党和政府的工作转到百姓的生活中来，选取某些经济现象或经济生活中的某些内容，从老百姓的视角来分析、透视及思考。

(4) 区域特性明显。

民生新闻强调区域性，通过对区域性资源的充分开掘与利用，激发区域性受众的价值认同。民生，既是各区域表现自己的题材，也是媒体实现价值的题材。由于各区域的自然环境、历史文化、经济发展不同，民生的具体内容也不同，比如说北京民生新闻、南京民生新闻，这些都不完全相同。

3. 民生新闻的缺憾

民生新闻成为当下中国媒体景观中独特的一道风景，从本质上说，是因为它以区域为语境和视角，以民生为题材，以民为中心。可以说，在当今大众传播模式的新型转变中，它是最容易符合受众口味的。与此同时，民生新闻不能只停留于琐碎和表面，走进误区，比如在选题把握上，不能走极端，即把视线全部放在百姓日常生活中，如大量的弱势人群的无助际遇、交通事故、房产纠纷、家庭矛盾等事件，或以庸俗、夸张、暴力等取悦受众，全然不顾社会发展的重大问题。民生新闻还应该考虑新闻事件的重要性和时效性，再从社会发展的主流问题找到与百姓生活的相关点，形成有主流新闻意识的民生新闻。

民生新闻也有其缺憾：

(1) 盲目追求高收视率导致节目低俗化。

很多节目的制作者尤其是考评者把收视率的高低当成了一个节目好坏的唯一评判标准，进而导致盲目追求高收视率造成节目低俗化。

一些电视台想当然地认为民生新闻是提高节目收视率的撒手锏。因而根本不考虑自身实际情况和市场情况,便盲目跟风。由于缺乏理性思考,很多民生新闻的制作者想当然地认为,老百姓肯定喜欢"腥、星、性"的东西。因此,煽情与猎奇、暴力和血腥便常常充斥在民生新闻中,从而导致民生新闻节目低俗化现象的日益泛滥。

(2)盲目跟风导致节目同质化现象严重。

高收视率和高广告回报让《南京零距离》一下子成了电视同行学习的楷模。全国各地类似《南京零距离》的民生新闻栏目如雨后春笋般涌现出来。这些民生新闻栏目几乎都是从《南京零距离》学来的,甚至完全套用了《南京零距离》的节目生产模式。然而,跟风者并没有达到预想的效果,相反,同质化的节目却白白浪费了大量的频道资源。

(3)角色错乱导致媒体公信力的缺失。

新闻媒体具有舆论监督的功能,常常报道一些社会关注的焦点和难点问题,并促进了问题的解决。因此,使部分受众产生了一种错觉,认为媒体和政府职能部门差不多。而实际上,新闻媒体从来不是、将来也不会是政府的职能部门。理性的新闻媒体应该是一个信息传输和交流的平台,它的作用应该主要存在于表达民意的层面上,媒体不应该去干不属于自己职责范围的事,而放弃媒体应负的社会责任。只有如此,媒体才会有自己的公信力。[①]

电视民生新闻引发了电视新闻革命,毋庸置疑,它创造了一个又一个奇迹。但从目前的民生新闻发展情况来看,有些问题也应引起从业人员的重视。

三、民生新闻播音主持的整体把握

1.节目形态

民生新闻节目应该在价值取向上具有民众接近性,也就是说民生新闻无论内容还是形式都应该浅显易懂,能够让大多数受众看得懂并且能够产生共鸣。基于这样的考虑,民生新闻节目的节目形态应该是形式灵活多样的,并且经常能够和受众有双向互动的交流和沟通。

[①] 尚明宪.论民生新闻的优势与缺憾[EB/OL].(2007-04-03)[2007-04-13].http://blog.donews.com/aoinging/archive/2007/04/03/1149878.aspx.

2. 语言表达

民生新闻节目的语言表达应该具有可亲性,可亲性并不仅是单一的亲切,更多的是一种亲和力的综合表现。这种亲和力不是表现为肤浅的语气亲切、面带微笑,而是表现为主持人对广大民众的一种关注和思考。虽然主持人并不是政府官员,但是心中如果装着老百姓的衣食起居,关注和感受着人间冷暖,那么就会在语言表达中体现出可亲性。

3. 个性发挥

节目主持人应该具有鲜明的个性,民生新闻节目主持人就更应该具有自己鲜明的个性特点。这种鲜明特点不是标新立异、哗众取宠,而是在长时间的节目当中表现出来的相对稳定的个性魅力和个性化表达样式。

4. 明确作用

作为电视节目主持人始终不能忘记,我们是媒体工作者,我们是党和政府以及人民的耳鼻喉舌。作为电视民生节目主持人,更应该很好地起到"上情下达、下情上传"的媒介作用,要在一个公平、公正的平台上对百姓的社会生活起到舆论监督作用。所以电视民生节目主持人在节目中应该把握好舆论宣传的导向,真正做到倾听百姓心声、关注百姓生活。

▍思考和练习

1. 电视民生新闻和平面新闻晚报之间有什么关联?为什么百姓喜欢看民生新闻?
2. 你都看过哪些电视民生新闻节目?试分析一下该节目的特点。
3. 哪些电视民生新闻节目主持人给你留下了深刻印象?请说出其特点和优缺点?
4. 从报纸、杂志、网络上选编一组新闻消息,试着编排成一档电视民生新闻并模拟主持。

第三节　新闻专题节目主持

一、定义

新闻专题节目也可以称作专题类新闻节目。专题，顾名思义，是对某一个专门的题材、课题进行探讨并传播。各台、各节目部门都创办各类专题节目，如对象性专题、知识性专题、服务性专题、文化艺术类专题等。

专题类电视新闻是综合运用各种电视表现手段与播出方式，深入报道某一重大新闻事件或某些具有新闻价值又为广大受众所关心的典型人物、经验，新出现的社会现象以及某一战线、地区新面貌等题材的新闻报道形式。[①]

新闻专题节目的特征是节目具有新闻性，它和新闻消息类电视新闻的区别在于其专题性，即对某一专门问题做专门的分析报道。可以说，它是消息类新闻的延伸和拓展。

二、概况

新闻专题节目大致可分为专题新闻、专题报道、思辨性报道等类型。

专题新闻主要是对重大新闻事件进行详尽报道的节目形式。在时效上，与消息类新闻节目最为接近，而在内容上则更为详尽和全面。这类新闻主要报道党和政府的重要活动、重要会议、节日庆典以及人们关注的其他重大活动。

专题报道是电视新闻深度报道常用的节目形式，是新闻专题节目中进行深度报道的主要形式。在选题上选取当前具有重要意义的新闻的多角度、多侧面的信息，在表达方式上主要根据内容准确、鲜明、生动地调动电视手段来完成。具体类型有典型报道（主旋律）、重大事件的现场报道、重大事件的综述回顾等。

思辨性报道是对社会问题、社会现象的分析和思辨，在事实的基础上说理，换个角度思考，还要有深入的调查研究以及成果。

---

① 叶子.电视新闻节目研究[M].北京:北京师范大学出版社,1999:240.

以上三大类型可以是每期节目都独立成篇,也可以是连续播出的几集专题;既可以在固定时间固定栏目出现,也可以存在于新闻版块当中,成为子栏目。

同为新闻类节目,电视新闻消息侧重于对客观事实简洁明了的报道,而电视新闻专题也具有其报道和表达的鲜明特点。目前,电视新闻专题节目在创作走向上有以下主要趋势:题材结构故事化,叙事方法情感化,人物展示个性化。

三、新闻专题节目播音主持的整体把握

从播音主持角度出发,根据新闻专题的稿件类型和表达特点可以大致归为以下几类:时政新闻专题节目(《国际时讯》)、热点新闻专题节目(《焦点访谈》《360度》)、新闻人物专稿(《新闻联播》中的专题报道《劳动者之歌》《道德楷模文明风尚》)、主旋律新闻报道专题(《新闻联播》中的《时代先锋》)等。

概括地说,新闻专题节目的播音主持在具体操作过程中先后有这样几个必要环节:

(1)明确传播目的。每一档新闻专题节目的选题都要经过认真筛选,这些选题一定是一个时期广受关注的热点话题,除了具有较强的新闻价值,还应具有鲜明的舆论导向作用。所以播音员、主持人在此类电视节目中的播音主持创作当中一定要明确传播目的。

(2)充分了解资料。主持好一档新闻专题节目,做好充分的准备是成功的关键。所以播音员、主持人在播音或者主持节目之前一定要尽可能地做好案头工作,除了仔细准备节目的稿件之外,还应该阅读一些相关资料,准备得越充分,对节目的把握就会越准确。尤其在访谈过程当中,虽然有节目进程和访谈大纲,但是在什么地方和嘉宾深入下去,只有在充分了解资料的前提下才可能随机应变、游刃有余。

(3)注意分寸把握。新闻专题节目具有一定的专业性,播音员、主持人不可能是各种问题的专家,所以在谈到自己陌生或者没有把握的问题时,一定要注意请教专家学者,注意语言分寸的把握,尤其是在一些政治敏感问题上,更应该表现出一定的立场和拿捏好分寸。

(4)注重人文关怀。播音员、主持人是节目进程的主导者,一档新闻专题节目一定有传播的既定受众群体和既定目的。如何才能达到良好的传播效果,让受众愿意接受和能够接受节目所传达的信息和内涵?具有人文关怀是有效的传播表达方式。所以播音员、主持人在节目当中的开始语、结束语乃至节目中话题的抛出、中间的采访、最后的总结,都应该充分考虑到电视观众,尽可能多地为观众着想,这样才能够达到比较理想的传播效果。

下面着重就热点新闻专题节目和新闻人物专稿来谈谈如何把握此类节目的播音主持。

1. 热点新闻专题节目播音主持

热点新闻专题节目有日播型、周播型还有不定期的特别节目。此类节目主要有中央电视台的《焦点访谈》《今日关注》《新闻调查》《高端访问》《360度》《新闻周刊》等,各地方电视台也有很多日播和周播以及新闻特别节目。

另外,还有一种热点新闻专题节目,其构成主要是一些消息,间或有一些简短的评论,信息量大、内容丰富,主持人的串联和点评在增强了交流感的同时,也把控好了舆论的导向。请看下面这组新闻专题。

例1:中央电视台《新闻周刊》节目(节选)

主持人:你们好,观众朋友,欢迎打开《新闻周刊》。在本周有一条新闻估计很多人不会太注意,那就是全国将撤销97%的评比达标表彰项目。本周公布统计的结果,以前全国共有评比达标表彰项目70,350个,经初步审核后将建议撤销68,000多项,平均撤销率达到97%,可见不说不知道一说吓一跳。在过去的很多时间里,有相当多的机构,打着评比达标表彰的理由,在市场上姜太公钓鱼愿者上钩,花钱买名声,最后再拿着用钱买来的名声到消费者这儿来促销,到最后是消费者在为一些名不符实的评比达标和表彰买单。这一次痛下杀手撤销97%是一件好事,但剩下的两千多项如何管理?撤销之后如何防止死灰复燃,时间一长又巧立名目回到百分之百,恐怕也是有关部门该认真思考和认真对待的事。好了接着共同走进本周。

本周新闻:道德模范评选活动结束

  有感动、有钦佩,更有折射到灵魂深处的自省。本周,53位全国道德模范的名字通过新闻媒体迅速传遍全国,在这些普通人的身上,他们的故事他们的经历,没有惊天动地,但却蕴涵着巨大的道德力量,让每一个听众动容。这次由中央文明办、全国总工会、共青团中央、全国妇联联合举办的全国道德模范评选表彰活动,是中华人民共和国成立以来的第一次,大部分获奖者为普通基层群众,是通过群众投票和评委投票相结合的方式评出的。

  本周,在人民大会堂,中共中央总书记、国家主席胡锦涛在会见这些全国道德模范时说,道德力量是国家发展、社会和谐、人民幸福的重要因素,倡导爱国、敬业、诚信、友善等道德规范,形成男女平等、尊老爱幼、扶贫济困、礼让宽容的人际关系,是社会主义精神文明建设的重要任务。这次对全国道德模范的评选表彰活动很有意义,对于形成良好社会风尚、提高公民道德素质具有重要推动作用。

超强"韦帕"袭击五省市

  本周,今年第13号超强台风"韦帕"袭击我国东南沿海地区,中心最高风力达到14级,造成我国浙江、福建、上海、江苏、安徽五个省市近800万人口受灾,大量房屋倒塌损坏,农田被毁被淹,直接经济损失达66亿余元。除了浙江省有5人死亡,3人受伤外,并没有造成大的人员伤亡。此次台风到来之前,国家主席胡锦涛、总理温家宝作出"加强防御超强台风工作,保障人民群众生命安全"的重要指示,五省市不惜一切代价转移危险地带人员,共紧急转移安置268.8万人。尤其是浙江,在不到一天时间里完成了百万人口大撤离,转移群众179万多,3万多艘船只回港避风,是这个省中华人民共和国成立以来台风前转移人员最多的一次。如此紧急关头,如此紧迫时间,做到百万群众安全转移,不能不说是个奇迹,而其中耗费的财力物力人力也可想而知。面对可预知的灾难,如何更好地防御,除了财力物力的投入,或许更需要国家相关政策的指导。

(2007年9月22日播出)

  通过这一段节目的举例,我们可以大致概括出在播音主持这类节目时,除了要注意之前所述的四个必要环节,还需要从宏观上把握好五点:

  (1)把握好大政方针。把握好大政方针是新闻工作者政治素质的首要体现,所有的新闻报道都必须明确当下新闻宣传的主旨。这档节目主持人开门见山地把"全国将撤销97%的评比达标表彰项目"这一较有针对性的举措用聊天的方式说给受众，突出的正是党的方针政策。

（2）把握好舆论导向。我们的广播电视宣传一定要有旗帜鲜明的舆论导向，现阶段着重营造和谐社会，和谐社会体现在社会的方方面面，通过一个人、一件事来反应某个侧面，点点滴滴就汇聚成了整个社会的和谐。在节目开始主持人说出"全国将撤销97%的评比达标表彰项目"的消息之后，紧随其后就报道"道德模范评选活动结束"，看似一种编排技巧，实则体现的是一种舆论导向。

（3）把握好新闻敏感。做新闻报道一定要有新闻敏感，这是新闻工作者的基本素质，也是选取和编排一档新闻节目的依据。这档新闻节目在汇总一周的新闻时也没有遗漏掉当时颇受关注的"超强'韦帕'袭击五省市"等重要新闻。

（4）把握好感情基调。感情基调对于播音员、主持人的创作来说相当重要，对感情基调的把握体现的是播音员、主持人对新闻的了解、对政策和导向的把握，因此，播音主持时用什么基调，在具体语句当中用什么样的语气，都是关乎一档节目传播成败的关键。如这档节目中，主持人对"超强'韦帕'袭击五省市"这则消息体现的是一种关切和同情。

（5）把握好导语串联。一档好的新闻节目，编排会起到非常重要的作用。虽然编排有时由编辑来完成，但是面对一则则的新闻消息，如何让它们形成有机的整体，就要靠传播的最后一个环节——播音员、主持人，说得确切一点，应该是播音员、主持人的语言表达了。

新闻专题性节目中的消息播报不同于专门的新闻消息类节目，在语言表达上可以轻松自如、灵活多变一些。比如这档节目的主持人在一开始就采用聊天的方式把新闻带出来："在本周有一条新闻估计很多人不会太注意，那就是全国将撤销97%的评比达标表彰项目。本周公布统计的结果，以前全国共有评比达标表彰项目70,350个，经初步审核后将建议撤销68,000多项，平均撤销率达到97%，可见不说不知道一说吓一跳。"经过主持人这么一说，原本单调的数据播报变得生动了，原本严肃的措辞也变得生动了，但是却在观众的心中引发了不小的震动。紧接着第二则消息开始前主持人就用了这样的串词："有感动、有钦佩，更有折射到灵魂深处的自省。本周，53位全国道德模范的名字通过新闻媒体迅速传遍全国,在这些普通人的身上,他们的故事他们的经历,没有惊天动地,但却蕴涵着巨大的道德力量,让每一个听众动容。"这样一说,不但把两则消息很好地串联了起来,自然地过渡,同时在内容上也形成了鲜明的对比,一个贬斥,一个褒扬。

2. 新闻人物专稿播音主持

我们常常在中央电视台的《新闻联播》节目当中看到类似《劳动者之歌》《道德楷模文明风尚》《时代先锋》这样的报道,这就是一种简短的新闻人物专稿,也属于专题。新闻人物专稿往往是对一个典型人物的新闻报道,这在新闻体裁当中属于通讯。简单地说,通讯是一种比消息更深刻、更详尽、更生动的新闻体裁,优秀的通讯作品可以在读者中产生更广泛、更深远的影响。许多模范人物的事迹最早就是靠通讯这种文体广泛传播的。

新闻人物专稿是综合运用多种表达方式,详细深入而又生动形象地报道新近发生的事实的一种新闻体裁。新闻人物专稿的作用主要有以下几点:一是为受众提供更多、更详细的新闻人物事迹的细节,以满足受众了解详情的要求;二是使新闻具有感染心灵的艺术品格,因为新闻人物专稿具有文学性,一方面具有形象性,另一方面具有情感性;三是在消息不能有所作为的地方发挥作用,比如有一些有价值的新闻人物题材不适合写成消息,因为消息是以新闻事件为基本内容的,而有些新闻人物是非事件性新闻。比如一位普通的劳动者,在现代媒体的关注下很可能是有新闻价值的。

(1)新闻人物专稿的含义

新闻人物专稿(也称人物通讯)就是以人物为中心报道对象,通过一个人物或一组人物新近的行动来反映时代特点和社会面貌的一种通讯形式。

新闻人物专稿以人物的新近行动为新闻,重在表现人物的品质、性格和精神面貌,通过个别显示一般,达到揭示时代特征、感染受众的目的。

(2)新闻人物专稿的类型

新闻人物专稿中的人物当然要具有新闻性。从实际报道的情况看,这些能够进入通讯中充当主角的人,大致上有这样几种类型:一是各行各业的英雄模范人物。如雷锋、焦裕禄、王进喜、张海迪、孔繁森、徐虎、李素丽等,都是由新闻人物专稿向全社会推出的楷模。这样的人物通讯,社会影响最为广泛、深远。二是人们普遍关心的社会名流。如著名科学家、社会活动家、爱国人士、运动员、演员等。这样的通讯在报刊上常占有相当多的数量,有些报刊甚至可以通过报道这样的人物来吸引读者,提高报刊的发行量。三是在平凡的生活和工作中体现了某种人生价值的普通人。这是近年新闻人物专稿题材发展的一个趋向。四是某些对社会有警示作用的反面人物。如对违法乱纪的案件当事人的报道等。

另外,根据基本结构形态的不同,新闻人物专稿有这样三种类型:一是传记式。其特征是较完整地记叙人物一生的主要事迹,篇幅较长,内容丰富。二是特写式。侧重于记叙人物的一时一事,或某一侧面。虽然比一般的特写涉及范围大得多,但属于集中于一事、一个侧面的写法。真正记叙一时一事的新闻人物专稿,现在也很常见。三是群像式。特点是报道对象不止一个,而是一个集体中的若干人,或是同一时空范围内的几个同类人。

(3)新闻人物专稿播音的把握

如何把握好人物专稿的播音,我们先来看两则《新闻联播》中播出的新闻人物专稿。

例:【时代先锋】赵亚夫:46年为了农民增收致富

[同期声]江苏镇江农科所研究员赵亚夫:这个小苗是什么东西,草莓,我们下一步就要攻克草莓的有机栽培技术。

赵亚夫是镇江农科所的研究员,这样的培训他每个月都要有好几场。几年前,他从镇江市人大副主任的岗位上退下来时,选择来到了镇江最贫穷的丘陵山区。第一次到戴庄传授有机农业技术,广播通知了一上午,只来了3个人。

[同期声]江苏镇江农科所研究员赵亚夫:他们说不用化肥不用农药怎么种田,不相信。

村民王巧娣家里有几亩桃树,她当时抱着试试看的态度接受了赵亚夫的帮助。

[同期声]江苏镇江村民王巧娣:当时我想,他那么大的官,还不是来讲两天就走了吗?

可王巧娣没想到,赵亚夫这一讲就是两年。新品种和新的栽培技术带来的是戴庄的桃子卖出了从未有过的价格:以前一斤几毛钱,现在一斤五块钱。从此,丘陵山区的村民们认识了这位戴眼镜的赵老师。

[同期声]记者:在戴庄的村口有这么四句话:做给农民看,带着农民干,帮助农民卖,实现农民富。可以说,这是赵亚夫和他的同事们多年来的工作准则。

46年前,赵亚夫参加工作就选择了农村科技研究,一年三分之二的时间奔波在乡村。46年间,他平均每年培训超过百次,听课农民30多万人次,170多项新技术得到推广,农民增收25亿多元。

[同期声]江苏镇江农科所研究员赵亚夫:看看自己培育的成果给农民掌握了。丘陵山区原来草房子变成瓦房了,瓦房变成楼房了,开始买摩托车开小汽车了,非常高兴。

(《新闻联播》2007年10月10日播出)

帮助别人在生活中并不是一件难事,但是在长达46年时间里帮助农民增收致富,赵亚夫用自己的行动感动着所有人。

这同样是一则用特写式手法创作的普通岗位上先进人物的专稿。戴庄村口的四句话"做给农民看,带着农民干,帮助农民卖,实现农民富",正是赵亚夫心中最想做,也是他在现实中确确实实做到的事情,像这样的先进人物也许还有很多很多,对赵亚夫的颂扬,正是对许许多多和他一样的时代先锋人物的肯定。

所以在播读这篇人物专稿的时候,虽然采用了几段同期声而文字解说并不多,但就是在这四段不到300字的解说当中,要饱含着对赵亚夫的颂扬之情。对于稿件中赵亚夫的帮助对象从开始的3人到后来的30多万人这种强烈的对比,一定要予以突出,要能够激发出具体的感受并表现出这其中看似平凡实则令人敬佩的伟大奉献精神。

通过以上两则新闻人物专稿,我们可以概括出在新闻人物专稿的播音创作中应该把握好以下几点:

一是学习并了解现阶段大政方针。这是必须要明确的前提,因为新闻人物专稿的播发一定围绕着当时新闻宣传工作的中心,而一定时期新闻宣传工作正是围绕党的大政方针展开的,所以为了能够更为准确地表达新闻人物专稿,就必须提高政治素质、加强政治学习。

二是积极引导正确的舆论导向。新闻宣传工作都有明确的舆论导向,我们弘扬什么、贬斥什么都应该有鲜明的态度,因此这也是播音员在进行新闻人物专稿播读前必须牢记的。

三是充分调动内心的表达激情。激发内心感受、调动情感等手段都是辅助有声语言进行创作的。新闻人物专稿多是以正面弘扬主旋律为主,所以在进行播音创作时应该充分调动起充沛的情感,以准确表现出先进人物和先进事迹的闪光之处。

四是准确运用内外部表达技巧。在具体创作过程中,往往综合运用内外部表达技巧。扎实的语言表达能力和准确的情感把握无疑会对文字稿件起到锦上添花的作用,也会收到很好的传播效果。

五是整体把握创作的和谐统一。最终衡量一篇新闻人物专稿有声语言表达的成败,标准就是看是不是真实、自然,是不是能够激发出受众内心的崇敬和感动,要做到这些,必然是情、声、气以及整体把握的和谐统一。

思考和练习

1. 电视新闻专题节目有什么特点?
2. 电视新闻专题节目和电视新闻消息节目有哪些异同?
3. 新闻人物专稿的语言表达有什么特点?和新闻消息播报有什么不同?
4. 自己选编新闻素材,模拟策划编播一档电视新闻专题节目。

第四节 新闻读报节目主持

一、定义

人们长久以来习惯在早上买一份早报,了解一下过去一天的新闻和掌握一些与今天有关的信息;当忙完一天的工作,人们也习惯买一份报纸,关注一天的重要新闻汇总。在电视新闻优势凸显的今天，更多的人选择了收看电视新闻节目。和其他新闻节目样式出现的前提相类似，电视新闻读报节目也是为满足受众以多种方式获取信息的需求而出现的。

从凤凰卫视的《有报天天读》到中央电视台新闻频道《朝闻天下》的《媒体广场》、经济频道《第一时间》的《马斌读报》，再到江苏电视台城市频道的《孟非读报》、东方卫视《看东方》的《早报早知道》《读家新闻》、湖南经视综合频道的《T2区》……一时间这种原本属于个体行为的"读报"成为电视媒体的一种新鲜播报方式，受众也对这种重新演绎的"读报"方式兴趣浓厚。

原本狭义的读报是指读者自己阅读平面媒体上刊载的新闻信息，读者对新闻信息的选择具有"非线性"，也就是读者可以根据自己喜好确定阅读内容和顺序，且阅读报刊的来源有限，一人或者一个家庭只能阅读有限的几份报刊；而新闻读报节目中的"读报"，则是由新闻节目主持人以读报的方式，将新闻信息有选择地呈献给电视观众，读报节目主持人对读报内容已经进行了筛选，所以受众获取信息具有"线性"特点，只能按照节目编排顺序获取信息，同时新闻读报节目的信息源充分，可以将更多平面媒体的新闻信息汇总在一起，尤其是不同媒体对同一新闻事件的各种报道和评论。

二、概况

要说国内新闻读报节目的源头，还得先说中央人民广播电台那个耳熟能详的名牌栏目《新闻和报纸摘要》。早在1950年4月10日，中央人民广播电台开办了《首都报纸摘要》节目，后来演变成了现如今的《新闻和报纸摘要》节目。从节目名称就可以看出这是一档专门播发国内权威报纸新闻和评论的广播节目，这也可视为广播电视新闻读报节目形态的雏形。

后来虽然也有一些此类的广播和电视节目出现，但是"读报"特点并不鲜明，多是以新闻播音员播报的方式进行传播，也没有以个性化的主持人语言来进行串联和编排。之后真正让新闻读报节目成为电视观众喜闻乐见的一种新闻节目形式的是2003年1月6日凤凰卫视开播的《有报天天读》，主要解读全球范围内的重要报刊头条新闻以及社论和评论，这一档由杨锦麟主持的读报节目一经推出便广受好评。

中央电视台新闻频道也在 2003 年 7 月 1 日推出早间读报节目《媒体广场》。《媒体广场》下午版是中央电视台新闻频道推出的又一档每天 30 分钟的读报节目,和早间《媒体广场》的读大报、说大事略有不同,下午的《媒体广场》以各地的都市报、晚报为主要摘取对象,从内容选取上更贴近百姓、贴近生活,播报形式更轻松、自然。后来中央电视台经济频道的《第一时间》也在同年 10 月 20 日推出了《马斌读报》节目。

在地方媒体中,江苏电视台城市频道的名牌栏目《南京零距离》推出了《孟非读报》,主要是对南京以及全国主要报刊登载的一些重要新闻进行圈点,成为《南京零距离》的一大收视热点;在湖南经视综合频道推出的《T2区》,也以其另类的读报模式创造了地方卫视的新看点。此外,插播在各栏目间的读报版块,更是不胜枚举,比如北京电视台的《现在读报》、东方卫视《看东方》的《早报早知道》和《读家新闻》等,均是该栏目收视率最高的版块。

三、新闻读报节目播音主持的整体把握

1. 整合新闻资讯

新闻读报节目往往信息量极大,在人们日渐繁忙的社会生活中,越来越多的人没有充分时间阅读报纸杂志,更不可能把成百上千种的报纸一一浏览,所以新闻读报节目就能够通过专门工作人员将重要新闻和信息进行筛选呈献给电视观众,让观众在短时间内迅速了解国内外重要新闻信息。比方说中央电视台新闻频道《朝闻天下》中的《媒体广场》和经济频道《第一时间》中的《马斌读报》,都具有整合国内外新闻媒体重要新闻的特征。

2. 力求通俗易懂

目前电视媒体拥有非常广泛的受众基础,考虑到各个层次的电视观众,新闻读报节目的语言应该是通俗易懂的。由一个人来读报本身就已经比较枯燥,如何让电视观众在这种节目形式中保持一种兴趣?读报节目主持人应该把来源于报纸杂志的书面语转化为生动形象的口语,像讲故事一样把信息传递给受众,这样不但能够很好地增强对象感和交流感,还能够很好地体现出新闻读报节目的优势。无论是中央电视台的《媒体广场》《马斌读报》还是地方台的《孟非读报》

《T2区》，采用的都是通俗易懂的、接近日常口语的语言。

3. 巧妙串联编排

相比较报纸而言，收看电视新闻往往更加方便。因为对于文化水平不高、缺乏阅读理解能力的人群来说，没有比看电视新闻节目更便捷的了，电视的声画合一的特点，为更广泛的受众提供了便利。新闻读报节目不仅有深刻严肃的评论分析，也有轻松幽默的社会逸闻，软硬新闻兼备，图片、文字、评论和调侃穿插。为了增添交流感和亲切感，东方卫视的《看东方》和中央电视台的《第一时间》都推出"短信互动"，受众可以对当日新闻和主持人提供的话题发表观点和看法，通过手机短信发至电视台，主持人随机选读，并在节目的最后进行数字统计，既增加了节目的互动性，又为节目增添了一些生动性。

4. 语言个性鲜明

主持人往往是新闻读报节目的灵魂，为了做出一道色香味俱佳的电视大餐，光有丰富多样的新闻材料和精挑细选的编排调味是不够的，主持人必须要掌握火候，最好还要手握几道独门秘方。尽管有人戏称凤凰卫视的杨锦麟"老杨读报，吓我一跳，国语不准，英文走调"，但他仍凭借资深的新闻采编从业经验，犀利、独到的新闻点评在读报节目主持人中拔得头筹。也有人说马斌的语言比较"贫"，可是播音主持科班毕业的马斌语言表达准确生动，因此"贫"得颇见功力，他的从容、质朴又深具亲和力的主持博得了不少受众的欣赏，使《马斌读报》颇受关注。江苏电视台城市频道《孟非读报》的主持人孟非，不但运用日常口语来讲述大事要闻，更常常用生动的南京方言把新闻形象地传播出来，这不但让这个城市频道的新闻具有很强的地域性，更让孟非在节目中的表现充满了个性特点，为该栏目赢得了一席之地。

喻国明教授强调读报主持人要练内功。一位主持人要有关于社会、政治和经济等方面的积累和把握。"他对'说什么''不说什么'，应该有一个价值标准；对'怎么说'，也应表现出作为一位主持人的高度。"而对于表达形式，他认为是次要的。"说得快未必不好，而北方人的幽默或是南方人的细腻，也同样是一种魅力。新闻在于价值判断，看问题要一针见血，给人以力量和启发。"

另外，我们在新闻读报节目当中也发现了这样一些问题：

一是信息丰富，广而不深。新闻读报节目受客观条件的制约，必须把新闻浓缩，以简单的方式梳理、编排后传送给受众。受众能"概览"天下大事，却无法深入了解某一事件。凤凰卫视《有报天天读》节目时长25分钟，平均每期要传送四五十条新闻信息，加上点评平均几十秒钟就要报一条。中央电视台经济频道的《马斌读报》语音标准、清晰，可也要在15分钟的时间内完成一二十条新闻的播报，"海量信息"决定了快节奏的播报速度，更决定了主持人只能对标题做个介绍或以寥寥数语来概括文章大意，不可能深入细致地分析每一则消息。主持人有时还要感慨一番，就更加压缩了新闻本身传递的信息量。新闻读报类节目信息缺乏厚度和内含，显得苍白、仓促。它带给人们的常常只是粗线条的信息轮廓，无法给受众足够的"背景"和"细节"。

二是摘编过多，信息雷同。新闻读报节目的定位决定了它只能筛选、过滤报纸上的信息，没有自采节目、原创节目独有的视角，就像一把信息的"筛子"，没有深层次的加工和处理。《马斌读报》的内容就常常与《第一时间》和《全球资讯榜》相同，甚至主持人的评论都一模一样，如果受众恰巧又读过这张报纸，易造成信息的浪费。再者，电视读报是对报刊信息的二次整合，存在着信息变异甚至失真的可能。报刊文字是用眼去读，电视读报则眼耳并用，往往偏重于口语化，强调感性内容，缺乏文字的严谨与逻辑，有可能造成信息模糊甚至出现误读。

三是人云亦云，形式单调。越来越多的新闻读报节目亮相荧屏，可给人留下深刻印象的并不多。新闻读报节目本身就不像其他自制类电视新闻节目有故事、有现场、有冲突，像是CBS经久不衰的《60分钟》，可以带给受众亲自侦破案件的感觉。大多数新闻读报节目在编排上都流于一种简单模式的重复，即"报纸版面＋解说"，难免给受众以单调乏味之感。荧屏上的报纸版面经过微缩后不是很清晰，多数只能看清几行标题，还总是一闪即逝。

另外，新闻读报节目毕竟是以张嘴"读"的方式传播，故事再精彩也只能靠主持人的一张嘴来讲述，而无法将曲折的故事生动再现；报刊的观点再深刻也只能由文字转变成口语，而主持人以一人之口无法精确传达多种观点。如果只是人云亦云，毫无生机，把"读报"节目做成了"念报"节目，还不如直接看报来得方便。《马斌读报》和《有报天天读》就能很好地结合音乐、书法、动画等手段，在结构编排中加入一些合适的音、画因素，让这些素材更好地诠释节目内容。主持人也常常运用一些肢体语言，辅助传达信息。

四是主观性强,易产生误导。电视读报是对报刊信息的二次传播,主持人的再次演绎必然存在着自己的理解取舍甚至发挥,难免煽情,甚至夸大事实,歪曲原意。主持人为了追求个性,往往以不同的形式对报刊新闻做一番点评,其中一些点评比较睿智,另有一些则过头了,主要是评论过多地引申导致与报纸文章原意不符。新闻读报节目本来就是不完整的"介绍",加上主观色彩浓厚的解读,必然会造成信息的失实和误传。

新闻读报类节目应该注意评论的"度",使之恰到好处。这里的"度"是指读报时一是不要轻率地点评;二是即使点评也要恰当、有根据,不要不着边际、过多地引申,言多必失。评论应当是从新闻事实中得出的,要忠实于报刊原意,不能随意添油加醋,更不能歪曲原意。主持人本身也要有深厚的知识积累、不同凡响的洞察力和良好的职业道德。

思考和练习

1. 说说新闻读报节目和传统意义上的消息播报有什么异同?
2. 新闻读报节目主持人的语言有什么特点?除了有声语言,副语言在传播中起到了什么作用?
3. 你都喜欢哪些新闻读报节目?该节目主持人有哪些优缺点?
4. 自己模拟策划编播一档新闻读报节目。

第五节　补充练习材料

一、新闻人物专稿

1.【时代先锋】黄志强:毕生心血献给祖国医学事业

中国工程院院士、解放军总医院专家组组长黄志强,是我国肝胆外科奠基人之一,从医77年,他把毕生心血献给了祖国的医学事业,铸就了大医为民、德技双馨的人生传奇。

这是日前举办的第13届北京微创外科论坛,来自国内相关专业领域的专家、学者除了进行学术交流,还有一个主题,纪念3个月前去世的黄志强院士。

1944年,22岁的黄志强成为一名外科医生。新中国成立后,他开启了中国肝胆外科界的"拓荒之旅",在国际上首次为病人实施肝动脉结扎术,使肝内胆管出血不再是不治之症;他倾注40年心血,研究形成一套肝内胆管结石病的诊断和治疗体系,创建了我国第一个集医疗、教学、科研为一体的肝胆外科专科,被同行誉为"中国胆道外科之父"。

勤奋的黄志强即使是80多岁高龄,还坚持到手术一线。2008年,肝癌患者陈运亭在解放军总医院接受了兄妹的供肝,成功进行了"两供一受"肝移植手术,创造了未输血就完成双供体肝移植手术的奇迹。指导这次手术的就是黄志强。

这段视频记录于2011年3月5日,89岁高龄的黄老来到建筑工地,为农民工义诊,而这时他的身体已经出现征兆。2015年年初,黄老的病情加重,听力更加模糊,但他依然惦记着工作,学生们只能用白板向导师汇报。

一生从医,黄志强留下了一串惊人的数字,24部学术专著,400多篇学术论文,1,200多例全国疑难肝胆管结石病手术,80%以上的术后良好率,推动我国肝胆外科跻身世界先进行列。

黄志强院士从医77多年,他的高超医术和高尚医德都为人所称道。我国是世界上各种终末期肝病和胆病发病率最高的国家之一,黄老不仅救治了无数危重的肝胆病人,减轻了病人痛苦,更通过勤奋治学和潜心实践,开创了具有中国疾病特色的肝胆诊治理论和方法,让我国的肝胆外科专业跨入世界领先行列。

(中央电视台《新闻联播》2015年7月28日播出)

2.【最美基层干部】"致富书记"董福财

辽宁省彰武县北甸子村原党支部书记董福财,带领村民们植树治沙,将白茫茫的沙荒地改造成了绿洲。造林固沙取得了成效,董福财又开始琢磨着如何带领乡亲们摘掉贫困的帽子,走上致富路。

北甸子村三面环沙,信息闭塞、交通不便,村民们在土疙瘩里刨食勉强能维持生计。董福财决定把发展牛、羊为主的养殖业确定为村民脱贫致富的突破口。想法虽好,可实际操作起来困难却不小。

看到乡亲们的难处,董福财心里比谁都着急。他一趟趟跑信用社,自己做担保人,帮着大伙办贷款。搞起了养殖业,新问题又来了。沙窝窝里的北甸子村距离镇上虽然不过6公里,但中间却被一个100多米高的沙丘阻隔,村里人出趟门,都要翻越沙岭,非常艰难。2002年,经过积极争取,北甸子村通往镇里的村级公路终于立项了。但前提是需要村里自筹资金先铲平那座大沙丘,并用土石把路基垫起来。在董福财的带领下,全村老少齐上阵,手担肩扛、马拉人拽,整整干了两个月,硬是像愚公移山一样移走了沙丘、夯实了路基。

2003年8月,北甸子村终于有了通往外界的第一条公路。有了路,收粮收牲口的车直接开到了家门口,还能卖上好价钱;学校的校车也一直通到镇里,北甸子村再也没有孩子辍学了,这几年,还出了好几名大学生。今年,北甸子村还种上了1,500亩经济林。

目前北甸子村家家户户都有致富项目,2014年,全村人均纯收入达到9,700元,比2000年时增长了近8倍。

(中央电视台《新闻联播》2015年7月27日播出)

3.【凡人善举】邢二朋:我想让爱心传递下去

两年前,因为在黄河里救起了三位落水者,河南省黄河水利职业技术学院学生邢二朋成了救人英雄。今年,邢二朋毕业了,他有一个心愿,那就是让爱心永远传递下去。

前不久,邢二朋确定被江苏南京一家国企聘用了,在去单位报道之前,他一心想帮今年刚刚参加高考的郭一帆把就读的学校联系好。郭一帆是邢二朋两年前用见义勇为奖金资助的两个贫困学生之一。

2013年5月18日下午,正在黄河边游玩的邢二朋遇到有人落水。当时黄河接近汛期,水流湍急。邢二朋不顾危险,在7分钟里三次跳进河里救人。

后来,学校将邢二朋评为见义勇为道德模范,还奖励他1万元钱。邢二朋9岁丧父,虽然生活贫困,但他坚强自立,一边上学一边在工地打工。当时1万元钱,相当于邢二朋家两年的收入。然而出乎人们的意料,刚拿到钱,二朋就捐给了家乡的贫困生。

在学校的支持下,从大学二年级开始,邢二朋组织了以自己名字命名的志愿服务队。利用课余时间去学校周边的福利院、敬老院做义工。两年下来志愿服务队从 100 人壮大到 200 多人。邢二朋说,做这些,虽然辛苦,但是心里很满足。

(中央电视台《新闻联播》2015 年 7 月 26 日播出)

4.【县委书记风采】黎云:不忘群众才能真正发展

在广西梧州市长洲区,区委书记黎云因为建起了一个不小的不锈钢工业园区而被人称道。可是因为土地被征用,随之出现的不少失地农民,也成为黎云想经济发展之外最大的心思。他觉得,只有把失地农民安置好了,才能实现真正的发展。

最近,喜欢上网的黎云在网上看到了一个帖子,说农田被征用后,好多年轻人找不到活干。建起了这么多大型企业怎么还会有农民没活干呢?黎云没敢怠慢,立刻赶往被征地的村子。

村民们说的,这是长洲区近两年的普遍现象,因为承接了大量东南沿海的产业转移项目,长洲区 2 万多亩土地被征用,没有就业技能的农民,靠着征地补偿金坐吃山空,偶尔参加的技能培训跟需求对不上不说,还拿不到证书。

一边是农民找不到工作,另一边长洲区的不少大型企业却在为找不到合适的工人而发愁。

这样的状况让黎云意识到:问题来了。企业的网上信息,村民看不到;政府的技能培训跟不上,老百姓又无所适从。

当书记不能把群众的困难当包袱,这是黎云对自己的一贯要求。很快,区里、镇里的干部都立了"军令状":为每个失地农民进行跟踪服务和培训,引导企业优先录用失地农民,并为 16,366 名失地农民办理了养老保险。还拍板决定,拨出征地面积 5% 的土地,作为"回留地"返还给村里,由村民们集体经营,以此吸引村民在家乡创业、致富。

有了共识,还要建起相应的机制。黎云把当地群众面临的各种困难都列为不解决就影响发展的重点事项,专人专题重点解决。在黎云担任书记期间,当地财政收入连续四年保持两位数增长。

(中央电视台《新闻联播》2015 年 7 月 25 日播出)

5.【新闻特写】高温"烤"验高铁站"铺棉"人

新疆近期遭遇了大面积的极端高温天气,而为了保证工期,兰新高铁乌鲁木齐新客站正在加紧站顶的铺设。按照规定,这样的高空作业是不允许夜间施工的,施工人员只能在白天冒着酷暑,紧张地作业。来看本台记者的报道。

虽然已经避开了正午的高温,工作时间安排在下午四点,但这时气温仍是39摄氏度。由于整个站顶完全曝晒在阳光下,站顶又都是钢板、铝合金这些吸热性能好的材料,此时人就像站在一只烤炉上,热气从四面八方涌过来。

为了避暑,大家也没少想办法。安全帽就被改造成了各式各样的遮阳帽。

自制帽子遮阳、喝碗绿豆汤解暑,可这几位师傅却穿得严严实实,不仅戴着厚厚的皮袖套、胶手套,脚上还缠着透明胶带。虽然被称作铺棉工,但工人们铺的可不是普通的棉花,而是用工业原料、石头合成的保温防火的岩棉,这些岩棉里面有微小的金属渣,一不留神就会钻到衣服里、鞋子里。为了保护自己,大家只能里三层外三层地把自己包裹起来。

一到休息时间,工人们脱下来的衣服一拧一把水。

虽然又热又辛苦,可工人们都没有怨言,这次能参加兰新高铁乌鲁木齐新客站的建设,大家打心眼里自豪。

(中央电视台《新闻联播》2015年7月25日播出)

6.【深入生活 扎根人民】关牧村:有了群众鱼得水

从一名车工成长为歌唱家,在关牧村30多年的艺术人生里,她始终保持着人民艺术家的本色。

7月19日,关牧村来到了天津市和平区朝阳里社区,这里有一支居民自发组成的合唱队。一进排练室,她就被大家团团围住了。

关牧村从小曾跟随欧洲音乐教师学习声乐,但由于家庭变故,中学毕业后她阴差阳错地成了一名钢锉厂的车工。即便是在人生的低谷,她的歌声也能飞遍车间的每一个角落。

1977年,关牧村被天津歌舞剧院录取,成为一名职业歌唱演员。最普通观众的喜爱、支持,让关牧村立志要把歌唱到基层群众的心坎儿上。30多年里,她每个月都要到基层进行慰问演出。

一路走来,关牧村获得过各种荣誉,她总是充满着感恩之心,数次为社会各项慈善事业捐助,她说:"观众对她的爱才是她演唱的真正动力。"

(中央电视台《新闻联播》2015年7月23日播出)

7.【领航科技 创新中国】王文兴:留住蓝天 卫护家园

既要金山银山,更要绿水青山,这是今天人们的共识。今天的"领航科技 创新中国"系列报道我们要认识我国大气环保科研的拓荒者——中国工程院院士、山东大学教授王文兴。

王文兴,88岁,国内最早从事大气化学研究的科学家之一,他主持的酸雨、光化学烟雾、煤烟型污染等课题多次获国家科技进步奖等奖励。

王文兴1952年大学毕业后,20多年一直搞化工研究,直到1973年,他被抽调参加国家首次组织的出国环保考察团,那一次,他对英国曼彻斯特保留的一段警示墙印象深刻。

发达国家已经开始走出污染阴霾,而当时工业化刚起步的中国,环保科研队伍几乎是空白,服从国家需要,王文兴毅然转型,1980年他参与组建中国环境科学研究院并成为大气化学领域带头人,在他牵头的多项攻关任务中,酸雨研究是最具影响也是最为艰巨的。

从泰山到峨眉,从舟山到南海,王文兴到过不知多少个观测点,亲手验证数据,严把监测质量,这个习惯一直保持至今,在他80高龄的时候还上过泰山极顶的观测站,让同行的年轻人敬佩不已。

经过近20年坚持,一幅我国酸雨成因和分布的科学地图终于被绘制出来,这项成果获得了环境科学领域第一个国家科学技术进步一等奖,而让王文兴更欣慰的是,其中提出的控制方案已列入国家政策,很大程度上避免了发达国家曾出现的严重酸雨污染。

2003年,76岁的王文兴再一次转型,他应邀回母校山东大学创建了环境研究院,致力于理论创新和人才培养。这些动画彩球所演示的,就是最近在国际权威期刊上发表的新成果,汽车尾气中的有害成分排放后如何变化,过去很难靠实验来分析,而王文兴在国内率先引入量子化学的计算方法,突破了这些难题。在国家自然科学基金委的一项评估中,山东大学的量子化学研究成果居国际第四位。

(中央电视台《新闻联播》2015 年 6 月 1 日播出)

8.【大国工匠】练就手眼神功 装配精确到"丝"

深海载人潜水器有十几万个零部件,组装起来最大的难度就是密封性,精密度要求达到了"丝"级,而在中国载人潜水器的组装中,能实现这个精密度的只有钳工顾秋亮,也因为有着这样的绝活儿,顾秋亮被人称为"顾两丝"。

1 丝(1 公斤,是深海中 1 个指甲大小的面积上要承受的水压),只有 0.01 毫米,也就是一根头发丝的 1/10 那么细;载人潜水器身上所有密封面的装配精度,必须控制到几丝,这样才能确保潜水器在深海里既不漏水,又能缓冲巨大的水压。在中国载人潜水器的组装中,能实现这个精密度的只有顾秋亮。

0.2 丝,只有一根头发丝的 1/50。用精密仪器来控制这么小的间隔或许不算难,可难就难在载人舱观察窗的玻璃异常娇气,不能与任何金属仪器接触。因为一旦摩擦出一个小小的划痕,在深海几百个大气压的水压下,玻璃窗就可能漏水,甚至破碎,危及下潜人员的生命。因此,安装载人舱玻璃,也是组装载人潜水器里最精细的活儿。

除了依靠精密仪器,更重要的是依靠顾秋亮自己的判断。

用眼睛看,用手摸,就能做出精密仪器干的活儿,顾秋亮并不是在吹牛。他即便是在摇晃的大海上,纯手工打磨维修的潜水器密封面平面度也能控制在两丝以内,因此人称"顾两丝"。

别看现在的顾秋亮这么牛,当初学徒时,没少挨师傅的骂。

师傅们严厉的调教让顾秋亮慢慢收住了心,用最笨的办法练习基本功。

2004 年,"蛟龙号"开始组装,顾秋亮和他师傅级的前辈们一起被抽调到这个项目上。"蛟龙号"是中国首个大深度载人潜水器,组装起来没有可以借鉴的经验,顾秋亮他们只能一点点摸索。

刚参加"蛟龙号"项目时,"顾两丝"名气大,他原来所在的实验室一直希望他回去,收入能多一半。收入的增加让顾秋亮也有小小的动心,但最让他动摇的还是"蛟龙号"的第一次海上试验。对于极度晕船的顾师傅来说,出海就是对身体极限的挑战。

托付生命的信任,让顾秋亮留下来。工作43年来,顾秋亮感觉最亏欠的就是家人。今年10月份,顾秋亮就要退休了。最近,已经60岁的他正抽空学开车,打算退休后的时间全部用来陪家人。

目前在中国,深海载人潜水器有两台,组装工作都是由顾师傅牵头。4,500米载人潜水器或许是他组装的最后一台潜水器,载人舱的玻璃装好了,他还是那么精细,那么专注,反复确认它的安全性。

乘坐"蛟龙号"去深海的中国科考人员告诉记者,每次下潜前,顾秋亮都要亲手关闭安全阀门,并向舱里的人们打个手势。这个手势,会让科考队员们格外安心,因为顾秋亮代表着最严格的工艺标准、最苛刻的质量尺度、最一丝不苟的职业态度。靠品质赢得信任,靠敬业树立口碑,大国工匠的水准应该成为我们的社会共识。

(中央电视台《新闻联播》2015年5月1日播出)

9.【工人诗篇】田力:劳动是一首美丽的诗

鞍钢被誉为"共和国钢铁工业的长子"。在鞍山,人们以成为鞍钢人为荣。今天的工人诗篇,我们来关注辽宁鞍钢工人田力的诗。

"我多想像建国初期的/劳动模范们那样/骑上"国防"牌的脚闸自行车/脑袋里想着齿轮或者磨具的革新难题/明天天亮我要第一个站在机器前/精力旺盛/等待着工友们的到来"(《二月二十五日,下班途中》田力)

写这首诗的是鞍钢的工人田力。在他家里,他是第三代鞍钢人。

火热的炼钢场景让爱好文学的田力迷上了写诗,厂子的无限荣光似乎就是工人们拼命的动力。

"钢花,有时候要比急促的雨滴/更密集。我知道,映红天空一角的/不仅仅只是太阳/无数的手/从鲜嫩,到粗糙/从一个夜晚,伸向另一个夜晚"(《炼钢,炼钢》田力)

鞍钢,共和国钢铁工业的长子。田力看到,国家的钢铁梦,是父辈们用双手拼出来。就连20世纪90年代初,国企改革,下岗大潮来袭,工人们对企业的感情也没有褪色。

鞍钢最艰难的时期,田力和工友们甚至会从每月的三百多块工资里,拿出一半多来与厂子共渡难关。

现在,厂子在正常生产中不断调整适应挑战和变化。42岁的田力从钢花飞溅的作业现场调到了主控室做操控员。下了午班,已是夜里12点,田力和三五工友聚在一起喝点酒,聊聊工厂,念念诗。

"这一张是父亲过生日的下午/我推着他去路边的/小理发摊儿剃头/鞍钢是/共和国的长子/而我/是这个小老头的长子/我推着他/应该应份/天经地义"(《题一张照片》田力)

田力说,工人们都有一股倔劲,愿意在岗位上一件一件地认真做事,他们是厂里的顶梁柱,厂子也是他们的主心骨。诗里的情感,是对家还是对厂,已经分不清楚,以辛勤劳动为荣,是一代一代工人的本色,也是社会发展的不竭动力。

(中央电视台《新闻联播》2015年5月1日播出)

10.【我的座右铭】张丽莉:以爱与勇气,接受一切悲欢

面对即将冲过来的大客车,"最美教师"张丽莉救出了学生却失去了自己的双腿,在那段艰难的日子里,她是怎样走出心里的屏障,重新恢复阳光的呢?

以爱与勇气,接受生活赐予的一切悲欢,这是"最美教师"张丽莉的座右铭。而要说起这句座右铭的来历,就要从2012年的那场车祸说起。

2012年5月8日,在黑龙江省佳木斯市第四中学门前,一群学生结束晚自习后从校门走出,此时一辆大客车突然失控向前冲去,和前面的车连环相撞,并一直穿过人群。危急之下,第十九中学教师张丽莉将几名学生推向一旁,自己却被卷入车轮下身受重伤,身高1米68的她因此双腿高位截肢。

四个月的治疗,六次手术,张丽莉学会了面对死神,面对病痛,可却无法面对自己。直到她在一本书上看见这样一句话。

2012年9月,张丽莉转入北京的康复医院,开始了假肢的制作和康复训练。

为了实现这个愿望,张丽莉每天至少要训练八个小时。通过近半年的努力,2013年春天,张丽莉借助假肢重新站立了起来!但是,15公斤的假肢,要通过巴掌大的残端来带动,这并不容易。一次练习的时候她摔倒了。

这次摔倒之后残端破损,张丽莉一个多月都无法进行假肢穿戴。她终于意识到,完全恢复健全人一样的生活只能是一个梦。

这时候,再看那句座右铭,张丽莉对生活又有了新的诠释和感悟。

从此,张丽莉真正面对了自己已经失去双腿的现实,努力适应新的生活。2014年,她考上了北京师范大学特殊教育专业的研究生。今年四月,她还克服了因身体带来的种种不便,生下了一个可爱的小宝宝。

(中央电视台《新闻联播》2015 年 8 月 5 日播出)

二、新闻读报节目

1. 凤凰卫视《有报天天读》

有报天天读,新闻点点评。我是杨锦麟。

告了两天假,去了广东的潮州,参加那里的文化旅游节。

千年古桥广济桥重新通车,目睹了一个很壮观的场面,同时也见到了文怀沙大师。大师曾经留下了一个对子,他是这么说的:老来尤剩两行泪,半累苍生伴美人。像老人家活得那么潇洒,那真是人生一大快事。可是我们当下活得实在是太拘谨了,一会儿见。

好,继续我们的新闻。

韩国的《朝鲜日报》说,教育工作者们请向中国学习。他们到浙江的温州,发现温州的商人英文的水平提高得让韩国人吃惊,认为这一点来讲呢,韩国的教育工作者大概没有像温州商人那样从小对孩子进行赚钱的教育。

《东亚日报》说,美国的众议院说 26 日正式提出慰安妇的议案,对日本来讲,这不是好消息。

《中国时报》说,阿巴斯要美国、以色列给他支持,在自己的地盘打不过法塔赫,要以色列军队来帮忙,在这一点来讲呢,真是闹了一个天大的笑话。

那么《亚洲时报》谈到了俄罗斯还有一些发展中国家的地方出现了一些政经勾结的"三分之一"的潜规则,也就是说呢,任何人聚集财富最简单的历史,是向根本不知道自己拥有财富的人下手,因为失去了也不注意,而启迪出这个智慧是三分之一这不可约分的优雅的数字。俄罗斯在苏联解体之后这"三分之一"的潜规则大行其道。

……内地的很多媒体说,那么前五个月全国检察机关立案侦破了渎职侵权罪有两千多件,有三千多个渎职官员被立案侦查,那么《21世纪经济报道》访问了全国最高人民检察院最高反渎职侵权厅副厅长宋寒松,他说渎职侵权会比贪污受贿的后果更为严重。银监会怎么回事呢?严查50亿的信贷入市,违规的支行长下课。

大批的七一要到香港的游客,由于出入境管理处计算机系统升级,所以港澳证办理时间比较长,所以很多人被迫取消行程,有人说跟国家领导人到香港来访问有关系。

重庆的市民为儿子取了一个八个字的长名字,名字叫欧阳成功奋发图强,结果公安局说名字太长了说没有办法给他注册,那孩子啊虽然长名字好听,上学要学写名字的时候孩子一定是泣不成声:这老爹怎么给我取这么长的名字,写一个名字可能要半个小时。

天天头条。

山西黑砖窑这件事有进一步发展,《文汇报》说,公安部派员查黑砖窑,严惩渎职警察,但是到目前为止没有一个官员被问责,黑窑工哭诉:曾经目睹两个工友活活被打死,而且有两只狼狗整天看着他们。

那《联合早报》说,山西黑砖窑的工头多来自河南,带来的打手相当残暴,自己人打自己人,"老乡见老乡,背后开启机关枪",这下手真的很狠。

《明报》说,奴隶的砖窑肆虐要至少九年,也就是说九年以前湖南省一个人大代表已经发现了这个问题,曾经营救了一百多个奴工,这个奴工现象九年了还是没办法根治。

《21世纪经济报道》说,全国总工会的负责人说,黑砖窑案为恶势力团伙犯罪,也就是说当地政府据说采取了有效措施,抚慰农民工是对的,但是不能够替代当事人和当地政府视察所应该承担的法律责任。

好,这事情呢来看看《大公报》,说湖南人大代表曾经上书温总理揭露黑幕,这种事情犯了又犯,当地政府呢奉中央领导的命向这些农工们赔礼道歉。

好了,《纽约时报》说,巴格达又开始爆炸。"咣"的一声数十个人死亡。那个地方呢,嗨,活得很不自在。

《英国卫报》说,切利布莱尔的太太曾经反复地建议她丈夫炒掉布朗,幸好没有炒掉,但是因为两人关系不和,影响了工党政府的顺畅运行。哎哟,真是英国的武则天也在那儿干政预政。

《国际先驱论坛报》说,雅虎的原创人也就是杨致远重新当任CEO,雅虎这些年亏损得一塌糊涂,所以呢,还是要原创者出来力挽狂澜。

《泰晤士报》说,古巴悼念逝世的女英雄,卡斯特罗弟弟的夫人劳尔卡斯特罗夫人艾斯宾18日在哈瓦斯逝世,享年77岁,她是古巴最有权力的人物之一,是古巴非官方的准第一夫人。

好了,《星岛日报》,基地组织有300个人肉炸弹毕业了,最小年龄12岁,准备让不同的小组来袭击欧洲和美国。但是呢我们四川有一个跟基地组织没有关系的人,他也不用学习,他呢神经有些问题,带了五公斤炸弹要炸学校,结果呢被轰毙了。跟基地组织没关系,他也不用上什么学校,无师自通。

《中国日报》和《人民日报》分别谈到胡锦涛主席出席中日青年世代友好论坛,温故知新、传承友好。就是那些84年,当年参加老一辈中日友好的年轻人如今已是壮年,他们又欢聚一堂。当时我们也注意到一点,中曾根康弘的要求是这一次北京论坛之后到江西亲自去拜见胡耀邦总书记的坟墓。

那么有的媒体报道说,美国据说在必要的时候会摧毁大陆的北斗导航卫星,这事情台海认为,假设的对抗地是在太空,也在台海。那么作战计划,美国制定了多个打击中共的远程作战计划。

好了,这是《曼谷邮报》,他信被下令回国,不要整天在外面打高尔夫球,你不回国我就逮捕你,也就是说资产问题。看来呢,泰国政府也就是军政府有关的事情会激怒国内的政局的对立面。

好,这是《时代周刊》最新一期,谈到人类都吃了些什么。对于人类食品的问题他有一个讲究,看看日本人全都是素食,食品问题在西方主流媒体现在成了重中之重。

(2007年6月20日播出)

2. 江苏电视台城市频道《南京零距离》的《孟非读报》

感谢您继续收看《南京零距离》,我们来看今天《扬子晚报》的一篇评论:据4月3日《每日经济新闻》报道,4月2日是"个税申报"的截止期。截至3月29日,年所得12万元以上纳税人自行纳税申报137.5万人。从已申报人员结构看,仍然由工薪阶层唱主角,私企老板、自由职业者寥寥。按规定,纳税人逾期不纳税申报,由税务机关追缴其不缴或者少缴的税款及滞纳金,并处以罚款。

这篇评论的基本观点我是赞同的,但是我还觉得这还不仅仅是文化层面的东西,纳税,古今中外都是应尽的义务,偷税漏税都是违法行为,哪个国家、阶级社会都是一样的。可是为什么现在那么多企业、那么多个人普遍存在偷税漏税的情况呢?最近炒得沸沸扬扬的新百税案就是最新的一个例子。

我们首先应该知道国家的税收主要用在什么地方,主要是两个用途,第一是用来供养政府机构和政府人员;第二个是取之于民用之于民的社会福利和社会公共事业。我们一定非要分析刚刚提到的这两个社会心理的话,我们不妨从这样两个角度来入手。我们来看一看:如果要说咱们中国的纳税人承担了世界上最庞大的公务员队伍,可能有些人会说,不是废话吗?咱们中国人最多,相应地公务员队伍也是最庞大的,这有什么奇怪的呢?不是这样的,我们做任何事情的比较都应该有两条线,一个是纵向比,一个是横向比。什么是纵向比?就是自己跟自己比,跟过去比,然后再横向跟其他国家比,这样才能够得出一个最正确、最客观公正的结论。我们先来跟自己比,我手上有个资料,全国政协委员国务院参事,叫任玉岭,他提供了一个参考数据,说咱们国家现在的官民比例是多少呢?26∶1。这是什么意思呢?就是老百姓和官员的比,叫作官民比。多少个老百姓养一个官员呢?现在是26∶1。这个数字光听的话你不知道是高还是低,现在告诉大家,这个数字比咱们国家汉朝的时候高了多少呢?高了306倍,比清朝的时候高了多少呢?高了35倍。好你说那都是古代,咱们不比了,咱们就跟改革开放的时候比,改革开放之初咱们的官民比例是多少呢?67∶1,十年前是多少?是40∶1,现在,26∶1,这个数字增长之快,史无前例、世界罕见!这是一个非常重要的背景资料,这是纵向的比。待会儿我们再说横向的。

按照国际通行的原则,公务员指什么?公务员仅仅指政府官员和政府雇员,国家的财政只供养这两种人,但是咱们的国情是,我们的公务员队伍,或者说享受公务员待遇、吃财政饭的人远远大于这个通行的原则,具体我不说了,大家心里都知道哪些人在吃皇粮,这个比例实在是太大了,很多人永远都不会忘记朱镕基同志曾经在一次记者招待会上对中外记者说:"长期以来,我们的财政就是一个吃饭的财政,说白了就是养活人的财政,我们的钱主要都用来做这方面的事情,而用于社会保障、社会福利这方面的事业的资金投入真是太少太少了。"这是一个非常重要的背景。

这篇文章又通过举例子提到了丹麦,说丹麦是世界上最快乐的国家,也是贫富差距最小的国家,说丹麦这个国家是高福利同时也是高税收的国家。很多发达国家它的发达都体现在这儿,福利高,同时税收也非常高,即便是像古巴这样的发展中国家,经济显然不如我们发达,但是他们的社会保障体系,像什么全民免费教育、全民免费医疗做得都非常非常好,这个我在以前的节目当中说过的,而我们的国情是,由政府提供的公共产品非常匮乏,这种例子天天都有。昨天零距离我们报道了一对父子,一对养父子啊,那个被收养的儿子因先天的残缺被遗弃,现在这名父亲老了患了癌症。但是这么窘困的一个家庭,父子二人相依为命、不离不弃,非常感人。片子播完了之后,很多观众从家里打车跑到电视台,眼含热泪地给我们捐款。从《零距离》开播到现在,作为一个主持人,我看过这样的(例子)实在太多太多了,我们每次都被这些善良的人们所感动,但是感动完了之后我经常说不出来话,因为我不知道我在这儿能说什么。我不能不想一个问题,就是当人民在遭受意外不幸的时候,我们社会的保障机制在什么地方?现在对很多的老百姓来说,不是这个保障水平的高还是低的问题,而是我们有还是没有的问题。百姓的捐款和他们的善良,能够在多大程度上改变这个整体的社会面貌?我们得想这个问题。报纸在举丹麦这个例子的时候说,丹麦人的觉悟很高、热情很高,是因为什么呢?因为丹麦人不希望看到大街上有任何一个穷人。是啊,听起来非常让人向往,但是大家想一想,人的本性的差距并不大啊,咱们中国人不是一样善良吗?我们不是也一样不希望在街上看到穷人吗?我们也不希望看到别人受苦受罪。但是我们得想一想,纳税人纳的税有多少?有多大的比例是取之于民用之于民地用到了社会保障这些方面呢?我想这是很多纳税人心里都存在的一个问题,我们作为一个新闻媒体,作为一个社会工作的人都希望呼吁社会的良知。但是我们比谁都清楚,人民生活的保障不能仅仅靠人们的善良来维系,它需要靠政府来提供很有力的保障,这个保障就是应该来自纳税人的。行,很多问题的根源就在这儿,我们今天的头三条新闻都跟医疗有关,跟医疗有关的所有问题我曾经讲过这个那个方案没多大用,根源在什么地方谁都知道,政府投入不够。可是新的医疗体制方案呢，迟迟没有出台，遥遥无期。只要政府加大投入，其他那些技术性的问题都不是问题，都能解决。

　　一个是医疗，另一个是教育。身边有《晨报》的观众看看今天 A16 版上，《晨报》的编辑把《中青报》和《山西晚报》的两篇稿件放在了一起做了一个比较，一篇报道说的是在山西某个地方，一个村里的小学，130 多名学生和老师挤在一个已经被认定为危房的校舍里上课，那个村干部还和那个房东签订了一个生死合同，说如果房子塌了压死人不负责任，我们的老师和学生就在这样一个随时都可能塌下来死人的房子里教书和念书。另一张照片和文章在旁边，同一个地方它的煤矿安监局，山西出煤，很多煤老板都是山西的，中国很多暴发户都是挖煤挖出来的，那个煤矿安监局一共十个人，享用着四十多间面积超大带卫生间的办公室，一共十个干部，有九辆公车，就在山西这个地方，同一个地方。两篇文章配发了两张照片，我们看到对比这么强烈的两篇报道和两张照片，我们在开头提到的这个问题，偷税漏税问题怎么这么严重的这个问题，恐怕就找到了答案。

　　纳税，在今天来说，不仅是每个公民应尽的义务，它同样也包含着一种信任，不要辜负了这种信任才是解决之道！

　　今天读报就说这么多。

（2007 年 4 月 4 日播出）

第四章　电视新闻访谈

随着电视新闻事业的大发展,电视新闻节目的种类也花样繁多。新闻报道单单传播消息早已不能满足受众对新闻信息的需求,很多颇受关注的热点、焦点新闻需要多角度报道和深层次挖掘,所以需要有相应的新闻节目类型,这个时候电视新闻访谈类、调查类节目便应运而生。

虽然同属新闻类电视节目,但是电视新闻访谈类和调查类节目中播音员、主持人的工作情境和语言表达样式也会有所不同,在这个章节中,我们就电视新闻访谈类节目中主持人的语言创作和表达进行一些解析,并结合具体节目文案,有针对性地让读者理解和掌握电视新闻节目中访谈的一些知识和技能。

电视新闻访谈与报纸记者、电台记者为撰写稿件所进行的采访有很大的区别,与单纯利用声音进行传播的广播访谈也有不同。本章将介绍电视新闻访谈的特点、类型、基本技巧及电视技术因素对访谈的影响等内容。

第一节　理论概述

一、电视新闻访谈的界定

电视新闻访谈是电视记者、播音员、主持人直接出现在屏幕上对新闻事件当事人或相关人士就新闻事件或新闻观点进行采访。有的节目完全由电视新闻访谈构成,被称为电视新闻访谈节目。有的节目中穿插电视新闻访谈,对画面内容做深入的解释或补充,以弥补画面的不足。

电视新闻访谈可以通过当事人之口,真实地介绍事件过程,表达自己的认识和看法。它省却了四处奔波拍摄实景的过程,可以借助语言快速获得信息。由于语言出自当事人之口,具有可信性,它成为来不及拍摄现场画面、事件发生后无法再获得电视画面以及涉及思想认识和看法等不便于画面表现时,较为真实地传递信息的常见方式。电视新闻访谈几乎在各类电视节目中都有用武之地。

二、电视新闻访谈节目特点

1. 采访过程公开

电视新闻访谈中采访者与被采访者的相貌、采访地点、谈话过程都显露在屏幕上,让观众听得清、看得明。具有声音和图像的电视新闻访谈最公开透明。

2. 表达手段丰富

电视新闻访谈不仅能让观众知道被采访者说什么,听到他们的声音,还能让观众看到他们的真实形象、动作、表情。表情、动作等具有传情达意的作用。在电视新闻访谈中,采访者和被采访者都可以利用自己的动作、表情来表达自己的感受和看法,补充语言的不足,加强语言的感染力。

3. 需要团队合作

有时为了使画面能同时有多角度选择,需要有两台以上的摄像机拍摄。拍摄时还需要灯光照明,话筒如何安置也需要考虑。另外,场景的选择、布置,采访采用何种姿势,穿什么服装,是否需要化妆等一系列细节和技术问题都需要专门工作人员配合。电视新闻访谈无论是在现场,还是在演播室,都不是一个人能够完成的,通常需要一个多人采访组,大家各有分工,相互配合。

4. 整体要求严格

采访者不一定漂亮,但应让观众感到舒服、可信,有亲和力。语言和副语言应自然、大方。电视新闻访谈需要采访者具有新闻素质和广博的知识。因此,不是所有的播音员、主持人都能成功地做好电视新闻访谈节目。

电视新闻访谈对被采访者也有一定要求。有的人可以接受报刊记者、广播电台记者的采访,却不适宜在屏幕上出现。相貌太差,使人看上去不舒服的人不适合做采访对象。另有一些人是由于受伤或疾病造成的,如严重烧伤,各种影响面容的皮肤病等。这些人的相貌会分散观众对访谈内容的注意,应该对此加以画面处理。有些人因职业、身份要求,也不适宜在屏幕上出现,例如从事秘密工作的人员,需要保护的证人,在屏幕上出现后可能危及其安全、妨碍其正常工作和生活的人员。有些人在镜头前或强烈光线下过分不适,影响采访正常进行,也不适合成为电视新闻访谈的被采访者。

三、电视新闻访谈类型

电视新闻访谈种类繁多,我们可以从不同角度对电视新闻访谈进行分类:一是根据访谈地点的不同,可分为现场采访和演播室访谈;二是按采访目的划分,主要有人物访谈、事件访谈和观点访谈;三是依据被采访者的数量划分,主要有单人访谈、多人座谈;四是根据节目制作过程划分,主要有直播访谈和录播访谈。

四、电视新闻访谈节目的准备和过程把握

要做好电视新闻访谈节目,必须要把准备工作做好。有的时候准备工作可能不是主持人一个人完成的,但是最终呈献给观众的访谈过程都是由主持人一个人与采访对象来完成的,所以作为访谈节目主持人应该积极主动地参与到节目的前期准备工作当中。我们在电视新闻访谈节目的准备和过程把握中应该注意以下环节。

1. 选择话题

如何选择话题是至关重要的。

(1)要选择大众关心、希望深入了解的话题。电视新闻访谈节目的话题确定应该和某一时段的舆论宣传导向相结合,这样才能真正起到良好的宣传作用。

(2)可以选择有新意的旧话题。选择旧话题并非不可,但是旧话题一定要能够访谈出新意,就旧话题继续挖掘出新的新闻点。比方说关于高考的话题,年年都在谈,但是在2017年意义就不同了,因为这一年正好是恢复高考40年,对于这40年来高考经历和发生了哪些变化,一定是旧话题能够谈出新意的地方。

(3)话题应当具体,不要选择空泛的话题。对于话题的选择应该越具体越好,那些抽象空洞的说教只能让受众感到乏味。比方说谈到营造和谐社会,如果都是抽象的理论,不但几十分钟的节目做不完,恐怕受众对说教也不感兴趣。但是如果从老百姓身边的某件具体的事情说起,可能效果就会完全不同。比方说从北京市民关注的公共交通问题入手,就很能够体现出和谐社会的意义。

(4)根据节目定位和时间安排确定话题。任何一档电视节目都有一个目标受众群体,少儿节目锁定的是少年儿童,老年节目锁定的是老年人,体育节目的受众主要是体育迷。同样,任何一档电视访谈节目都有其目标受众群体,任何一档节目也都有时间限制,这也就要求一档电视节目必须有一个定位,包括内容的定位、形式的定位。《焦点访谈》关注社会的焦点,《高端访问》谈的都是高端政治问题,《新闻会客厅》内容包罗万象等。

2. 采访步骤

(1)明确节目策划和采访目的。明确目的非常重要,任何一档节目不可能漫无目的地进行访谈,所以在进行访谈之前就应该确定好节目的访谈目的以及具体流程和安排。

(2)研究和访谈相关的背景材料。访谈节目由于受到节目定位和时间的限制,只可能选择某一个或几个话题进行深入探讨。在进行节目录制之前所有编播人员都应该充分地掌握相关资料和背景材料,这是确保节目能够深入下去的关键环节。

(3)提前预约相关采访对象和当事人。事先联络和预约采访对象或者先期录制短片的被采访者,这除了出于礼貌,还因为充分的准备工作往往是节目成功的基石。

(4)根据文案拟定采访计划。一档访谈节目的策划案只是一个大的宏观的框架,具体实施时必须有一个明确的采访计划,这个计划有时还必须设计几套方案,预测一下可能会发生的情况,并且针对每种情况都要制定一个方案。

(5)按既定时间和计划采访被采访者并恰当切入话题。在节目录制过程中,嘉宾如约而至,选择什么样的开始比较合适,就要根据嘉宾的性格、语言以及兴趣爱好等寻找恰当的切入点。

(6)预热后开始正式采访。调动现场观众等热场工作都应该在正式录制之前完成,当节目正式开始录制的时候最好开门见山地进入话题。

(7)和访谈对象建立平等融洽的关系。为了更好地进行访谈,主持人应该营造一种融洽的氛围,这种氛围能够打消嘉宾的紧张心理,有助于其畅所欲言。

(8)适时提出尖锐敏感的问题。一档访谈节目谈论的如果都是众所周知的话题或是细节,受众会失去兴趣,因为他们更想了解还不知道的信息。主持人在节目录制开始后的访谈中可以渐渐过渡到一些敏感问题,因为之所以请来被采访者正是因为其目前具有新闻价值,而往往这些敏感问题在媒体中又没有一个定论。对于这些敏感问题,有些嘉宾比较配合,也有些嘉宾可能并不愿意在媒体中谈及,这时候主持人除了要尊重嘉宾选择,还应该注意拿捏好分寸,适当的刺激有助于激起嘉宾的表达欲望,但是绝对不能过分。

(9)恢复融洽的访谈关系。经过一番热烈或者深入的访谈之后,主持人和嘉宾重新恢复融洽的访谈关系,主持人可以就访谈中故意设计的一些细节进行解释或者说明,以免嘉宾产生误会。

(10)结束采访。结束了访谈,主持人感谢嘉宾和现场观众,同时也感谢电视机前的观众朋友们的收看。

3.基本要求

一个优秀的电视新闻访谈节目应当满足以下几点:

(1)访谈应满足节目既定的要求,实现预期结果。确信访谈涉及的话题是节目目标受众所感兴趣的。

(2)满足节目本身和演播的要求。如时间限制,开头和结尾是否得体,访谈过程是否顺畅,访谈内容是否饱满等。

(3)设法从被采访者那里获得不同于他人的独到见解。但要注意被采访者的独到见解是否客观,要注意正确的舆论导向。

满足以上要求,需要采访者具有高超的采访技巧和现场控制能力。想获得经验和能力,除了专业技能的积累和实践以外,更多地还需要学习和了解人际交往的有关知识。

4.注意事项

(1)主持人要配合访谈环境采用合适的语言和表达。主持人的有声语言表达,用什么样的音色、音量,用什么样的措辞等都应该根据具体情况而定。无论是采用坐姿或者站姿,主持人都应该形象端正、落落大方。

(2)主持人应该充分调动和引导被采访者。访谈节目主持人是联系观众和被采访者的纽带和桥梁,对于某些话题主持人可能知道的比较多,但是也依然要站在普通电视观众的角度,替电视观众多问一些问题和细节,因为最终的传播目的是让电视观众看明白,满足他们的需求。所以在访谈过程中,主持人要调动被采访者的交流欲望,使其乐于发言并积极回答每一个采访问题,同时主持人还要引导被采访者的言论不偏离主题。

(3)主持人需要倾听以获得完整的回答。主持人一定要多听少说,毕竟观众想听的是嘉宾的想法和观点。还有很重要的一点就是主持人插话要把握好时机,千万不能抢着说话或者总是打断嘉宾的思路,强加入自己的看法和观点。

(4)主持人适当引导,让回答集中于主题。有些嘉宾说话没有时间概念,有些嘉宾说话容易漫谈或者跑题,主持人要适时地把话题引到既定话题上来,但是方法要巧妙,切不可显得鲁莽不礼貌。

(5)主持人运用各种技巧让不善表达者开口。嘉宾的性格、语言表达千差万别,如何让他们说出受众想知道的信息就完全靠主持人的采访和谈话技巧了。所以主持人在访谈之前对嘉宾的了解和对话题的准备一定要充分,同时要能够在现场让嘉宾放松,以便营造一个轻松融洽的访谈氛围。

(6)主持人在访谈过程中始终保持不卑不亢、客观公正。对于一些热点话题或者敏感话题,主持人应该保持客观公正的立场,嘉宾可以说出自己的理解和观点,但是主持人绝不能有偏颇,在起到桥梁作用的同时,还要做到不卑不亢、客观公正。

5. 细节处理

电视新闻访谈的过程是完全呈现在观众面前的,观众可以清楚地看到采访者和被采访者的言谈举止。成功制作一档新闻访谈节目,不仅要从总体上把握访谈的过程,还要留心可能使节目留下遗憾的细节。这些细节可能是一句不得体的话语,也可能是一个不适当的动作。总之,观众敏锐的洞察力要求电视新闻访谈节目主持人在镜头前要注意细节,谨言慎行,努力做到如下几点:

(1)认清主宾关系。主持人必须明确自己在访谈节目中的作用,不能在节目当中像生活中聊天一样漫无边际地谈话,而是要带着一定的采访目的进行访谈。主持人还要把控好节目的进程以及话题的方向,不能被善于语言表达的嘉宾带着跑,否则让观众分不清谁是主持人谁是嘉宾了。

(2)注意言谈举止。电视节目传播范围广泛,电视节目当中出现的细节也颇受瞩目,因此主持人和嘉宾都应该在节目当中注意言谈举止,都应该避免生活中的一些不良动作和习惯,毕竟电视节目无形中具有广泛的示范作用。

(3)学会用心倾听。主持人在访谈节目当中一定要学会用心倾听,除了出于礼貌,还因为嘉宾的谈话具有不可预见性,如果谈话当中谈到了其他值得进一步发问的信息,可能会为节目增添一些新鲜感,所以主持人应该学会用心倾听。

(4)关照现场观众。有些访谈节目除了有嘉宾,还有一些现场的观众,有些观众是和访谈话题相关的当事人、亲历者或者热心关注者,所以主持人在访谈过程当中适时地和现场观众进行交流,尽可能多听听他们的想法和观点,让访谈节目中有不同观点和意见,这样能够让访谈更加客观、公正。

思考和练习

1. 谈谈你对电视新闻访谈节目的理解。
2. 你比较喜欢哪些电视新闻访谈节目?为什么?
3. 你比较喜欢哪些电视新闻访谈节目主持人?为什么?
4. 试着分析一下自己适合做哪类电视新闻访谈节目?优势和劣势分别是什么?
5. 自己策划编排并邀请身边师长亲友协助,模拟主持一档电视新闻访谈节目。

第二节 电视新闻访谈实例解析

从主持人语言表达方式上看,目前主流媒体中的电视新闻访谈节目里主要有新闻节目主持人言论、新闻专访、新闻谈话等。下面就这几种类型进行讲解。

一、新闻节目主持人言论

在《现代汉语词典》中对"言论"的定义是,"关于政治或一般公共事物的议论"。那么在电视新闻节目中新闻节目主持人言论专指主持人以个人名义在节目中对新闻事实或者对受众普遍关心的社会现象发表的议论。新闻节目主持人言论属于新闻评论范畴,它短小精悍、言简意赅,生动且具有个性化,比较接近短评、编者按、编后话或者专栏评论。

例如,在2007年6月10日《焦点访谈》节目播出的《揭秘高考替考》,主要内容是说教育部门一再强调要严格考场秩序,严惩作弊现象,保障考场秩序,但在河南省郸城县却有一些人从在校大学生中寻找高考替考人选。演播室主持人翟树杰在节目的开始是这样说的:

> 2007年的高考已经结束,今年中国高校招生报名的人数超过了1,000万,创了历史纪录。每年高考的时候,考风考纪的问题都被高度重视,今年高考前教育部表示,凡是在高考中严重违规的考生,作弊行为将被记入国家教育考试诚信档案数据库,跟随他的一生,足见教育部门对杜绝作弊行为的决心。可就在这种状况下,还是有人挖空心思去作弊,替考就是作弊的方式之一。今年4月初,《焦点访谈》栏目获知,河南省郸城县有人打算找在校大学生替考,于是记者开始了两个多月的调查。

这样的话题在当时无疑是全社会普遍关注的焦点话题,主持人开门见山地把记者在河南省调查采访的话题抛出来,没有过多的评论,而是通过几个数据和引用国家政策,来唤起公众对此话题的关注和重视。在节目的最后,演播室主持人翟树杰说:

> 对于《焦点访谈》记者提供的信息,教育部、河南省教育厅以及周口市和郸城县的有关部门高度重视。6月6日,也就是高考开始的前一天,有关部门迅速展开调查。据了解,因为参与高考替考事件,郸城县第二高中的副校长赵振华已于6月7日被免职并移交给警方。替考事件的具体情况还在进一步调查中。因为记者的及时报案,这几名考生的替考行为得

以在考前被制止。但是如果真的像自称李老师的那位李峰所说的那样，一个考生为了找人替考，就可以以虚假的身份报名，并获取一个准考证，那么，审核考生身份的一道道严格的程序又是怎么把关的呢？随着有关部门调查的深入，这些问题相信都将会有一个答案。

主持人言论中并没有刻板的说教，而是就这个事件本身说明了处理结果，并用一个疑问句把治理和杜绝替考的关键点出来，真正发挥了新闻媒体的监督作用。

再如，《新闻周刊》在2007年9月22日播出的话题是"关注公众公共交通"，主持人白岩松在一开始的本周视点"无车日理想与现实"中是这样说的：

> 今天您出门将选择如何出行呢？是开小汽车还是步行或是选择公共交通？这个问题在今天估计是很容易被问到的，因为今天是全国"无车日"，一共有包括北京、上海在内的108个城市参与其中，在今天这些城市都会至少拿出一个街道或区域，只让行人和公共交通通过，以倡导"无车日"。当然，今天这个无车日也是这一周公共交通周的高潮，在这一周里，这108个城市都在公共交通方面多少有些动作，比如地铁票价要下调，市领导坐公交车上下班，甚至台风来袭的时候都如此，必须承认这一周还是有点效果的，正如口号所说的给地球一个星期天，给空气一个星期天，给交通一个星期天。但一年52周，这一周过后这一天过后又将如何呢？《新闻周刊》本周视点，关注公众的公共交通。

随后一则短片里播放由记者奔赴全国多个大中城市报道的各地的"无车日"情况。经济发展的现实告诉我们，中国步入汽车社会的趋势似乎不可阻挡，但是，我们尚未步入汽车大国时代，能源消耗、环境污染、交通拥堵这些现实问题就开始困扰着各个城市。一边是对现代生活方式的渴望，一边又是在倡导绿色的出行方式，在理想与现实之间，城市是否应该及早作出选择？而首个公交周对于这个两难问题的触及，又能带给我们什么样的启示呢？对于这个问题，主持人随后又有一段言论：

> 由于今天是无车日，大家肯定要强调不开车的好处，但是你问还没有汽车的人，他肯定梦想能有一辆私家车，就像专家学者都强调要保护北京

的四合院,可是住在四合院的老北京居民却对专家学者说,你住进来试试,这个时候问题就出现了,搞一天的无车日容易,但是一起热热闹闹效果能显得很不错,可为了让人们自发地少开车,那可就不是喊口号做思想工作能解决的。比如说有专家分析,在北京,公车只占汽车总数的1/4,但占用资源却成倍地增长,这个问题怎么办?还有公交优先喊了好多年,但是效果不是特别明显,起码不像年年GDP增长那样明显,轨道交通和其他公共交通的换乘方便也还是一个奢望,这一切都该怎么办?

随后又是一则短片,报道北京市的情况以及北京市民和专家对公共交通的看法和意见。在进行多方面采访和调查之后,主持人发表了如下的一段言论:

在我身后是城市公共交通的宣传画,视觉冲击力很强,一边是绿色和谐,一边是乌烟瘴气,我想这个道理其实谁都懂,但是做起来不简单。恰恰在本周,我读到两篇与此相关的文章,一篇标题叫《被异化的城市》,另一篇《当城市为汽车而造》,仔细一想有道理,也更让人担心,一方面城市宣传无车日,可是另一方面城市为汽车而造,那不是自相矛盾吗?解决这个难题,问题恐怕不在汽车二字,而是什么样的汽车。如果真正地把公共汽车和轨道交通当成重点,下大力气去抓,老百姓因受益就会自发选择公共交通,否则每年陪你过一两个无车日,喊一两天口号之后照开私家车,你又做何感想?

言论的最后以一个问句结束,不但指出了问题的关键,同时也让人深思。这样的言论无疑对社会问题起到了很好的舆论引导作用,必然会对社会问题产生积极的影响。

又如,《新闻周刊》2007年8月11日播出的节目《北京:每一天都在准备奥运》中主持人白岩松有几段言论:

您好!观众朋友,欢迎打开《新闻周刊》。

六年前,2001年7月13日,在莫斯科,北京申奥成功之后,我碰到中国体育界的元老之一——魏纪中,在开心于北京申奥成功之后,我感慨还有七年呢,太长了。之后,魏纪中先生的一句话一直让我记到现在,他说,对于想看奥运的人来说,七年的确太长了,但是对于办奥运的人来说,恐怕七年太短了。时间证明,他的这句话的确太对了。一晃,六年过去了,观众们似乎更加等不及了,但对于办奥运的人来说,到本周,离北京奥运开幕竟然只剩下一年的时间。千头万绪,必须在未来300多天里一一化解。在本周,以北京为主,包括全国很多地区都开展了轰轰烈烈奥运倒计时的纪念活动,但是"倒计时"这个词或许又不够准确,因为其实现在的每一天都已经成为北京奥运的一部分。北京奥运早就开始了,我们准备好了吗?世界准备好了吗?我们的内心和态度又准备好了吗?本期《新闻周刊》将用45分钟的时间来自问自答。

之后是一组短片,分别采访了中国爱乐乐团副团长刘军、中学生、钢琴家郎朗、国际奥委会主席罗格、全国人大常委会委员长吴邦国、德国游客、阿根廷游客、北京奥运会特许商品旗舰店总经理王健、北京市民、祁述裕、开幕式总导演张艺谋、赛场工作人员、民警。在广泛采访和听取了社会各界以及国内外宾朋的意见之后,主持人又说:

> 这一星期,如果你在北京,你会发现,北京街头多了好多新的路牌和"好运北京"的字样。因为按照惯例,在一届奥运举办之前,一定要办好一系列的测试赛,让各个体育单项的运动员和运动队来提前体验天气、服务和场馆等。其实除去体育竞技本身,这个"测试"的含义非常丰富,从人的表情到服务,从观众到志愿者,与其说是世界各国的体育界人士来适应北京以及其他办奥运单项赛事的中国城市,还不如说是北京来适应别人的好奇、质疑、挑剔、赞扬的最好时机。也因此,上个星期的《新闻周刊》里我就强调,还有一年的时间不要总去听好话,而是要细心地去听别人不好听的话,甚至批评。这样,我们才能真正利用未来一年去进步、去提高,否则,这个时候"你好、我好、大家好",到明年这个时候恐怕就真的麻烦了。

主持人这么一说就自然而然地把话锋引入下一个话题,那就是关于奥运会之前的测试赛:

> 这一周,三座奥运城市正在接受"好运北京"系列赛事的测试,北京举

行的是世界赛艇青年锦标赛和国际曲棍球邀请赛,青岛举行的是国际帆船赛,而香港则刚刚拉开马术三项的邀请赛。"好运北京"系列赛事的目的,就是要全方位地检验承担奥运比赛任务的三个城市在比赛组织、安全保障等赛场内外的各个环节,到底能不能经得起考验?除了比赛,下一周测试的重点则是——空气质量。

之后又是对刘淇、北京新闻官员、北京奥组委余小莹、首钢董事长、焦化厂经理、罗格、考察团成员、那忠、那忠女儿等一系列相关人士的采访。

对于北京奥运会,正如罗格所说:"世界正以极大的期待注视着中国,注视着北京。运动员也热切地期待着,在强手如林、竞争激烈的北京体育场馆一展身手。中国正以崭新的姿态向世界开放,北京和整个中国不但能为各国一流运动员成功地举办一次奥运会,而且能为他们提供一次难得的机会来了解中国,了解她的历史、她的文化、她的人民。"

这几段主持人的言论,不但能够把新闻话题准确、精当地点出来,而且具有承上启下的作用。

二、新闻专访

新闻专访属于采访的一种方式。采访对象主要是具有新闻性、代表性和权威性的新闻人物、新闻事件或者新闻观点。

1. 新闻人物专访

新闻人物专访主要是对具有新闻价值的人的专访,包括国内外政要、各行业知名人士以及具有代表性的普通百姓。此类节目有中央电视台的《东方之子》《焦点访谈》《面对面》《新闻会客厅》,还有凤凰卫视的《名人面对面》等。例如,学者于丹是北京师范大学艺术与传媒学院教授、博士生导师、影视传媒系主任。2006年国庆长假期间,于丹登上中央电视台《百家讲坛》栏目连续七天主讲《〈论语〉心得》,之后便在社会上掀起了一股持续许久的"于丹热"。身为大学教授的于丹的生活从此发生了改变,她成为众人追捧的"学术明星",媒体竞相报道的主角。2007年7月底,一段时间没有接受媒体采访的于丹,在北京接受了《面对面》记者王志的专访。

在2007年8月26日《面对面》播出的节目《于丹希望少露面》中,主持人王志

对著名学者于丹有几段这样的采访:

王　志:咱们今天有没有禁区?

于　丹:你就问吧,我既然已经坐在这儿了。

王　志:媒体的朋友反映说于丹变了,见不着了?

于　丹:在哪儿见不着了?

王　志:在媒体上。

于　丹:你是说我最近出来少了是吗?但那比起我作为一个正常人的生活来讲,我现在不得已出来的次数还是太多了。我希望我能从媒体上露面更少,越少贴近我自己。

王　志:但是成也萧何,败也萧何,你不就是媒体成就的吗?

于　丹:王志,什么叫成就?我在不讲这个之前,我也是一个很好的大学老师。

王　志:通过媒体,更多的人知道了于丹这个名字。

于　丹:知道于丹是一种成就吗?看站在什么角度上。

王　志:那你是在刻意地回避媒体吗?

于　丹:某种程度上说是。

王　志:为什么呢?

于　丹:因为媒体会有放大,放大会有喧嚣,很多东西不在于该不该做,而在于什么样的把握,什么样的分寸上。所谓过犹不及,媒体太大的喧嚣实际上会给你生活中很多东西带来一种误读。

以上这段采访是这期《面对面》的开场。2006年10月以来,媒体对于丹进行了长时间大篇幅的报道,于丹的迅速走红更被看作是一种文化现象。然而随着时间的推移,把于丹当作娱乐人物的报道逐渐多了起来,媒体开始挖掘她的身世,热衷给她起绰号,比如"电视学者""女易中天""学术超女"等。正因为这样,主持人王志才会在采访的第一句话问于丹"咱们今天有没有禁区?"这样坦诚和真诚的态度能够让访谈有一个很好的氛围。随着话题的渐渐深入,于丹在和王志的谈话中表达出了越来越多的所思所想:

王　志:您是搞媒体研究的,当初您不知道会有这样一个结果?

于　丹：《百家讲坛》希望我去讲《论语》的时候,我觉得这是件我应该做的
　　　　事儿,但至于做完它会怎么样,我是做事之前从来不做预期的。

王　志：那你后悔吗?

于　丹：我不后悔,我做任何事情都不后悔。至于说我自己在里面会被放
　　　　大到什么样的程度,我事先没有太多地想过,但是我一旦发现开
　　　　始被放大的时候,我唯一能做的事情就是尽可能地淡化淡化,让
　　　　自己尽快地回到宁静中。

　　对于媒体的放大,于丹自己也不知结果怎样。主持人王志站在另外一个角度,设身处地地问出了这样的问题:"您是搞媒体研究的,当初您不知道会有这样一个结果?"正是这种设身处地,才能够让被采访者愿意说出真心话。

　　于丹在《百家讲坛》中曾经讲过她读到的一则故事:"在一座佛寺里,供着一个花岗岩雕刻的非常精致的佛像,每天都有很多人来这里膜拜。但是通往这座佛像的台阶是跟它采自同一块山石的花岗岩。终于有一天,这些台阶变得不服气了。它们对那个佛像提出抗议,说,你看,我们本是兄弟,来自同一座山体,凭什么人们都踩着我去膜拜你,你有什么了不起啊? 那个佛像就淡淡地对这些台阶说了一句话,他说你们只经了四刀就走上了今天的这个岗位,而我是千刀万剐,终以成佛。"于丹在《百家讲坛》节目中讲述的这则带有寓言性质的小故事确实能够诠释于丹的心境。于是接下来主持人王志继续发问:

王　志：真实的于丹的生活,现在到底是什么样?

于　丹：你觉得我在你这个媒体面前,尽可能呈现出来就是真实吗?

王　志：你说的为准。

于　丹：王志你也是媒体,其实这跟我们作为朋友在底下聊天还是不同
　　　　的,你信任语言吗? 尽管《面对面》是一个以语言为载体的节目。

王　志：那你说的不算,那我们还能信谁呢?

于　丹：其实人的主观意愿,他听到的东西,人都在放大他心里真正想放
　　　　大的成分,比如说我现在跟你说什么是于丹真实的生活,我也要
　　　　说我这里面有我自己希望放大的成分,我只能跟你说我所希望的
　　　　真实,就是在学校做个好老师,在家做个好妈妈,这两个身份在我

心里是最稳定的、最安宁的、最幸福的,但这两个角色我现在被各式各样的力量撕扯着,想做做不到,这就是我真实的生活。

这是一段针锋相对、唇枪舌剑的对话,成为热点人物的学者于丹现在有了强烈地保护自己的意识,但是不同的是她充满了理性。这个时候主持人必须巧妙地了解被采访者的心理和思维习惯,要想获得更多的内心信息,就应该运用多种采访技巧去和被采访者进行交流。

王　志:能不能跟我们透露一下,一个星期以来你的行程表。

于　丹:这一个星期在香港,整整一个星期。因为前半段是香港最大的书展,这次书展我也很感动,那样一个弹丸之地,去买书看书的香港人达到 76 万人次。我就住在那个书展旁边的酒店,每天看着络绎不绝的人,所以这个书展上,它有很多的这种主题演讲、对话,有很多活动。那么后面一段是香港做的一个很大的亚洲文化合作论坛。

王　志:除了卖书以外,签售以外,还有就是演讲,讲什么呢?

于　丹:讲大家希望我讲的内容,我接到的很多的要求都是告诉我说,现在我们这里有这样一个需要,你要来讲一讲,那么五花八门,什么样情况都有,比如说像我去的最大的劳改农场清河农场,里面服刑人员和管理人员以及家属加在一起大概两万人,所以那是我讲过的最大一个场子。

除了学校的教学和行政工作外,于丹常做的就是在各地讲学、签名售书,同时为多家电视台做策划。频繁在国内外各大城市间奔波的于丹,日程安排得十分紧凑。主持人王志提出的是一个具体的问题,但是他实际上想了解于丹具体忙碌的生活是什么样的,于丹通过两个具体的活动予以了很好的回答,一个是当周在香港看到市民热爱读书的情景,一个是去劳改农场演讲。

王　志:邀请的单位各式各样,有些完全没有关联的,但是我们很好奇,于丹会讲什么?是不是一支歌唱到黑呢?

于　丹:应该不会,如果你有机会你可以跟着我去听。

王　志：那您是全能的吗？

于　丹：我不是全能的，但是我有一个宗旨，就是你总要根据他们内心的
　　　　需要，去跟他们聊那些最有针对性的东西。

要想从被采访者口中了解更多的东西，主持人的语言有的时候必须是犀利的，尤其针对本身也具有很高语言表达能力的被采访者，主持人发问方式和措辞的选择完全要根据当时具体情况而定，必要的犀利问话能够激发被采访者表达真实的想法。上面这一段对话就比较犀利，当然于丹的回答也非常地巧妙，凝练概括但又滴水不漏。

尽管坦言很多活动并不想做，但各种社会活动的邀请还是络绎不绝。2007年7月11日，"让美影响中国·寻找100个美丽受损女人"大型慈善晚会在北京电视台举行，于丹应邀参加。让她没有想到的是，在这个晚会上，于丹以"内涵之美"捧得了主办方颁发的"2007中国最美50个女人"的奖杯。对此主持人王志又继续发问：

王　志：最美的50个女人，这个是你想做的吗？

于　丹：不是，因为这个评价的标准我也不知道，怎么出来的我也不知道，
　　　　因为我当时是接到通知说让我参加一个慈善晚会，是为中国100
　　　　个美丽受损的女人，去进行一个这种爱心慈善的这么一个活动，
　　　　那我觉得美丽受损这样的一件事情作为女人是很值得悲悯的嘛，
　　　　那应该去，但是至于说，怎么评选的这件事情，我到现在也没有弄
　　　　明白。

王　志：那你觉得自己美吗？在这个行列里面你把自己排在一个什么样
　　　　的位置呢？

于　丹：我没有想过这个问题。

王　志：现在可以想。

于　丹：美丽其实是每一个女人内心都希望的，但是至于说你自己美不
　　　　美，那我觉得一个人也是应该有对自己的评价吧。我觉得我在年
　　　　轻的时候，小的时候，从来也没有人说，夸我说多么美多么漂亮，
　　　　这句话从来没有人说过。

王　志：那于丹对于女性的美的一个标准是什么呢？

于　丹：我相信一个人随着自己这种生命成长，对自己的生命角色应该有一个更多方面、更多元的这种判断，美不美是其中的标准之一吧，它其实是跟一个女人内心的从容、自我的确认、教养这些东西都相关的。如果大家这么鼓励我的话，我感谢，但是我也不会说认为现在自己就怎么样了。

对于王志提出的三个问题："最美的50个女人，这个是你想做的吗？""那你觉得自己美吗？""那于丹对于女性的美的一个标准是什么呢？"于丹的回答非常简短，但是在节目播放的一段视频中，她在颁奖现场回答主持人的提问"其实我一直想问你，你觉得你身上哪里最美"时，说得非常精辟："我首先要感谢大家的厚爱，就像前面嘉宾所说的美丽的外延扩大了。中国古代有一句话，每一个女人都可以做到'腹有诗书气自华'，也就是说，女人前20年的容貌可能是爹妈给的，那叫漂亮，而后面一辈子的美丽是自己修炼的。所以从这个角度来讲，美不美因人而异，每一个人气质的提升，然后她自己不可替代的独特的一个特质都可能成为她独到之美的那种特质。"节目的这一段不仅让我们看到了主持人王志老道的采访技巧，同时也让我们为被采访者于丹精辟的回答所折服，在满足了受众的兴趣之外，也让节目增强了可看性。

2. 新闻事件专访

新闻事件专访具有较强的新闻性，有新闻由头，访问重在深入、详尽地了解新闻事件本身。比方中央电视台的《海峡两岸》《中国报道》《高端访问》等。

例如，我们可以通过2007年10月14日《海峡两岸》播出的《陈水扁卖弄军力为"台独"壮胆》节目来体会一下新闻事件专访的一些具体细节。

主持人：欢迎您继续关注《海峡两岸》节目。据台湾媒体报道，10月10日在台湾举行的"双十活动"上，台军首次展示了最新的"天弓-3"反导拦截导弹和"雄风-3"超音速反舰导弹。台军炫耀说，这两件武器是台军自主研发的，连美国都没有。这两款武器的亮相将大大提高台军的"反斩首"能力。那么这到底是两款怎样的武器装备，台军为什么要极力推荐这两款武器呢？今天我们邀请到两位嘉宾来共同讨论这些话题。首先来介绍一下，这位是新华社《世界

　　　　　军事》杂志社主编陈虎先生。

陈　虎：主持人好，大家好。

主持人：这位是国防大学的李莉教授。您好。

李　莉：主持人好，观众朋友大家好。

主持人：那么我们在共同探讨这些话题之前，首先来了解一下相关的背景情况，一起来看一看。

　　节目的一开始，主持人就开门见山地把本期节目的话题引出来，同时介绍两位演播室的嘉宾。之后是介绍相关新闻背景的一则短片。从短片了解到，根据台湾地区媒体的报道，台湾军方为准备"双十活动"的武力展示，动员了2,000多名兵力、200多辆地面装备和近300架次的陆空各型直升机和战机，整个操演共耗费了新台币7,700多万，其中仅空军战机的油料费，就花费了3,400万。接下来主持人直接引导两位嘉宾进入话题的讨论：

主持人：我们注意到这次台军在"双十活动"武器展示部分，一改往常把导弹神秘地封存在这个导弹发射箱里面的做法，而是把"天弓-3"和"雄风-3"都以"裸弹"的形式来展出，也就是把导弹直接摆在车上让民众来参观，而且还涂上了红色、咖啡色、白色这些非常鲜艳的色彩。他们解释说这样是为了让台湾民众能够更清楚地看清导弹。那么陈主编您怎么来看台军这样的做法？

陈　虎：这种展示方法应该说是一种比较反常的现象，因为这两型导弹，其中"天弓-3"它实际上还没有完全研制成功，那么"雄风-3"，没有大批量装备部队使用。那么按说在这个阶段，应该是要注意一个保密问题，但是却大张旗鼓以这种方式来展出。而且在展出的过程当中没有做任何的遮盖，所以我们现在看到的照片，基本上各个部位都有，包括尾喷管这个部位的照片，很清晰都可以看到。应该说这个展示方式比较反常。那么反常的这种方式，对它保密作战来说肯定应该是不利的。既然对保密作战不利，为什么还要这么做，恐怕这里头就应该是有点文章了。我想更多的还是出于炫耀的成分。向台湾的民众、向大陆，甚至向更广的一个范围炫耀。你看我有这个东西,而且我把它完全拿得出来,表示我在技术上能够很好地掌握它。而且充分地体现它这种所谓的先进性。这应该是他的主要目的。也就是说,他的宣传目的压倒了其他目的,在这种情况下,就出现了这种反常的现象。

主持人:李教授怎么来看这次台军展示导弹的这种方式?

李 莉:我感到就是除了刚才陈主编谈到的这一点以外,他可能还有一点,就是说让大家近距离地来识别真伪。因为很长一段时间我们知道"雄风-3",包括像"天弓-3"它这个技术是很尖端的,那么比如说台军他能不能掌握这个技术,能不能研制出来,可能很多人还是有问号的。我想这点,就包括台湾民众可能也有这种疑惑。那么如果你仅仅拿出的是一个发射架,你走一遍。可能大家心里想,你有没有这个我还不能说得定了,但是你把这个"裸弹"真正裸露在外面让大家看,而且就像主编说的,就前后左右都看得很清楚,那么这样的话,这个可信度可能就提高一些。

主持人的作用是引导嘉宾来谈论他们的观点,更多的时候提出问题之后是认真地倾听,在嘉宾的谈话当中找到适当的切入点进行深入地发问。当嘉宾是两位或者多位的时候,一定要主动分别让嘉宾发表自己的看法和观点,尤其对于性格内向或者不善言谈的嘉宾,主持人更是应该使用谈话技巧让嘉宾尽量地发表一些看法。

主持人:那么台军还说,未来不管是"天弓-3"也好,还是"雄风-3"也好,都可能会被部署在大台北地区,也就是台北市的周围,那么目的就是依靠它们的这个反导和反舰的这种能力,来拦截可能会攻击到陈水扁办公室的一些导弹。那么陈主编你对台军这样一个部署怎么看呢?

陈 虎:它这个说法可能主要针对的是"天弓-3"这个导弹来说的,因为一般来说,这些年我们可以看到,"台独"的某些领导,台湾当局的某些领导人,对自己应该说是很珍惜了,所以所谓"反斩首"这个,把它放到一个重中之重的位置,所以一旦有点什么好东西的话,肯定放到自己的身边,做自己的贴身护卫,贴身保镖。所以说,如果要是"天弓-3"真要达到一个很先进的水平,那么台湾方面肯定首先会放到所谓这个核心区,也就是大台北这个地区了。但是实际上这种部署呢,也会给人提出一个疑问,就是说它这个部署和以前提出的"爱国者 PSE-2"这个部署,重叠程度相当地大。那么在这种情况下,是不是大家会对这个东西提出疑问,你对"天弓-3"的性能是不是还存在疑问。否则的话,我可以完全不要"爱国者"了,我既然这个地方以这么大密度来部署这个"天弓"了,"爱国者"是不是就可以移到别处去了。但是好像没有看到这方面的报道,所以说这种部署是不是也说明他对这个"天弓"还并不是那么有信心。

主持人:还有台湾媒体评论说,之所以台军会选择在当下这个时机来展出这两款先进的武器,是为了炫耀武力,"以武拒统",那么二位对这样的一个评论怎么看呢?

李　莉:我觉得是这样的,你看他这次,整个的这个"双十活动"算表演。他实际上是花了很大的心思来设计。因为我们从整个这个演出队列上吧,就是所有的近些年,台军不管是外购的,还有自制的这个武器,在上面统统都有了展示的平台。你就包括他什么武装直升机,包括他的"云豹"系列,包括"雄风""天剑"等。所以我觉得他可以说处心积虑地设计了这么一台表演,而且动用了,我看 2,300 多个人是吧? 然后 70 多架飞机,而且从这个装甲战车系列来讲,出了 200 多辆。所以我觉得这么大的一个规模,实际上都是在渲染一种气氛,或者追求一种效应。特别是刚才我们就谈到的,反复谈到的这个"雄风-3"和"天弓-3",实际上应该还有一个就是"雄风-2E",它这个实际上在台军整个武器装备发展系列中呢,它是叫作"21 世纪的新三代"。那么这次之所以"雄风-2E"没有展出,那很大程度上,我觉得他还是考虑到美国的这个反对声浪。所以他把他,可以说采取折中方法没有展出,那么把其他的一些这种武器装备,以一种非常强势的态度展出来。我觉得实际上从骨子里,就是陈水扁他在追求一种"以武拒统"的效应,他就是在炫耀武力,向大陆示威。

主持人:好,今天谢谢陈主编,也谢谢李教授做客我们《海峡两岸》的演播室。就这次台军展出的"天弓-3"和"雄风-3"导弹的详细情况为我们所做的分析,谢谢! 也感谢观众朋友收看今天的《海峡两岸》,欢迎您继续关注中央电视台中文国际频道的其他电视节目。

节目做专业性比较强的新闻话题或者政策性比较强的政治话题时,所请嘉宾一般都是某个方面的专家学者,所以在他们谈论这些话题的时候,主持人应该站在普通受众的角度上就某些具体细节或者专业性强的名词或者问题进行发问,就算主持人在某些方面了解得比较多,在访谈节目当中也应该替普通受众多问一些问题,以便让普通受众能够了解进而更好地理解访谈内容。

另外,在访谈节目的开始和结束,主持人除了要向电视观众问候,介绍嘉宾并和嘉宾打招呼,嘉宾也应该主动与主持人和观众打招呼,这样就能形成一种多层次、多角度的交流互动氛围。当然在节目的最后,主持人也应该为嘉宾的到来表示感谢,然后就是和观众道别。有的时候,有关某些敏感话题的专访结束后,主持人还要声明一下此次节目的言论和观点不代表官方或者本台立场、观点,这种声明有些时候非常有必要。

3. 新闻观点专访

新闻观点专访不是针对某一具体新闻事件本身进行专访,而是重在采访专家学者等相关人士就有关事件或问题在认识上的观点和见解。目的是报道有识之士的真知灼见,以帮助和引导受众客观、全面、辩证地去认识和思考社会热点问题。

例如,《今日关注》是中央电视台中文国际频道的时事述评栏目,紧密跟踪国内外重大新闻事件、新闻话题,邀请国内外一流的专家和高级官员,梳理新闻来龙去脉,分析新闻背后的新闻,评论新闻事件的影响和发展趋势。

在中央电视台2018年9月3日播出的《共筑中非命运共同体 开启团结合作新征程》中,主持人王世林邀请了中国国际问题研究院常务副院长阮宗泽先生、宁夏大学中国阿拉伯研究院的院长李绍先先生,深入分析和解读中非合作论坛北京峰会开幕以及习主席发表的重要的主旨讲话的内容。

主持人：各位观众大家好，欢迎收看正在直播的《今日关注》。2018年中非合作论坛北京峰会今天正式举行。这是中国今年举办的规模最大、外国领导人出席最多的主场外交活动。习近平主席在峰会开幕式发表了重要的主旨讲话，全面阐述了中非共铸更加紧密的命运共同体的六大内涵以及未来三年和今后一段时间将重点实施的八大行动。那么新理念、新行动将如何助力中非合作？中非合作未来将会给中国和非洲人民带来哪些实惠？针对这些话题，今天我们演播室请到了两位专家一起来解读：一位是中国国际问题研究院常务副院长阮宗泽先生，还有一位是宁夏大学中国阿拉伯研究院的院长李绍先生。欢迎两位到演播室参与这个话题的讨论，那么节目一开始首先通过一个短片了解下相关的信息。

解　说：2018年中非合作论坛北京峰会开幕式3号下午在人民大会堂举行，中国国家主席习近平出席开幕式并发表主旨讲话。习近平说中国是世界上最大的发展中国家，非洲是发展中国家最集中的大陆，中非早已结成休戚与共的命运共同体，我们愿同非洲人民共筑更加紧密的中非命运共同体，为推动构建人类命运共同体树立典范。第一携手打造责任共担的中非命运共同体，第二携手打造合作共赢的中非命运共同体，第三携手打造幸福共享的中非命运共同体，第四携手打造文化共兴的中非命运共同体，第五携手打造安全共筑的中非命运共同体，第六携手打造和谐共生的中非命运共同体。

主持人：那么对于中非命运共同体，我们注意到习主席阐释了其中的六大内涵，而且第一个谈到了是要携手打造责任共担的中非命运共同体。阮院长您是怎么理解这个责任共担？

阮宗泽：责任共担是六大内涵之一，那么它非常贴切这次中非合作论谈的主题。我觉得有两个方面的内容：一个就是责任共担指的是面对当前机遇与挑战并存的这个世界、这个新的时代，那么中非应该加强政治外交的这个沟通和对话，协调立场；第二个呢，这样做才能更好地维护中国和非洲等广大发展中国家的利益。我们先讲第一个层面，就是现在习总书记在讲话当中反复强调，我们面临一些发展的机遇，但同时也注意到还有很多挑战,比如说霸权主义、强权政治这些还存在,特别是一些国家出台或者提升他的这个贸易保护主义、单边主义,等等。其实这些因素对国际关系、对正常的国际交往,包括国际政治经济秩序都是很严重的干扰。那么在这样一种情况下,中国和非洲不应该随波逐流,应该对这些霸权主义、强权政治、单边主义、保护主义说不。所以这就是一个责任共担,就是我们都要用一个声音说话。那么这样做的结果就是第二个内容,中非只有更加团结,在面临这样一些逆流(的时候),才能提升和维护发展中国家的利益。因为今天这个世界,包括习总书记也讲到,全球治理体系方面发展中国家的话语权是一个短板,习主席讲要补强这个短板,所以责任共担我想讲的也是这样一个非常重要的道理。还有一个他也特别强调,中非在涉及彼此的核心利益和重大关切问题上应该加强对话和协调,所以这是中非建立命运共同体非常关键的一个环节。

主持人:是的,习主席所阐释的第一个内涵就是责任共担。那么关于中非命运共同体,习主席阐释的第二个很重要的内涵就是合作共赢,要携手打造合作共赢的中非命运共同体。那么中非之间的合作怎么才能达到共赢?

李绍先:我觉得中非合作可以用三个词来形容。第一个词是扬中国之长,第二个词是补非洲之短,第三个词就是达到互利共赢。中国和非洲互有长短。非洲长在什么地方呢?非洲长在地大物博,非洲有三千万平方公里,有十二多亿人口,而且非洲的资源非常丰富,可以说是世界上资源最丰富的一个大陆。我曾经去过刚果(金),刚果(金)领土面积是非洲第二大,大概两百多万平方公里,人口大概七千多万。但是年GDP只有三百多亿美元,是世界上最穷的国家之一。这个国家我觉得在非洲有典型性,被人们形容为"坐在金山上要饭的国家"。为什么这样说呢?刚果(金)的耕地面积广大,而且只用了20%,土地肥沃得不得了,这是多么深厚的资源。再一个刚果(金)正好坐落在非洲一个重要的矿带上,有重要的金资源,有金矿、有铜矿、有铁矿,等等,但是他缺什么呢?他的短处在没有资金、没有技术、没有人才、没有基础设施。中国长在什么地方？这些年大家都看得非常清楚，我们基础设施建设世界第一，我们这些年形成的丰厚的、庞大的产能。我们也有短，我们短在资源缺乏，我们缺乏市场。所以中非之间的短长是互补的，非常强烈。大家要知道，其实中非的合作一直是共赢的。为什么这样说呢？2000年成立中非合作论坛的时候，我们的贸易额总额只是一百亿美元，现在一千七百亿美元，增长了十七倍；2000年成立中非合作论坛的时候，中国对非洲投资十亿美元，现在一千亿美元，增长了一百倍。如果不是互利共赢，怎么可持续地发展到今天？

主持人：取长补短。刚才谈到一个责任共担，一个互利共赢，另外习主席还谈到中非命运共同体很重要的内涵，叫文化共兴，那怎么理解这个呢？

阮宗泽：中非都具有悠久的历史文化，在世界文明中占据应有的一席之地，中非之间各美其美，这种文化、文明在新时代要进一步发扬光大，所以中非之间的合作都是在相互欣赏对方文明、尊重文化多样性的角度来看的。因为中非之间的合作是一种全方位的合作，文化、文明上的合作可以为中非合作提供精神滋养，这是习主席在讲话中讲到的一个词，我觉得就是民心相同。所以怎么做呢？习主席也提出来一些方式、方法，比如说要加强中非之间的文明、文化的对话，比如说加强教育、科学、体育等方面的交流，比如说智库、媒体、影视艺术，等等。其实这个涵盖面是非常广的，就是说中非之间的合作应该有一个广阔的社会基础和精神滋养。所以这样能够让中非的合作像一棵大树一样，不停地有营养，长得越来越茂盛、越来越高大。这对中非的合作我觉得是至关重要的。

当主持人与嘉宾谈论的话题越来越深入的时候，作为访谈节目主导者的主持人的发问无疑代表了广大电视观众对于热点问题的所思所想，其在节目中的作用就是普通电视观众与专家学者之间的桥梁。

2018年中非合作论坛北京峰会是中国当年举办的规模最大、外国领导人出席最多的主场外交活动，举国关注，举世瞩目。主持人王世林首先向嘉宾请教如何理解习主席阐释中非命运共同体中的"责任共担""互利共赢""文化共兴"。这样的提问开门见山,直入主题,能够让观众简洁清晰地抓住节目主旨,把握热点新闻的主流观点和舆论导向。

主持人:另外习主席还谈到要携手打造安全共筑的中非命运共同体,中非之间,在安全领域有哪些共同的利益?今后真要打造这种安全共筑的命运共同体的话,怎么来着手?

李绍先:其实非洲的安全形势是非常严峻的,比如海盗……比如恐怖主义威胁……在安全方面还有非洲内部的冲突所生出来的安全威胁,所以非洲的国际维和任务是非常繁重的。随着中国在非洲投资的不断增加,非洲的安全问题实际上也威胁到中国在非洲的利益,与此同时,安全问题也成为影响非洲发展的很重要的问题。……中非加强安全方面的合作,我觉得是势在必行,而且是非常必要的。

主持人:另外,我们也注意到,在今天的开幕式习主席发表的主旨讲话中还重点阐述了未来三年和今后一段时间中非之间合作的八大行动倡议。那么这八大行动,未来将如何顺利实施呢?我们通过短片来了解一下。

解　说:习近平表示中国愿以打造新时代更加紧密的中非命运共同体为指引,在推进中非十大合作计划基础上,同非洲国家密切配合,未来三年和今后一段时间重点实施八大行动:一是实施产业促进行动,二是实施设施联通行动,三是实施贸易便利行动,四是实施绿色发展行动,五是实施能力建设行动,六是实施健康卫生行动,七是实施人文交流行动,八是实施和平安全行动。习近平表示,为推动八大行动顺利实施,中国愿以政府援助、金融机构和企业投融资等方式向非洲提供六百亿美元支持,同时免除与中国有外交关系的非洲最不发达国家、重债穷国、内陆发展中国家、小岛屿发展中国家截至2018年底到期未偿还政府间无息贷款债务。

主持人:阮院长,为什么在八大行动里要把产业促进行动放在第一位?

阮宗泽:我觉得它是特别具体而且特别接地气,它带来的成效可视性很强,立竿见影。产业促进我觉得包括这么几个方面：一个就是习主席提到要进一步提升中非的经贸区。……另外，特别要强调中国和非洲在农业现代化方面的合作。……为了扩大中非之间的经贸和产业合作，中国也会对非洲朋友进一步开放市场。……还有一点我比较关注的是，中国人民币和当地本币进行结算，这对中国来讲可以扩大和提升人民币的国际化，对其他非洲国家来讲也有好处。……

在这一段访谈中，主持人王世林从普通观众的角度向嘉宾提问如何着手"安全共筑"的命运共同体，嘉宾通过例子简明扼要地加以阐述，在较短篇幅之中便将热点问题解释透彻。关于中非之间合作的八大行动倡议，主持人引导观众通过短片进行了解，保证了重要文件的严谨和权威，也能够推动访谈进程紧凑有序地进行。

主持人：那么今天习主席也谈到要倡议在未来成立中国－非洲经贸博览会，而且谈到要进口非洲的非资源类产品。您觉得这是出于什么样的考虑？

李绍先：我觉得这和刚才产能方面的合作、产能对接提高到一个很重要的程度是密切相关的。大家知道我们在和非洲合作的时候，是和西方国家和非洲的合作非常不同的，我们是授人以渔，而不是授人以鱼。……我们现在是培养他的生产能力、培养他建立起工业体系自己来生产。那么生产出来怎么办？生产出来出口肯定会有很大的竞争力，所以在这种情况下，我们向他开放市场，我们给他搞这个贸易博览会，优先进口非洲国家的产品。这是对提升非洲国家发展能力的一个很重要的步骤。我是这样看的，就是中国的发展在带动非洲的发展，非洲要发展起来，会给中国下一步的发展提供更大动力，实际上是互利共赢的事情。

主持人：中非合作论坛是成立在2000年，那么十八年来中非通过合作，哪些方面都取得了哪些成果呢？我们来通过一个短片了解一下。

解　说：2000年，中非合作论坛创立，开启了中非合作新纪元。十八年来中非合作成绩斐然，目前，中国已同五十三个非洲国家建立不同类型的伙伴关系。中非高层互访广度、频度空前，政治互信持续深化。在经贸方面，中国已经连续九年成为非洲第一大贸易伙伴国，中非经贸额从

2000年的一百亿美元飙升至2017年一千七百亿美元，十七年间增长了十七倍。专家认为，未来五到十年间，中非之间的贸易会有两位数的增长。过去中非合作以输血为主，目前，中国正朝着向帮助非洲造血转变。中国将毫无保留地同非洲分享技术、经验与市场，以提升非洲经济内生动力的发展。同时，中非人文交流合作也不断深入，双方已建立一百三十多对友好城市关系，人员往来每年近二百万人次。

主持人：十七年，中非之间的贸易提升了十七倍，那再看未来五年或者十年间，还有哪些提升的空间？

阮宗泽：我觉得提升空间还非常大。十年前还出现了金融危机，在这种情况下中非的贸易是在持续上升，说明它有很强劲的动力。在未来，我觉得在两个方面还有很大的空间：一个是随着非洲本身的发展，出口的东西不光是初级产品，而且还更加多元化，这种能力的提升和成品的产出实际上也得益于和中国的合作。……还有一个，习主席也谈到，如果条件成熟，我们还可以谈自贸区的合作和安排。……

主持人：长期以来我们也知道，西方有些国家是戴着有色眼镜来看待中国和非洲之间的合作，那么中非之间的合作模式和西方原来与非洲的合作模式有什么本质的区别？

李绍先：有两个本质的区别：第一，西方和非洲的合作一般都是附带条件的，我们是"五不"。……第二，西方国家基本上是以一个施舍者的姿态……我们则是"授人以渔"，就是培养其自身发展的技能和能力，给他自己造血的能力。

主持人：那么今天结合中非合作论坛北京峰会开幕以及习主席发表的重要的主旨讲话的内容，两位为我们进行了深入的解读和分析，感谢两位的参与。今天的《今日关注》到这里结束，感谢您的收看，再会。

从以上节目可以看出，在新闻访谈节目当中穿插播出提前制作好的相关背景资料等短片，是新闻访谈节目中经常使用的方法。

主持人在一个全知视角代表观众向专家学者或者新闻当事人进行提问，更主要的是获取更为主流和权威的解读与阐释，节目中所穿插的新闻热点相关资料和背景的短片，能够在每个访谈的关键点做好知识普及与铺垫，从而在保证访谈进程紧凑有序推进的同时，还能够增强节目表现形式的多样化与热点问题的可看性。

三、新闻谈话

新闻谈话就是在主持人的把控下，让嘉宾和现场观众就受众普遍关注的新闻事件，以平等的对话交流方式各抒己见，真正做到新闻媒介及时、畅通、准确地"上情下达，下情上传"，起到和受众直接进行沟通的作用，真实地反应受众的心声。此类电视节目很多，比如中央电视台的《实话实说》《新闻会客厅》《对话》和凤凰卫视的《鲁豫有约》等。我们可以通过2007年6月7日《新闻会客厅》播出的一期节目来感受一下新闻谈话节目。

2007年，全国有一千多万考生参加高考，据说这将会是有史以来最高的一个数字，同时2007年也是恢复高考30周年，30年来有3,600万考生通过高考走进了大学的校门。与如今考场上考生的从容不同，30年前的考生显得更加匆忙和不适应。现在的考生可能已经很难理解30年前考生的心态，而杨学为对其印象却很深刻。作为教育部原考试中心主任，今年70岁的杨学为既见证了中国11年没有高考的历史，也参与了恢复高考的艰难历程。从1977年高考算起，到2000年从教育部考试中心主任位置上退休，他的工作有23年和高考联系在一起。而1977年这次被称作"一个国家和时代拐点"的高考也定格在了他的记忆里。

李小萌：为什么今年人们在以各种各样的方式纪念恢复高考30周年，30年前那一场考试有着怎样非同一般的意义，今天我们节目的两位来宾将会以不同的视角带着我们一起回到30年前。首先要介绍的是教育部（原）考试中心主任杨学为先生，我们欢迎他。欢迎您，您跟我们讲讲在1977年的时候，您具体负责的是什么？

杨学为：1977年有两次招生会，第一次招生会我在简报组里，第二次招生会我在起草文件组里。

李小萌：起草文件？

杨学为：对，国务院后来批准招生意见，我是在那个起草文件的小组里。

李小萌：所以今天杨先生主要给我们讲一讲，就是恢复高考这个决定是怎么成为一个事实的。我们看到的资料都是说,1977年5月24日《人民日报》发表了邓小平关于尊重知识、尊重教育这样一个讲话,这是不是恢复高考的一个发令枪?

杨学为:如果从意义上可以这么说。1977年开过两次招生会,第一次招生会是在5月到6月,在太原开的,那时候当时有"两个凡是",教育部的思想也不解放,到会的人很不满意,但是教育部还是把这个文件送到国务院去了。这个时候邓小平恢复工作了,这可不得了了,邓小平自告奋勇抓科教,然后他就开科教座谈会,在科教座谈会上好多人强烈要求废除推荐、恢复考试,他当时拍板决定,把文件追回来,让教育部把文件追回来,重开招生会,一年开两次招生会,新中国(成立)以来,唯有这一次。

当时恢复高考的决定为何如此突然,决策背后有着怎样的故事?这是这期节目第一阶段的主要访谈话题,因此请来了亲历当年这段历史的关键人物——杨学为。主持人李小萌介绍完第一位嘉宾后,就提出了问题:"您跟我们讲讲在1977年的时候,您具体负责的是什么?"这样一个问题就把话题直接引入30年前恢复高考的回忆当中。

解　说:因为历史的原因,1977年之前,通过考试选拔人才的制度已经在中国消失了11年。有上千万城市青年被规定在中学毕业后,必须离家,去往农村。高校录取的大学生不是按照考试成绩录取的,而是按照"十六字"方针录取的,就是"自愿报名,基层推荐,领导批准,学校复审",而按照这个方针招收的大学生文化基础相差悬殊,不仅质量没有保证,而且也带来大量的问题。1977年7月,73岁的邓小平第三次恢复工作,复出不到一个月,就重新主持召开了科学和教育座谈会,经过长达45天的讲座之后,会议决定,改革高校招生制度,统一考试、择优录取。

李小萌:但是在北京开的那一场会一开开了45天,很多人是穿着夏装去的,等开完会的时候天都凉了,怎么开了这么长时间这个会?

杨学为:第二次招生会是8月到9月,主要是教育部,我认为主要是教育部领导思想不解放，会上争论得很多，两派争来争去。比如说高中毕业生要不要两年劳动之后才能考大学，还是说直接可以考大学，这是争论的最主要的第一个问题。第二个问题就是政审的问题，政审"文革"中间主要是看出身。然后就是考试的问题，不要考试，要推荐。这三个是争论的最主要的问题，但是第一个问题是打头的问题，争论了40多天。两派争论来争论去，后来起草了一个文件送给邓小平，邓小平是管科教的副总理，送给他看，他很不满意。

李小萌：主要不满意的都有什么？

杨学为：很多，主要不满意的是教育部思想不解放，说得很生气，大家看邓小平文选，9月19日教育战线拨乱反正的问题，那篇文章非常厉害的，你们无非是怕跟着我再犯错误，同意这项方针的就干，不同意的就改行，这句话非常厉害。我看主要是批评教育部领导思想不解放，具体的问题那就多了，像刚才三个问题都涉及了，比如说招应届高中毕业生的问题。为什么要招应届高中毕业生？就是不中断学习。政审的问题，我们起草小组起草了很长的一段，因为"文革"中间重视政治，政治挂帅，突出政治，所以我们起草得非常细，他看了之后，大笔一挥，全部划掉，连说三个烦琐。本人带来了一个笔记本。

李小萌：带来证据了，是吗？

杨学为：是，这是第二个招生会我的笔记本，刚才我说那个连说三个烦琐，因为邓小平文选里只有一个烦琐，所以有人问我你怎么说三个烦琐呢？本人证据在这儿，当时传达的记录，连着说了三个烦琐，最后说把烦琐的东西去掉，那就是第四个烦琐了，连说三个烦琐，把这个全划掉了。

这段历史一定是广大电视观众非常感兴趣的，所以主持人李小萌也就这些历史细节问题进行提问。当谈到当时关于恢复高考的招生会议的时候，嘉宾杨学为谈到了他的笔记本，这时候主持人李小萌立即问："带来证据了，是吗？"对于这样的访谈节目,如果能够在节目中当众展示出一些物证将是非常有说服力的,尤其是谈到一些历史话题,那些能够起到佐证作用的物品一定是受众非常期待目睹的。

  李小萌:我们再回到决定了要恢复高考,这么一个重大的轰动性的消息,怎么传达到老百姓当中去的,就是通过报纸是吗?

  杨学为:9月19日小平批评了教育部,教育部赶快按照邓小平的意见改了文件,文件就报上去了。10月5日政治局讨论,10月12日国务院发布文件,10月21日新华社发通稿,发了通稿之后全国老百姓才知道。

  李小萌:新闻报出来,但是已经决定了是12月10、11、12就高考了,这中间两个月来得及做所有的准备工作吗?

  杨学为:当时不是全国统考,因为没有全国统一的大纲,没有全国统一的教材,全国统一命题也来不及,还要运过去,是各省命题,各省先有一个县试点,取得经验,因为十年没考了。然后由地市这一级先考一次,按照录取人数的三倍选出来,叫作粗选。然后参加全省的统考,各省的时间都是倒计时这么排,非常紧张。

  李小萌:为什么不再缓一缓,到了隔年春天或者更从容一点再去招生?

  杨学为:快出人才。

  李小萌:就是迫切到这个程度?

  杨学为:对,邓小平讲快出人才、早出人才,不想再耽误一年。

  主持人李小萌提出的问题正是受众想了解和知道的,对于"文革"后恢复高考的第一次考试的每个细节都显得那么特殊,像考试时间和考试要求的发布这样的重要消息的传播无疑是受众感兴趣的。

  解 说:中断11年的高考恢复的消息一出,知识青年奔走相告,这重新燃起了他们通过考试进入大学的希望。然而,从10月21日宣布消息到12月10日正式开始考试,只有不到两个月的时间。这给考生准备考试带来了很大的压力,而对于当时组织考试工作的教育部门来说,更是一个巨大的考验。

  李小萌:那后来各个地方的命题到底是按照一个什么样学历的水准做的

高考命题呢?

杨学为:1977年都是按照初中毕业的水平来命题。

李小萌:各省最终的那个高考也是按照初中水平的了?

杨学为:就按照这个水平还有98%不及格呢,你想提高也没用了,没那么多人,考得最好的是六六、六七届高中毕业生,考得最好的这帮人,非常好。

李小萌:这些细节我们大概了解清楚,恢复高考的消息发出去,据说是570万,这比你们预想的是高还是低呢?

杨学为:比我们原来想的低,开招生会的时候,因为当时估计说够报名条件的,估计有1亿4,000万人。

李小萌:那不少。

杨学为:10年嘛,10年初中毕业了多少人,然后1971年以后恢复招生,录取了多少人,把他们减掉,剩下应该有一亿多人,当时就担心,怎么办,有没有纸印卷子,非常担心,后来570万虽然也是从来没有这么多人,但比原来想象的数字还可以接受。

李小萌:还松了一口气,比想象的数字差了这么多,主要原因是什么呢?

杨学为:主要是因为来不及准备,太突然了,很多人都没复习,根本没准备,想考,一点都没准备,所以第二年1978年610万,比第一年多,就说明当时没有来得及准备的人,1978年参加高考。等到这两年考下来,很多人都不及格,很多人知道了,去考也白考,因为水平太低了,来不及。

李小萌:您的理由是说来不及准备,我们听听那位观众,您的理由是什么。

观 众:我是刚从农村插队分上来,当时工作还不到一年,半年左右的样子。我是1976年年底分上来的,1977年高考,我那个同事是老高中毕业,六六届高中,他特别激动,说小肖,咱们去报名,我说报,上哪儿报,怎么报,就完了。这是我和我刚才说那个六六届高中生的原因。他是想报,就等于是报名的途径不知道,我是什么?知道考英语,我学的是俄文。

李小萌:明白了,这个信息的上传下达不充分。谢谢您。

杨学为：确实是那样。

李小萌：刚才这位观众讲的意思就是这个信息的上传下达问题，包括各个地方对于高考的组织工作、积极程度都影响到这些年轻人报名对不对？

杨学为：一点不错。

李小萌：所以能去考的还算是比较幸运的呢。

当访谈进行到这里的时候，一个历史见证者已经不足以说明问题，所以编导邀请了亲历过恢复高考后第一次参加考试的普通电视观众，在适当的时候主持人李小萌向坐在观众席里的观众发问，此时这位历史亲历者的经历具有一定的代表性。所以在电视新闻访谈节目当中邀请事件的亲历者也是一个重要的手段，可增加话题的可信性与说服力。

解　说：570万考生参加考试，最终，只有27万考生迈进了大学的门槛。在他们中间，有十几年前就告别学校的老三届，也有刚刚毕业的高中生。年龄最小的只有十六七岁，最大的已是人到中年。而在得到高考消息的前几天，多数人还都在农田间务农、车间里务工。刘学红就是在这时迈进北京大学新闻系的门槛的，高考之前她的岗位还是在农村果园。她写的高考作文在张榜前就全文登在了《人民日报》上，并成为往后几届考生必背的范文。如今，作为一家媒体的总经理，坐在自己宽敞的办公室里的刘学红，精心保存着和1977年高考相关的物品。作为恢复高考后第一届27万大学生中的一员，她是怎样在短短两个月中顺利通过考试的呢？高考对她来说意味着什么？对现在的考生，她又会说些什么呢？

这是一段在节目筹备时就制作好的短片，在访谈现场播放短片不但具有承上启下的连接作用，还能够把和访谈内容相关的背景资料和其他信息简明扼要地表现出来。

李小萌：给大家介绍一下，刘学红女士，她就是1977年那一届的考生，我们欢迎她。首先我们要验明正身，怎么证明您是1977年那一届的考生？

刘学红：我带的是当时参加高考时候的一个准考证，1977年的。

李小萌：您展示一下给大家看看。看不清吧，瞧，我这儿有一个大的。那个是原件，当然珍贵了。这是刘学红的准考证，当时年轻、漂亮的小姑娘，那时候您多大？

刘学红：20岁。

李小萌：这上面写的是密云县岭中。

刘学红：对，叫高岭中学，所以简称岭中。

李小萌：您那时候在密云插队，所以就在密云考，是吧？

刘学红：对。

李小萌：文科，姓名，这个确实证明是12月10日、11日、12日三天考。这个据说国家博物馆要当文物收藏，是吗？

刘学红：本来5月份要收藏，后来因为电视台要做节目，说最好留原件，做节目千万得注意别给人家弄坏了。

李小萌：你手里拿的已经是一个文物了。现在被人家提起你这30年前考试的事儿，我觉得你自己说的话最逗了，说不知道为什么我又像古董一样被人翻了出来，无意当中参与了历史。

刘学红：对，好像无意当中成了一个好像历史的一个见证似的那种感觉。

李小萌：也是一个幸运。要是现在的高考的学生，考试一完几乎要把所有跟考试有关的东西恨不得撕了、烧了、扔了，您一直留着，留了这么多年。

刘学红：是。

李小萌：为什么？

刘学红：因为我感觉特别珍贵，当时知道高考也是非常突然，从知道高考到参加考试，不到两个月的时间，而且我们已经在农村插队将近两年的时间了。当时是上山下乡，因为被当时的那种宣传、鼓动激起来的激情经过了一年以后，就慢慢也消退了，感觉到在农村现在，因为当时是不敢公开说的，就感觉到自己的价值没有得到充分体现，与当时自己那么兴高采烈、热情激昂地去农村的时候，有了一个相当大的距离。最明显的感受就是说你这个人的价值体现在哪儿呢？我感觉它就好像体现在体力上。就是你在农村，你干活就是农村的那个体力活，你的工分的多少跟你体力的大小是成正比的，跟别的任何事情没有关系，所以我觉得这个事情，我觉得作为人生来讲，我觉得有点灰……

李小萌：找不到人生的价值在哪儿？

刘学红：对，我觉得人的价值应该体现在更多的层面。

李小萌：所以这张准考证是改变了命运的一个纪念。

刘学红：对。

李小萌：今天让您来，我们请一个小伙子给您准备了一首赞美诗，来，给念一下。

观　众：一年一度秋风劲。转眼之间，从去年金色的十月，欢乐的十月，到今年丰收的十月，胜利硕果累累的十月，已经整整一年了。我——一名普通的上山下乡知识青年，在广阔的农村，沸腾的田野上也度过了这战斗的一年。

李小萌：谢谢你，给念得这么好。大家听着可能有点觉得突然，但是刘女士并不觉得突然，你再熟悉不过了，对不对？

刘学红：也淡忘了，最近才给翻腾出来了。

李小萌：您那篇作文是印在《人民日报》上，你原件应该也有保存吧？

刘学红：没有，我这个还是复印件。

李小萌：只是复印了一下是吗？我来看看，《我在这战斗的一年里》。

现场嘉宾刘学红的出场和准考证的展示是亲历者又一次对恢复高考后第一次考试的现身说法以及物证的展示。另外要说的是主持人邀请现场观众朗读刘学红的高考作文，不但为现场增加了悬念，也给颇具历史感的访谈节目增添了一些油墨色彩。刘学红的这篇高考作文当初因为获得了满分而被《人民日报》全文刊登，她也被北京大学录取。

李小萌：后来刘学红女士上的是北大，都说你们这七七、七八届是有史以来所有的各届大学生当中最勤奋刻苦的一拨人，是这样吗？

刘学红：应该是，因为刚才说了，1977年是积累了10年的，也不算精英吧，就是10年被耽误的学生。像我们班就是年龄相差16岁，最小的是16岁，最大的32岁。

李小萌：都是隔代人了的感觉。

刘学红：对，有的带着孩子来上学的，我觉得可能大学对他们来讲，都是个意外惊喜，从来没有想到自己可能还会有机会上大学，包括我，虽然耽误的时间短一些，不到两年，但是也是感觉到，这个知识，这个大学梦对自己的那个影响，所以到了大学以后，大家就恨不得把被"四人帮"耽误的时间赶快给夺回来，所以当时学习气氛是非常浓。

李小萌：怎么夺回来呢？

刘学红：我记得我们当时图书馆占座、抢座，那不叫占座了，真是抢座，5点多、6点多，好多同学是起床以后就开始跑到图书馆去等着开门，然后每天上下课，因为中间还要上下课，北大图书馆走廊里头熙熙攘攘全是人。当时我们有个同学写了一首诗，他就写图书馆，好像叫《轰轰烈烈地静》，用了这么一个词儿，就是把两个相反的词儿放在一块，确实是能形容当时的壮观景象。

李小萌：七七、七八级不仅仅是最刻苦、最勤奋的一届学生，现在也是在各行各业的中流砥柱，您先介绍介绍您的职业是什么，再给我们讲讲你们班上有什么厉害的人物。

刘学红：我毕业的时候当时是毕业分配，我的第一志愿，就是我的第三个幸运了，第一志愿被分到《中国青年报》，而且一直干到现在。在2000年的时候，由于网络的兴起，我和我们报社的一些人一块共同创办中青在线，一直到现在。

李小萌：您是中青在线的总经理。

刘学红：对，我们同学现在我觉得有三个部分吧，一个部分还是留在新闻口，包括咱们央视的副总编辑就是我们同学孙冰川，还有《北京青年报》的总编辑，《法制晚报》的社长，还有《人民日报》市场报的总编辑，新华社的副社长，三分之一的人还是留在新闻媒体圈里，而且基本上都是中高层的骨干。

李小萌：听出来了，都挺厉害的。刚才开始的时候我说了，一千多万今年高考的考生都在准备着，您以一个最老资格的学姐的身份跟他们说两句话，会说什么？

刘学红：我觉得高考是现在学生一个必经的坎，有同学甚至可能觉得我要没参加过高考反而人生好像有些缺憾一样，有些学生就说我就是为了要留存一个人生纪念，一个人生的经历，我也要参加一次高考。我觉得大家应该以这种心态，把参加高考当作自己人生的一段非常珍贵的这种记忆和纪念来对待，不要太紧张，不要把结果看得太过于严重。

在结尾的这段访谈中，自然而然地就谈到了1977年参加高考的这一批毕业生，因为正如主持人所说的七七、七八级不仅仅是最刻苦、最勤奋的一届学生，现在也是在各行各业的中流砥柱。

到了节目的最后，主持人依然是让嘉宾说一句话，但是这次不是对访谈的一个总结言论，而是希望刘学红"以一个最老资格的学姐的身份跟他们说两句话"，像这样的随机应变和即兴发挥，是访谈节目主持人应该具备的能力，也能够为节目带来一些新鲜感。

第三节　补充练习材料

《新闻会客厅》马国力：四次传递奥运火炬

[内容速览短片]：他曾经有过四次当奥运火炬手的经历，如今依然不满足，希望还有第五次的经历。他就是北京奥林匹克转播有限公司（BOB）首席运营官马国力，今天他做客《新闻会客厅》，与您分享当奥运火炬手经历的喜悦和激动。

解　说：1992年巴塞罗那奥运会，组委会邀请了8名中国人，来到东道国参与火炬接力活动，其中就包括中国中央电视台体育节目中心主任马国力。这也是中国人的身影,第一次出现在奥运会火炬传递的队伍当中。

2000年的悉尼奥运会,马国力作为亚广联的代表,再次受到邀请。参与了在澳大利亚境内进行的火炬接力活动。

两年后的盐湖城冬奥会,马国力第三次参与了传递奥运圣火的活动。这样,他就成了担当火炬手任务次数最多的中国人。

李小萌:您好,观众朋友,欢迎来到《新闻会客厅》。6月24日北京奥运会火炬手的选拔活动正式启动了,一个人一生当中如果有一次这样的经历已经相当难得,但是有这样一个人他已经有过四次当奥运火炬手(的经历),但是还不满足,希望还有第五次的经历,他是谁呢?就是曾经被称作是影响世界体育50人当中之一的马国力先生,欢迎您。

马国力:谢谢。

李小萌:像刚才我说的,您是不是太贪心了一点,已经四次奥运火炬接力过了,还希望再有一次?

马国力:是,这是希望,因为我做体育报道,做体育电视报道这么多年,我当然希望能够在自己家门口有这么一次机会做一次火炬手,作为一种永久的纪念。相信很多人都和我有相同的想法和希望,但是只不过没有我这么接近而已。

李小萌:您还挺实在的,我就想问能做四次是不是因为近水楼台?

马国力:当然有点,因为是这样,奥运火炬手的选拔,不是选拔,作为体育电视,国际奥委会有这么一个不成文的做法,就是历届奥运会都会给各个转播商拥有版权的电视台一些名额,参加火炬接力,让大家都感受一下。实际上我在过去的这四次里,除了1992年那次是由中国奥委会和可口可乐公司邀请的以外,其他的几次基本都是国际奥委会的市场部和组委会的电视机构邀请到这儿跑一下。

李小萌:这么希望还做这个火炬接力手,是因为举着奥运的火炬跑起来感觉特别棒是吧?

马国力:普通人感受奥林匹克、参与奥林匹克,火炬接力是最最直接的方法。而且是印象最深的方法,它能够影响一个人一生对奥林匹克的看法,所以我觉得作为奥运会的火炬手,能够体验这么一下,是一生难以忘却的回忆。

解　说:6月下旬北京奥运会火炬手选拔计划在京发布以来,入选奥运火炬手、真正成为奥运的直接参与者成为许多人非常具体的奥运梦想。

这是15年前巴塞罗那奥运会火炬传递现场,这也是奥运火炬传递历史上第一次出现中国人的身影,而画面中这位幸运的男主角正是马国力。就是这不到两分钟的时间,让马国力一生都难以忘却,而这种边传递火炬边报道的特殊形式,也成为奥运火炬传递史上的第一次。此后在2000年,马国力又出现在悉尼奥运会火炬接力中,2002年和2004年,盐湖城冬奥会和雅典奥运会也相继邀请了他。马国力也因此成为中国参加奥运火炬接力次数最多的人。

李小萌:什么样的人可以成为火炬手,我们也从网上找到了五条标准,我们看看马先生符合不符合。

马国力:第一条,热爱祖国,热爱奥林匹克运动。我当然符合了。第二条,我现在正在做着为奥运会的工作。第三个,应该是特殊一点,我这个行当比较特殊,这个位置比较特殊。第四个,我相信我也是。

李小萌:品德高尚,乐于奉献。

马国力:其实和第一条差不多。第五个,我现在正在做着贡献。要说起来,应该说至少我没有不符合这五条。

李小萌:哪条您觉得是最贴切?

马国力:我觉得第一条可能是最贴切的。

李小萌:可是第一条的人数是最多的,我觉得能够满足第一条的人是最多的。

马国力:对,所以说奥林匹克的火炬接力其实是一种大众的运动。我记得我跟那个时候奥委会主席罗格在哪儿见到的时候,我说我认为中国的北京奥运会应该至少有10万人来参加火炬的传递,因为中国人太多了,而且确实是希望能够让更多的人感受到这种奥林匹克精神。

李小萌:五条都符合,我最希望听您解释为什么您觉得第三条符合。

马国力:第三条符合,因为我在中国的体育电视里做的时间长,我可能比其他人都时间长一点吧。

李小萌：您觉得本行业作出的突出成绩是什么呢？对您来讲。

马国力：这不是我谦虚，我不觉得我本人是有什么特别突出的成绩，我只是觉得我赶上了一个非常合适的时间，正好赶上过去15年到20年，中国的电视，特别是中国的体育电视飞快发展，我又在那个主管的位置上，我显得比较突出。

解　说：早在1912年，"现代奥林匹克之父"顾拜旦就曾经这样表述过火炬手的作用：在圣火从希腊奥林匹亚传递到举办城市的过程中，火炬手不仅肩负着传递圣火、传播奥林匹克精神的使命，还要以自己的人生故事和高举圣火的形象激励和鼓舞整个世界。

　　作为参与奥运火炬传递最多次的中国人，有人说马国力的人生或许冥冥之中就是一个为传播奥运而来的人生。早在25年前他进入央视，就与体育报道结下不解之缘。1989年，他首创中国最早的专业新闻栏目——《体育新闻》。1995年又是在他的带领下，国内第一家体育频道诞生。

　　1984年美国洛杉矶奥运会，中国电视人第一次参与奥运报道，虽然更多只是作为观摩和学习的身份参与其中，但那也是马国力第一次真正走进这个世界级的体育盛会。从那以后，在央视历届奥运会的转播现场再也没有缺过马国力的身影。16年中，马国力共参加了六届奥运会的报道工作，在他的带领下，中央电视台奥运报道团队制作和转播的奥运节目超过5,000小时；到今天，奥运会和奥林匹克精神从来没有如此近距离地通过电视屏幕走进中国人的生活。也正因为这样的原因，英国《卫报》2000年评选"对世界体育影响最大的50人"，马国力名列其中。

　　然而马国力与奥运的缘分似乎还远远不止于此，包括他自己也不可能想到，24年前只能在奥运转播现场外围远距离观望的中国体育记者，24年之后，他将成为主宰全球奥运转播最为关键的人物之一。2004年10月，马国力离开中央电视台体育中心主任的岗位，正式就任北京奥林匹克转播有限公司首席运营官。

李小萌：您现在所属的机构叫北京奥林匹克转播有限公司，您用最通俗的语言告诉我们,您现在是干什么的。

马国力:我的正式头衔叫首席运营官,其实说白了就是一个总经理,保持这个公司的日常运转,正常运转。

李小萌:用最通俗的话说是说您下海了吗?

马国力:不是,我们这个公司好就好在不管挣钱。

李小萌:只管花钱?

马国力:这个公司有固定的预算,只是服务性的公司,给谁服务呢? 给各个电视台服务,就是这么一个任务。我们没有广告部,没有市场部,只是把奥运会的电视信号和奥运会的电视服务做好,这就是我们唯一的职责。

李小萌:您当时离开中央电视台体育节目中心到了现在这边,所有人都关注您这个选择。您也说到新环境之后适应了好一阵,这个适应期过去了?

马国力:早就过去了,我这个人适应得很快,我基本上有几天,不到一个月我就适应了。

李小萌:这个选择在您整个大半辈子里边属于一个什么样分量的选择?

马国力:一种终极选择。

李小萌:不是重量级的?

马国力:终极,结束的选择。首先,在自己家门口办一届奥运会,这是我做体育电视这么长时间的一个梦想,而在自己家门口奥运会的体育电视上面,又能够起到主导作用,或者起到关键性作用,这也是我的希望。再一个,就我对整个奥运会制作的了解来讲,我确实认为有我在 BOB 这个位置上,对我本人来讲,对中央电视台来讲,或者对整个中国的体育电视,是大家比较认可的,或者说比较简单的这么一个选择,我也喜欢,所以说适应起来会很快,我不是被强迫去的。

李小萌:尽管您已经到了这样的一个境界了,但是选择的时候,人总得要衡量个人的得失嘛。

马国力:是,有很多人说作为东道主电视台,体育中心主任这个位置在奥运会期间,在北京,在东道国,特别在明年的时候是可以最大限度发挥自己的,我知道这一点。

李小萌：我们也帮您总结了一下，这个其实是您对文字记者的一次采访，第一，有时候文字特别需要和当事人核实。第二，当事人一旦面对镜头的时候，说法有可能改变。所以我们就白纸黑字地梳理了一下，您看看，如果当时留任体育中心，好处是办一个大规模的报道，轻松地胜任，变革中获得更大的天地，是主导的。

马国力：我觉得第四条其实不准确。从我本身来讲，我哪个也不愿意放弃，但是就是刚才咱们说的，所有的好事不能让一个人都占着。

李小萌：咱们就看看去了BOB的好处都有什么。好处是，在国际体育电视界获得认可，可能最影响世界体育就不是47名了，要37名、27名了。

马国力：那倒不是那个意思，其实这还是一个个人内心的感受吧。其实为什么我做这个首席运营官，其实也就是说国际这些同行想起来，中国体育电视找马国力吧，他可能会更合适一些，是这么个考虑。

李小萌：提升中国体育电视制作能力这个刚才讲了，少了不可不做但又不愿意做的事儿。

马国力：这个听起来比较拗口，但是我可以这么讲，BOB作为一个合资公司，它是一个公司体制，毕竟和国家机关和国家事业单位相比要简单一些。

李小萌：明白人能理解您说的是什么。第四条，世界最高水平电视标准的制定者。

马国力：其实是制定者也是执行者，因为奥运会的电视转播是体育电视转播里的最高水平。当然了，我们的这个标准是根据以往每届奥运会总结的，然后都给它提高一块，这个作为北京来讲又有北京的新标准。

李小萌：现在不管哪个行业的最高境界，不是执行标准而是制定标准。

马国力：制定但是本身也是一种执行，监督别人执行或者说自己。

李小萌：看看有坏处吗，一把手变二把手。

马国力：对。

李小萌：这确实吗？能感受到吗？

马国力：我的老板是西班牙人。

李小萌：您做惯一把手了，成二把手好适应吗？

马国力：这看需要，当然这里和过去确实有不一样的地方。任何人都会有老板，任何人都会有上司，在一个你对他非常佩服的这种上司的手下工作，其实有的时候也是一种学习，也是一种享受。

李小萌：但就您这个下属经历和江湖地位来讲他是不是也要敬您几分？

马国力：对，他对我也非常尊重，但是我对他是非常敬重，他比我大一轮。他从1968年就开始做奥运会，人家确实是非常非常有经验。

李小萌：对您来讲也是一个前辈了。

马国力：对。现代奥运会的电视标准其实就是他制定的，他是1992年巴塞罗那奥运会的电视主管。实际上电视从（20世纪）80年代末到90年代初是飞速发展的，最简单的数学就是，原来的一个转播车就是6台摄像机、8台摄像机，到了90年代初就是12台、16台、18台，这是一个非常简单的数量的增加，但是数量的增加其实就给了制定标准者一个新的标准的可能性。所以像现在很多的用途，例如像田径上的跑道跟拍的摄像机，还有其他那种特殊角度的，游泳池里边的这些，都是从巴塞罗那那时候开始的，所以他是一个真正的原始制定者。

李小萌：好，接下来这也算弊端，接受服务者变成了提供服务者。

马国力：当然了，你享受服务嘛。

李小萌：驾轻就熟变成从头开始。

马国力：当然不能说完全从头开始，因为我过去的长处和经验是在于组织报道和制作节目，而现在组织报道对我来讲一点没有用，我现在要更多地去了解整个流程，例如现在说的我们国际广播电视中IBC里面哪块今后要提供给世界广播者来做报头的地方。我们可能会要求整个机构的所有者，这个建筑的所有者，你把这块玻璃给我们换成透明玻璃，换成无反射玻璃，例如向各个机构提供，需要多少电压，还有空调，这些事情我是原来从来没有的，我只是说，我要这一块400平方米，你现在就要考虑到这个。

李小萌：这种变化我觉得并不难。

马国力：对，了解多了以后没有什么，我感觉印象很深刻的一个就是，奥运会BOB这个更有计划性，它和电视台的工作相比更长远一些。比方说你说转播车，转播车也是从去年年底到现在，上半年都全订完了，包括那时候一定能够有，好比说原来我们的传统做法，我提前三个月再给你打个招呼行不行，当然这事儿要是提前三个月再去，对不起，就没有了，没有怎么办？那就出大事了。所以从奥运会的规模上来讲，和整个的运作方式来讲，它就更成熟一些，实际上和中国电视相比，和中国的组织结构相比，会更成熟一些。

李小萌：一般我们做事情常常说会有中国特色，这个新组建的公司在中国，在北京办这个奥运会，我们的介入方式、介入程度和您的理想状态有什么样的特色？

马国力：对，你说得对，中国特色，BOB最大的中国特色就是合资公司。因为国际奥委会有一个规定，从2001年开始，任何申办城市必须同意电视信号要由国际奥委会来负责，像伦敦也是国际奥委会来管，尽管它有丰富的人力资源，但是在中国，按照中国的这种传统做法和我们现行的法律法规的规定，就是做成了一个合资公司，而合资公司的最大特点和以往的这种电视机构相比，有一个在合同上写上的条款，就是奥运会之后要给中国留下丰富的体育转播人才遗产，这一条在以往的合同里边是没有的。

李小萌：但是所谓的这种遗产，这是一个很虚的一种形容，怎么把它具体化？

马国力：像中央电视台，现在就乒乓球和羽毛球两个项目的制作来讲在全世界是第一的。国际乒联和国际羽联都是认可中央电视台的制作，为什么呢？因为我们的制作队伍参加了2004年雅典的奥运会，经过这种磨炼以后现在是最好的，而有了这个基础，在北京举办的这次，我们一共有7个体育竞赛项目，也就是四分之一的竞赛项目是由中国的电视团队来制作的，这其实是最大的一个遗产，因为你做完了这以后，你去问问体育中心这些人，他在下一次再做的时候就知道该怎么做了，他就不会满足于低水平的制作。

李小萌：您能发挥的又是什么呢？

马国力：我做完了就完了。

李小萌：中央电视台其实是您的客户中的一个。

马国力：对，非常主要的一个。

李小萌：在一些事情处理的时候，您的胳膊肘能不能往外拐拐？

马国力：不，原则允许的情况之下。

李小萌：尽量往外拐。

马国力：不，BOB 的力量是一种集体的力量，完全的团队化操作，我个人在里边是没有什么太大的力量，但是这里边用不着胳膊肘往外拐，东道主电视台有东道主的优势，只要中央电视台充分利用这种优势，当然，如果他们不知道，我会提醒他们，但是我也不可能说不能这么做的事情我一定要去这么做。如果中央电视台到时候没有李小萌的证件，你找我去了，我也不能给你走后门，我可以给你走个当日的证件让你到那儿。

李小萌：可以给我一张票像观众一样，这也不错，我可记着。

解　说：对于马国力来说，BOB 首席运营官这个职务任期四年，随着 2008 北京奥运结束，这个转播机构也将结束它的历史使命。到那时马国力充满奥运情结的人生故事又会如何续写？

李小萌：我知道这个问题您不会直接回答我的，因为您一直对媒体都是说还没有时间想那时候的事儿。

马国力：我认为我现在不应该去想以后的事情。

李小萌：那这么说吧，对于您自己将来的去处我们没办法去了解到，但是您手下有那么多从中国以前的媒体当中到 BOB 来工作的下属，他们的未来您要考虑。

马国力：我相信他们会有非常非常光明的前景，这是我跟我们的这些中国雇员说的话，为什么？我坚信 2008 年奥运会只是中国体育改革的一个开始，在今后会有更多的赛事到中国来，到北京来，会有更多的项目市场化，会有更多的国外媒体、公司包括市场，到中国来建立自己的公司也好，或者办事处也好，或者建立合资公司也好。而我们现在 BOB 的这些中方员工，经过这种大场面的演练，尽管可能他的眼界跟具体将来从事的工作没有直接的联系，但是一个人，我还是这么说，你在 2008 年登上了珠穆朗玛峰上面，那个时候你不会再觉得其他还有比你高的地方,你可以理解这种一览众山小的感觉。所以我相信在2008年奥运会以后,我手下这些人会有非常光明的前景,我一点不愁他们今后找工作,当然了,我会把推荐写得很实际,很好。

李小萌:我明白,连下属前景都很光明,您就更是一片光明了。

马国力:我毕竟和他们不一样,他们都是年轻人,我完了事儿以后就56岁了,咱们国家的退休年龄是60岁。

李小萌:您那么服老吗?

马国力:制度就是制度。

李小萌:但是我看得出您心里很有底。

马国力:我要是现在就为今后去考虑,那你想想我的手下怎么办,而在奥运会期间是最要劲的时候,如果你要不定住,很多人都是在8月份以后、9月份以后就要考虑到今后的工作了,那怎么办呢?所以应该从一个部门的主管来讲,一开始就不要给任何人这种概念,就是我现在必须要考虑到今后,而且我相信奥运会之后,这些经验都是有用的。

李小萌:您说2008年北京奥运会是您包括您这一代人唯一的一个机会,这个机会您牢牢地抓住了吗?

马国力:我抓住了,我现在作为BOB的首席运营官就说明我抓住了这个机会,我要做这么一件事情。

李小萌:没有错过任何吗?

马国力:你又回来说,人总是有这样,但是我相信我会在2008年奥运会期间,一个眼睛盯着我的公用信号,一个眼睛盯着中央电视台的体育报道,这也是我的享受。

李小萌:好,希望能够在电视画面上看到您举着北京奥运会的火炬。

马国力:谢谢,画面有没有没关系,但是我得跑一次。

李小萌:好,谢谢您。

《新闻会客厅》2007年7月5日播出

第五章 电视新闻现场报道

在电视新闻节目中，现场报道本来是电视新闻采访的一个重要内容。随着电视新闻的发展，这种本来属于新闻报道前期工作的采访报道变成了一种节目形式，把记者或者主持人的采访报道过程直接呈献给电视观众。这种电视新闻样式不但符合新闻的原则，更因具有现场感和真实性受到广大电视观众的欢迎，成为当前大家喜闻乐见的电视新闻报道形式。

电视新闻现场报道是新闻播音员、主持人应该掌握的一门技巧，它要求电视新闻播音员、主持人除了要有很强的语言表达能力，更要有过硬的新闻记者素质。因此在本章节里，除了介绍一些现场报道的基本理论知识，还结合具体实例来方便读者理解和把握电视新闻现场报道的知识和技能。

第一节 理论概述

电视新闻现场报道是电视新闻采访报道的一种，同报纸和广播一样，都要遵循新闻采访报道活动的基本规律，并运用一些具体的采访报道方法，只是电视新闻采访报道所采用的对新闻事实材料处理的手段不同而已。平面媒体是以图片和文字形式将新闻事实呈献给读者；广播媒体是以有声语言和音响形式呈献给听众；而电视媒体则是将采集到的新闻事实的声像材料转化为连续的画面、同期声和字幕等信息进行传播，让观众的视觉、听觉一起来接收新闻信息，这也是电视媒体的一个独特之处和最大优势。

业界对新闻采访的定义有很多，比方说"采访是新闻记者（包括业余报道者）为进行新闻报道所作的了解客观情况的活动"[1]。"（新闻采访）是新闻工作者为搜集新闻素材而进行的、带有特殊性质的调查研究活动。"[2]"新闻采访是新闻工作者为了报道新闻而进行的各种采集和分析新闻事实材料的职业性活动，是全部新闻工作的基础和前提，也是每个新闻工作者都应该掌握的一项基本功。"[3]……

但是我们知道任何定义都不可能完全概括，只能从某个角度最大限度地抓住本质特点。从以上陈述的一些定义可以看出，新闻采访的主体是记者，目的是报道和传播新闻事实，客体是新闻事实，方式则是特殊的调查研究以及素材的采集和编辑活动。

以电视为传播媒介，电视新闻采访则可以被理解为"电视新闻工作者利用电视技术手段，为进行电视报道而进行的素材采集活动"。具体说来有如下几个要素：(1)拍摄：摄像机摄取声画一体的现场形象；(2)记者出镜：记者出镜提问、访谈、交流等动态过程；(3)画外采访：记者进行的文字、背景、资料等非形象素材的采集等。[4]

电视新闻采访有很多方式，比方说现在常用的等候采访、跟踪采访、即席采访、现场同步采访、体验采访、调查采访、隐性采访、远程电话采访、卫星电视采访等。

如前所述，电视新闻现场报道是电视新闻采访的一种，所以在电视新闻现场报道中常用的报道方式也都来自电视新闻采访的方式，比如即席采访、现场同步采访、远程电话连线采访、卫星电视连线采访等。

下面我们就目前电视媒体中常见的主要由新闻播音员、主持人在镜头前完成的现场报道和连线报道进行讲解。

---

[1] 艾丰.新闻采访方法论[M].北京：人民日报出版社，1996：10.
[2] 刘海贵，尹得刚.新闻采访写作新编[M].上海：复旦大学出版社，1991：45.
[3] 林如鹏.新闻采访学[M].广州：暨南大学出版社，1998：4.
[4] 朱羽君，雷蔚真.电视采访学[M].北京：中国人民大学出版社，1999：2.

第二节　现场报道

电视新闻现场报道是"电视新闻记者在新闻事件现场，面向摄像机（观众），以采访记者、目击者或者参与者身份作出图像的报道"。和最常见的影像新闻相比，现场报道具有强烈的现场感，往往让观众有"身临其境"的感受。这是国际流行的一种新闻报道方式，也越来越受到电视观众的青睐，因为这样的报道方式既能让观众看到新闻人物和新闻事件发生的现场，又能看到记者的活动，能极大地体现和发挥电视新闻媒体的优势。

电视新闻现场报道的起源可以追溯到 20 世纪 70 年代的美国。当时在美国已经开始使用 ENG 拍摄新闻，同时也将电视记者推到了电视屏幕前，以前受众看不到或者看不全的记者采访调查活动一下子直接被呈献给电视观众，让受众感到新鲜的同时也极大地增加了新闻的真实感和可信性。美国著名的新闻节目主持人克朗凯特、丹·拉瑟等在越战期间所进行的大量现场报道让这一新闻报道形式风靡全球。甚至后来在西方电视新闻界形成了这样一个共识：只要适合于现场报道的新闻绝不采用其他形式报道。

20 世纪 80 年代，我国虽然也有一些现场报道，不过大多不算是真正意义上的现场报道，只是由记者或者播音员、主持人在报道现场开头出图像或者在最后进行总结和评论，好像加了开头或者结尾而已。

电视新闻现场报道与其他新闻报道方式相比有其明显的优势：（1）时效性强，（2）现场感强，（3）信息感强，（4）可信性强，（5）可视性强，（6）独立性强。也正因为现场报道的这些优势，让它可以在一个时段里对某个重要新闻事件进行直播报道，并独立成为一个新闻节目。有些现场报道是以随机的形式出现的，比方说《香港回归十周年》大型直播等；有些则是以常设固定栏目形式出现的，比方说江苏城市频道的《绝对现场》等。

一、开场白、结束语形式的报道

《新闻联播》等节目中经常会出现随国家领导人出访的播音员、主持人从出访现场发回的一些报道。我们来看《新闻联播》播出一则消息。

> 例1：习近平出席金砖国家领导人第十次会晤并发表重要讲话 强调金砖国家要深化战略伙伴关系 让第二个"金色十年"的美好愿景变为现实

康辉：[现场报道]金砖国家领导人第十次会晤当地时间26日在南非约翰内斯堡举行。会晤由南非总统拉马福萨主持。中国国家主席习近平、巴西总统特梅尔、俄罗斯总统普京、印度总理莫迪出席。五国领导人围绕着"金砖国家在非洲：在第四次工业革命中共谋包容增长和共同繁荣"的主题，就金砖国家合作以及共同关心的重大国际问题深入交换看法，达成广泛共识。

解说：上午10时许，国家主席习近平抵达衫藤国际会议中心，南非总统拉马福萨热情迎接。金砖国家领导人集体合影。

习近平发表了题为《让美好愿景变为现实》的重要讲话，揭示新工业革命突出特点，就金砖合作未来发展提出倡议，强调金砖国家要携手努力，共同推动建设持久和平、普遍安全、共同繁荣、开放包容、清洁美丽的世界。

习近平指出，18世纪以来三次工业革命颠覆性的科技革新，带来社会生产力的大解放和生活水平的大跃升，从根本上改变了人类历史发展轨迹。如今，我们正在经历一场更大范围、更深层次的科技革命和产业变革。新技术、新业态、新产业层出不穷，各国利益和命运紧密相连，深度交融。同时，世界经济深层次、结构性问题和地缘政治冲突、保护主义、单边主义直接影响到新兴市场国家和发展中国家发展的外部环境。

习近平强调，金砖国家要把握历史大势，深化战略伙伴关系，巩固"三轮驱动"合作架构，让第二个"金色十年"的美好愿景变为现实。

第一，释放经济合作巨大潜力。我们要加强贸易投资、财金、互联互通等领域合作，把合作蛋糕做大做实。坚定维护基于规则的多边贸易体制，推动贸易和投资自由化便利化，旗帜鲜明反对保护主义。坚持创新引领，通过建设金砖国家新工业革命伙伴关系,加强宏观经济政策协调,实现发展战略深度对接,提升金砖国家及广大新兴市场国家和发展中国家竞争力。

第二,坚定维护国际和平安全。我们要继续高举多边主义旗帜,维护联合国宪章宗旨和原则,敦促各方遵守国际法和国际关系基本准则,以对话解争端,以协商化分歧,共同构建相互尊重、公平正义、合作共赢的新型国际关系。

第三,深入拓展人文交流合作。我们要继续以民心相通为宗旨,广泛开展各领域人文大交流,不断增进五国人民相互了解和传统友谊,筑牢金砖合作民意基础。

第四,构建紧密伙伴关系网络。我们要在联合国、二十国集团等框架内拓展"金砖+"合作,扩大新兴市场国家和发展中国家共同利益和发展空间,推动构建广泛伙伴关系,为世界和平与发展作出更大贡献。

习近平强调,金砖的未来掌握在五国人民自己手中。让我们同国际社会一道,共同建设一个持久和平、普遍安全、共同繁荣、开放包容、清洁美丽的世界。

拉马福萨表示,当今世界单边主义和保护主义抬头,对新兴市场国家和发展中国家带来消极影响。金砖国家需要加强合作,维护多边秩序,维护联合国的中心地位,维护世界贸易组织规则。南非支持金砖国家建立新工业革命伙伴关系,把握好第四次工业革命带来的机遇,在金砖合作第二个"金色十年"实现更好发展,共同走向人类命运共同体更加光明的未来。

特梅尔表示,金砖国家面临相似发展任务,应该加强团结,共同应对当前面临的风险和挑战,对接发展战略,扩大合作领域,加强科技竞争力。

普京表示,面对当前复杂多变的国际环境,金砖国家要团结协作,坚持多边主义和国际规则,共同致力于维护经济秩序,推动高质量、平等的发展和通过政治手段妥善解决地区热点问题。金砖国家要密切在多边框架内合作,增强在国际事务中的影响。

莫迪表示,金砖国家是世界增长的重要引擎。面对保护主义抬头、多边体系面临挑战,我们要积极参与完善全球治理,弘扬多边主义,促进自由贸易,推动全球化向普惠方向发展,更好维护发展中国家利益。

会晤期间,五国领导人听取金砖国家安全事务高级代表会议主席、金砖国家工商理事会主席、金砖国家新开发银行行长分别汇报工作情况。

会晤发表《金砖国家领导人约翰内斯堡宣言》,就维护多边主义、反对保护主义发出明确信号,决定启动金砖国家新工业革命伙伴关系,深化在经贸金融、政治安全、人文交流等领域合作。

会晤结束后,五国领导人共同见证多项合作文件的签署,并通过视频连线,观看人类摇篮遗址实时图像。人类摇篮遗址位于约翰内斯堡西北部,这里发现的人类先祖化石约占全球总数的一半,为探索人类起源提供了重要线索,1999 年被列入世界遗产名录,随后五国领导人共同印制手印留念。

丁薛祥、杨洁篪、王毅、何立峰等参加上述活动。

(中央电视台《新闻联播》2018 年 7 月 27 日播出)

这是一则典型的"开场白"式的报道,播音员在标志性建筑或者典型建筑物前进行相对固定位置的报道,一般用于对某一事件较为官方和正式的报道,比方说国家领导人出访或者外事活动以及在重要地点发生的重要事件等。

观众一般能够在播音员身后看到标志性建筑或者环境,能够通过播音员的着装感受到当地的天气情况和气候特点,也能够从播音员的面貌上去判断新闻事件的基本态势和进展情况。因此,播音员在做这样的现场的时候,一定要注意每个细节,除了有声语言部分准确的表达之外,还要注意一切可能在画面中出现的副语言所传达的信息。

例 2：【科学发展·共建和谐】建设创新型国家：大连重工起重集团依托集成创新抢滩风电设备市场

大连台记者马远鹏：[现场报道]我身后是大连重工起重集团制造的第 259 台 1.5 兆瓦风力发电机组，这种设备刚刚在华能威海风电场通过了连续 500 小时无故障运行的验收，正式并网发电。

解　说：这也是国产大功率风电机组第一次装备兆瓦级风电场，此前大功率风电设备一直被国外企业垄断。2003 年，起重集团看准了风力发电的巨大发展潜力，从德国引进大功率风电设备技术。轮毂是风力发电机组上唯一转动的部件，公司聘请的国外专家曾断言，没有一年以上时间不可能制造成功。

同期声：大连重工起重集团铸钢公司副总经理查浩：我国许多风厂在冬季要达到零下 40 摄氏度，在这种条件下，轮毂要承受巨大的冲击力，而且保证 20 年不坏，这个要求是非常之严。

解　说：最后，研发人员硬是只花了 7 个月时间，制成了合格的轮毂。去年 7 月，我国第一台拥有自主知识产权的 1.5 兆瓦风电机组问世。凭借国产风电机组的低成本优势，公司在一年时间里就中标风力发电机 2,000 多套，总装机容量相当于三峡水电站的 1/5。

同期声：大连重工起重集团董事长宋甲晶：那么明年将在这个基础上要研制出 3 兆瓦、陆海两用的风力发电机组。

（《新闻联播》2007 年 6 月 17 日播出）

这也是一则现场报道，记者出现场的背景就选了这则消息报道的主体——大连重工起重集团制造的第 259 台 1.5 兆瓦风力发电机组，记者报道开场的语言不多，但却言简意赅并且非常直观地向电视观众报道了新闻的主要内容。

再来看凤凰卫视资讯台 2007 年 4 月 25 日播出的《凤凰早班车》中的一则报道。

例3：中国东盟合作之旅友谊关出征

解　说：4月24日，在广西凭祥的友谊关，一道新的合作之门徐徐开启。中国之旅采访团举行出关仪式。来自凤凰卫视、中国国际广播电台、广西广播电影电视局的采访团员代表走下车接受大家的鼓励和祝福。授旗结束后，9辆载着近40位媒体人的采访车队在边境民众的锣鼓声中通过友谊关首发越南。

同期声：采访广西壮族自治区党委书记沈北海。

解　说：50天的电视行动，采访团行程超过2万公里。穿过越南后将进入柬埔寨、老挝、缅甸、泰国、马来西亚、新加坡、印度尼西亚、文莱、菲律宾在内的10个东盟国家，一起观察，记录东盟国家的发展，探讨中国与东盟未来的合作前景。

记　者：[现场报道]2007年8月，东盟将迎来40岁的生日，40岁的东盟如何推动经济的一体化，中国和东盟自贸区的建设又如何深入推进，对于这些各方所关注的问题，媒体将成为一种新的力量给予观察和解读。凤凰卫视沈宇、刘海燕广西友谊关报道。

（《凤凰早班车》2007年4月25日播出）

这是属于比较典型的"结束语"式的现场报道。记者同样站在标志性建筑前，形象端庄大方，着装得体自然，手握有台标的话筒在镜头前向观众进行报道。和"开场白"式的报道有所不同，这种"结束语"式的现场报道相当于新闻的结尾部分，因此在有声语言的表达上要有一个落幅，以示段落和意思的结束。

正如这个例子所示，有些"结束语"式的现场报道末尾往往还要加上"×台记者报道"，或者是"×台记者，在××发回的报道"，这都是一种形式而已，根据各个台或者节目的不同要求而有所不同，但都符合新闻报道的一般规律。

我们在进行"开场白"式现场报道和"结束语"式现场报道时，具体的表达一定要有所变化，而且根据报道内容的不同，语言也应该有所变化。比方在开头说"观众朋友，我现在是在××"，还比方说在新闻现场报道结束后要报上记者单位和姓名的时候"这是×台记者，在××发回的报道"，这样的话语单独成立，要和新闻内容有所区别。

二、对新闻现场的报道

我们所看到的现场报道的基本样式是：在新闻事件现场，记者或者主持人手执有台标的话筒，在镜头前对新闻事件做报道。镜头会随着记者或主持人的报道，运用推拉摇移的拍摄手法展现事件现场的情景。在报道的最后，镜头往往又回到报道者，这时候报道者要对新闻事件做一个简要归纳或评述。此外，还常常穿插对新闻事件的当事人、目击者以及相关人士的采访。在电视现场报道中，记者或主持人的采访活动贯穿于整个报道过程。观众能清楚地感觉到报道者的采访能力，现场与观众的距离也因此缩短了，增强了现场感、真实感和可信性。

一则成功的现场报道应具备以下几点：(1)报道者一定是在新闻事件现场，在电视画面中做报道和采访提问；(2)报道者在新闻现场，随着事件的发生、发展和变化边观察边叙述边评论，报道几乎与新闻事件同步；(3)现场报道必须有事件现场画面和现场同期声；(4)报道者在现场要选择标志性或者典型的背景做报道。

在电视现场报道中，记者和主持人要引导观众去观看新闻事件现场最重要、最有价值的东西，并尽可能地通过采访活动，发现并向观众简明扼要地介绍新闻事件的来龙去脉。下面我们来看获得2003年年度中国广播电视新闻奖的一则电视新闻现场报道。

例：伊拉克战争直播报道(节选)

白岩松(演播室主持人)：通过昨天我们的直播节目，大家已经知道中央电视台的记者水均益、冀惠彦和杨小勇已经经过一路的颠簸进入到战时的巴格达。接下来我们连线正在巴格达的水均益。水均益，你好。

水均益：白岩松，你好。

白岩松：我们看到图像了。一天的时间过后，昨天的报道中巴格达的天气非常糟糕，今天似乎显得好一点，能不能针对天气的变化为观众朋友做一下介绍？

水均益：的确是这样，今天开始，伊拉克开始乌云散去，而且沙尘暴基本消退了。我们现在正在说话的时候，我已经听到了远处大约二三十公里传来很闷的爆炸声音。

我们今天站的位置还是伊拉克新闻中心三楼平台的位置，但是略微有所不同的，我们今天取了一个后头伊拉克烧原油的冒起浓浓黑烟的镜头。其实我们稍微偏一点，就可以看到原先我们在这儿报道的清真寺以及远处的天空。

刚才说到伊拉克的天气，的确是今天天气转好，但是唯一不好的、在我们眼里可以看到的就是后面浓浓的黑烟。这个黑烟包围着整个巴格达市，东南西北全都有非常浓烈的黑烟。

另外还有一点，从今天下午大概当地时间3点钟开始，伊拉克就开始响起了防空警报，而且在巴格达周围听到沉闷的爆炸的声音，基本是导弹的声音。我们直播开始之前，我们从天空上听到了非常明显的战斗机飞过的声音，的确这个地方已经变成了一个战场。

白岩松：水均益，最后两个小问题组合着问你，剩下的问题在下一段连线的时候再向观众介绍。第一个，你身后燃起的浓烟，在360度概念内是否还存在？第二个，就是这31个小时里你见到的笑脸多吗？

水均益：非常好的问题。第一个问题，的确是这样，360度，我们刚才也拍到这样的镜头，围绕着巴格达市，几乎我们视野里可以看到。可以数，每隔几公里一个。有的很浓的浓烟，有的地方稍微远一点，看着稍微淡一点，几乎包围整个巴格达市，全是浓烟。

第二个问题，对于我们现在来讲，见到了伊拉克人。当然，一些朋友、一些熟人，见了面还是笑脸。但是笑脸之余，大家说的一句话就是：当心点，多保重。绝大多数记者是非常勤奋努力地工作，也保持高度警惕，平时几乎没有时间跟你聊天，或者说点其他的。多数的情况下全是讨论时局，讨论安全的情况，住在那儿安不安全。大街上看到伊拉克老百姓，更多的人脸上写着"紧张"两个字。

白岩松：非常感谢你带来的报道，下一次连线的时候我们再向观众朋友介绍。谢谢。

（中央电视台2003年3月27日播出）

这种对国际新闻大事的直播在中央电视台发展史上乃至中国电视新闻史上都是第一次，意义重大。包括美国、日本在内的国际主要媒体都对中央电视台的这次直播报道给予了赞誉。

在这一节选中可以看出，水均益在巴格达市的现场报道几乎体现了电视新闻现场报道所应具备的所有要素，在具有代表性的景物前描述了时间、地点、天气，也随着事件发展的态势边报道边评述，画面里有很清晰的同期声，所有这一切都成就了一篇经典的电视新闻现场报道。

三、口头评述

1. 特征

我们在做现场报道的时候，除了准确及时地向电视观众报道现场新闻事件的发展态势外，还应该在叙述、描述的过程中对新闻事件做一个客观公正的议论或者评述。在新闻现场报道中，评述往往更具有画龙点睛的作用，也更能够起到引导舆论的作用。现场报道中的评述也具有新闻评论的共性特征：

(1) 明显的新闻性。新闻评论是针对新闻事实、依托新闻事实的评论，不是一般的其他范畴的评论，如文学评论、经济评论等，故具有时效性、时新性等新闻特征。

(2) 强烈的思辨性。新闻评论具有强烈的说理色彩。新闻评论依托新闻事实，无疑需要摆事实，但摆事实不是新闻评论的目的，摆事实是为了讲道理。新闻主要是摆事实，新闻评论则主要是讲道理，从新闻事实引申开来，条分缕析、逻辑严密地明辨是非，提出并论证鲜明的观点。所以，新闻评论具有强烈的思辨性。

(3) 鲜明的立场性。新闻评论担负着反映社会舆论、引导社会舆论和指导生活与工作的双重任务。它既然是针对新闻事实、依托新闻事实讲道理、辨是非，自然会提出并论证鲜明的观点，表现出鲜明的立场性。同时，由于新闻评论一般是代表着新闻媒体的意见，所以，媒体总是力求透过新闻评论，表现出鲜明的立场观点，而且是正确的、能得到广大群众认同的立场观点。新闻评论在新闻中占有很重要的地位，它是衡量一个媒体新闻节目质量，尤其是政治水平高低的重要标志之一。

(4) 广泛的群众性。新闻评论一般针对广大人民群众密切关注而又有待深度了解、弄清原委、明辨是非的新闻事件、热门话题。正因为如此,广大群众对新闻评论的思想水平和思辨能力更容易寄予广泛而热切的期待,新闻评论从选题内容到表现形式也都具有更自觉地体察民情、表达民意并适应民众通俗易懂、易于参与等特点。

无论是播出方式还是评论形式,口头评述都拥有自己的表现优势:一是以记者或主持人个人的名义阐述对于事物的看法,便于处理某些以本台名义不容易处理好的话题,也有利于缩短评论与观众之间的距离;二是记者或主持人自己播讲,有利于把文字表达方式和口语表达方式统一起来,促使广播评论的文风不断改善;三是促进播讲风格多样化,使评论更加符合受众的接收习惯。但是,毕竟不是任何新闻事件和现实问题都适合以个人名义评论的,因此,口头评述尽管拥有多方面的表达优势,终究有一定的适用范围,不可能取代其他评论形式,包括以本台名义发表、由播音员播送的评论等。

2. 基本要求

口头评述应该既有评论又有叙述。与复述和描述不同,口头评述不仅要描述所见所闻,更重要的是谈出所感。夹叙夹议、评述结合的要求,使这一表达方式具有一定的难度。

根据不同的评述目的、不同的材料内容,评述的方式可分为多种类型。比如先述后评、先评后述、边评边述。但是口头评述大致说来有一定的基本要求:

(1)新闻事实准确。"述"是"评"的基础。因此,评述中的述一定要掌握事实,做到准确、客观、公正。

(2)事件叙述清楚。评述的最终目的在于"评","述"是为评提供客观依据。因此,述既不能啰嗦冗长,也不能断章取义。要简洁明了地把事实叙述出来。

(3)立场观点鲜明。在事实准确的基础上,明确提出对问题的观点。

(4)表述逻辑严密。口头评述是思维的产物,除了有鲜明的观点外,还必须有无可辩驳的逻辑力量。

在做现场报道时,作为主体的报道者要树立受众意识,要学会运用"对象感"这一内部表达技巧,加强与受众的交流。应该注意如下几点:一是口头评述也要做到"面前无人""心中有人",积极主动地与设想的对象交流;二是灵活运用语言和副语言传播系统,使传播潜能变为传播现实;三是报道者和播音员、主持人都被人们称为电台、电视台的"门面",具有示范代表作用;四是报道者的口头评述传递信息、体现态度,具有帮助人们了解和认识社会的作用;五是报道者传达情感,要形象具体生动,吸引感染受众,具有鼓舞、教育、激励作用。所以我们的报道者要发挥好上述作用,担负起上述职能,就必须强化自身,准确定位。

例1:沈阳闹市区一家商场发生火灾

慕林杉(演播室主持人):那么在今天早上8点30分左右,位于沈阳南京北街闹市区的沈阳汽配城发生了一起火灾。据我们了解到的最新情况,这起火灾到目前为止还没有被完全地扑灭。我们来了解一下现场的情况。

解　说:今天早上8点半左右,位于沈阳南京北街闹市区的沈阳汽配城发生了火灾,本台记者在第一时间赶到了事故现场。记者发现这个汽配城建于马路旁边,共有四层楼,其中的第三层着火。

记　者:[现场报道]这里是沈阳市汽车配件中心,现在大火在消防队员的奋力扑救下已经得到了有效控制,但是现在浓烟还在不断地向外喷出。

解　说:据沈阳市公安局介绍,消防指挥中心在接警之后先后调派了12个中队,37台消防车和120多名官兵赶赴现场进行抢险救援。四个多小时之后,火势已经减弱,但是截至晚上7点钟发稿时,扑火救援工作还在紧张地进行。

慕林杉:现在已经进入到春季了,也正是火灾的高发时期,所以在这里要特别提醒大家,眼下是风干物燥,所以我们的防火意识千万不要淡漠。

(《360度》2007年4月6日播出)

例2:《新闻周刊》关注公共交通(节选)

解　说:9月16日至22日,在108个城市同时开展的首届中国城市公共交通周及无车日活动,有一个共同的主题叫作"绿色交通与健康"。所谓的绿色交通,是希望市民出行尽可能地选择公共交通、骑自行车甚至是步行的方式。因此,本周在全国108个城市中,成千上万已经习惯了开车上下班的人,不得不重新选择他们久违了的交通工具。

重　庆:"我步行我健康"主题活动。

杭　州:400多名志愿者发放代表绿色交通的绿丝带。

志愿者:这是一个自行车的标志,这个是bus,这个是car,让我们多骑车。

西　安:公交IC卡实行5折票价。

郑　州:为市民发放"七天乐周卡"。

周　锐:[河南台记者现场报道]这张卡的面值为10元,有效期为9月16日到25日,也就是说市民在这十天内可以用这张卡不限次数地乘坐公交车。

同期声:建设部城建司副司长:主要目的是节能减排,通过这次活动,不仅是一年有一个无车日,以后变化一月甚至一周有一个无车日,这样减少大气污染及交通拥堵。

解　说:本周,为了宣传这些理念,许多城市的政府官员带头乘坐公交,还有多款新型环保公车投入使用,此外,还有划定公交专用道、市民乘坐公交进行优惠等措施。

同期声:陆化普:搞公交周和无车日有多种意义,我的理解,一个意义是宣传教育,让大家树立起一个观念,我们的社会就是要公交优先,就是要大张旗鼓地提倡大家利用公共交通。此外应该还有实验的意义,就是我们实施公交周,实施无车日,个体交通的分担力会减少多少。这样实施效果怎么样,它对环境、对节能以及对交通拥挤的缓解程度会产生什么样的效果。

同期声:司机:今天开车感觉相当爽,路上车子也很少。

同期声:青岛市环境监测中心站主任:预计无车日的(污染)数据,要比日常低20%～30%。

解　说:交通畅快了,空气质量也好转了,开展公交周和无车日的效果显而易见。但是,本周我们也看到了这样的问题,那就是除了市民的积极响应之外,各个城市主要还是通过实施交通强制限行措施,比如划定无小汽车区域,实行单双号限行,控制机动车数量进行交通管制等来推进这项活动。因此,当这场一年一度的活动结束的时候,我们最关心的是,怎么样才能够让每一个市民在每一天的清晨都喜欢绿色交通?公交优先是否会成为各个城市政府今后努力的目标?而限制私家车的快速发展,是否会成为越来越多城市的选择?

主持人(演播室):这一次公交周以及无车日,全国一共有108个城市参加,其中没参加这次活动的省会城市只有三个:拉萨、西宁和广州。前两个人们很容易理解,交通与环境的压力都很小。但广州没参加却引起很大的争议,有广州市的政协委员就质疑,你强调的困难,其他大城市也都有,没有说服力。当然也有人质疑是不是广州让汽车工业当支柱,所以不好无车呀。但除去这些,或许我们应该冷静思考一下,除了设立无车日展现一个态度之余,简单的无车管用吗?就像广州陈述的一个理由一样,一个城市里这个地方不让汽车进了,其他道路不就会更堵吗?除了类似喊口号般地让大家少开车,我们为人们能真正少开车还得多做一些什么呢?

(《新闻周刊》2007年9月22日播出)

思考和练习

1. 你是怎么理解"现场报道"和"新闻采访"两个概念的?
2. 播音员在新闻现场报道中的作用是什么?与记者进行采访有什么不同?
3. 在现场报道中,记者或者主持人更应该注重哪些素质和能力?
4. 哪些电视新闻现场报道和记者给你留下了深刻的印象?有哪些优点?
5. 自己试着对身边发生的事情进行一个简短的模拟新闻现场报道。

第三节　连线报道

连线报道是指运用先进的视频音频技术,让分布在不同地点的当事者或采访对象,对新近或正在发生的新闻进行及时报道,同时展开评论和讨论的新闻报道方式。连线报道能够较大限度地实现新闻报道的双向或多向交流互动,形成全方位立体的报道态势,全面地解读和阐释新闻事件,从而使新闻报道更加灵活、生动。

20世纪80年代初,美国广播公司(ABC)的广播节目《夜线》(*Nightline*)较早运用了连线手段,此后伴随着美国有线电视新闻网(CNN)的开播,连线手段被运用到一些突发新闻事件的同步报道当中。从此连线报道成为一种常规的新闻报道方式并走向成熟。

我国电视新闻连线报道起步得相对较晚,直到 20 世纪 90 年代中期,中央电视台才在直播节目中进行连线报道的尝试。在对 1997 年香港回归、1999 年中华人民共和国成立 50 周年国庆大典、1999 年澳门回归、三峡建设等一系列重大新闻事件实现了现场直播的基础上,连线报道开始作为一种常规的新闻报道方式更多地出现在日常的新闻节目中。

2001 年 10 月,中央电视台《东方之子》子栏目《时空连线》开播,将连线作为整个节目的结构方式和表现手段,成为中央电视台第一个专门的连线节目。2002 年 9 月,中央电视台国际频道《中国新闻》推出了"地方连线"版块,通过北京演播室和地方台演播室连线的方式,将当地重大活动在第一时间内向全世界播出,极大地增强了发生在中国各地的重要新闻的时效性和现场感。2003 年,尤其是中央电视台新闻频道开播之后,连线报道开始频繁地出现并逐渐成为一种常规电视新闻报道手段和节目样态。无论是伊拉克战争、抗击"非典"特别报道,还是"神舟五号"载人航空特别报道,连线报道都得到了淋漓尽致的发挥。

在现场报道的各种样式中,连线报道有着明显的优势:报道迅速、信息真实、极具现场感、交流意识强烈、具有思辨色彩。

连线报道的产生和发展是与现代通信技术的发展息息相关的,没有现代通信技术的发明,就不会有连线报道的产生。同时,不同的通信技术也决定了连线报道的不同实现手段,这些实现手段主要包括远程电话连线和卫星电视连线。

一、远程电话连线采访报道

远程电话连线采访报道(以下简称电话采访)是跨越空间距离的电子采访技术手段,电话采访不仅是记者联络预约、获取线索、传递信息、核实补充采访的有效手段,而且还是一种引入屏幕的颇具吸引力的报道方式。

1.特点和优势

(1)跨越空间。这是电话采访的显著特点。当记者向同一个访问对象提出面谈遭到拒绝,或因为地理距离相距甚远,没有经费前去面谈时,利用电话则可以跨越空间进行采访。记者不但可以在本国国土内进行电话采访,还可以跨越国界进行越洋采访。

记者采访或许会被采访对象拒之门外,但有时候采访对象对持续不断的电话铃声却不能完全不理睬。西方记者经常在被采访对象拒绝当面采访之后利用电话完成采访。

(2)节省时间。不言而喻,电话采访最能节省时间。正是这种实用而又快速的特点,使电话采访成为记者的常用采访形式。当记者必须采访一个关键人物,而时间又非常紧迫,面谈已经来不及,这时电话采访就显示出其优势了。

(3)补充扩展。在新闻采访中,记者常常发现采访归来后还有个别数字、细节存有疑点,这时再去采访一次,从时间和经费上都是浪费。记者打个电话,将疑问提出来,请对方进一步解释即可解决问题。

除了跨越空间、节省时间和补充扩展的优势,电话采访还有一些其他好处,比如可以使采访对象轻松自如地谈话,因为他看不见记者记录、录音或录像,不会紧张。另外,电话采访还是隐性采访的一种方式。当记者不便暴露自己身份的时候,可以利用电话进行采访。

2. 局限和不足

(1)容易造成听觉上的误差。如果电话线路出故障,记者与采访对象双方可能都听不清对方的话,或许会所答非所问。另外,有些语音语调上的相似字眼可能不易在电话里辨别清楚,以致造成失实。有位美国记者在 20 世纪 60 年代初因语音相似,将民权运动领袖詹姆斯·麦雷迪斯头部中弹轻伤误听成头部中弹命丧。

(2)获得材料有限。电话采访难免因材料有限而落空。有时记者只能得到 50% 的有用材料。《纽约时报》记者约翰·阿普尔创造了一天打 100 个电话的纪录,其中 25 个电话回答的是具体情况不详。

(3)缺少形象画面。电话采访还不能获得亲临现场目睹、面谈的生动效果,缺少形象画面的感染力。

通过分析电话采访的优势与缺陷,我们可以根据访问对象和报道题材来考虑是否采用这一方式。

3. 基本规则

(1)交代身份、讲明意图。记者在进行电话采访时首先要交代自己的身份,不仅要通报新闻机构名称,也应将自己的姓名、身份一起告诉对方。然后讲明意图,消除对方疑虑。

(2)准确记录、核实要点。电话采访前,记者应将问题单、有关材料和记录本准备好。记录时最好在所提问题下面记录,以便对号入座,有些关键性要点最好再核实一遍。比如说某人丧生,记者最好追问一句,是去世了吗?这样就可以避免语音上的误差。

(3)提问简洁、语气平和。电话采访最忌问题啰嗦,谈吐不清。此外,对方单凭记者声音来判断记者是否可以信赖,因此,记者千万注意讲话口气,一定要平稳和气,不要急促高调门。

(4)录音要征得对方同意。现在,中外许多编辑部里的电话附带录音系统。如果要录音,特别是要在电视节目中使用声音,必须得到对方同意。

(5)致谢与回音。电话采访结束千万不要只说一声"好了""完了",而要以礼貌的方式表示感谢。采访完毕,应将是否报道、怎样报道给对方做一个说明。

下面我们可以通过几个具体实例来了解一下在电视新闻节目中的电话采访。

例1:八国集团首脑会议就气候变化问题达成妥协

纳　森(演播室主持人):好,让我们来继续关注在德国海利根达姆举行的八国集团首脑会议。经过艰苦的谈判,八国集团领导人7日就应对气候变化问题达成了妥协,同意认真考虑德国等国家提出的关于到2050年全球温室气体排放量比1990年降低50%的建议,并一致认为,有关谈判应在联合国框架内进行。详细情况我们来看一下本台记者李宾发回的报道。

李　宾(驻外记者):会议东道国德国总理默克尔表示,这是目前八国能够达成的最佳的一个妥协方案,那么这个方案也为今年12月即将在印尼巴厘岛举行的联合国框架内的新一轮气候谈判传递着一个强烈的信号,为各国在2009年之前达成一项温室气体减排的框架协议扫清了道路。另外,八国领导人在声明中表示,为了在2009年以前达成一项新的全球减排协议,排放全球大部分温室气体的经济大国应该在 2008 年年底以前就各自应该作出的具体贡献达成共识。但是媒体认为,此次这项协议的达成没有就减排的具体数量和时间表作出明确表示,没有约束力,因此只能是一个被淡化的协议。在 7 日当天,八国领导人还就世界经济的增长和责任进行了磋商,在 7 日当天下午还就全球贸易自由化进行了磋商。在会议的最后一天,八国领导人还将就包括中国在内的五个发展中国家进行对话会议,会议的议题仍旧是应对全球气候变化和减少温室气体的排放。

(《新闻 30 分》2007 年 6 月 8 日播出)

例 2:《新闻调查》"上海某楼盘房价虚高内幕"(节选)

记　者:我只是想问一下,为什么你们要购买这 15 套房子呢?

钱思解:不要为什么,不要说为什么,你没有权利知道,我没有义务回答这个问题,我倒要问你,你要知道这个问题有什么目的吗?

记　者:钱先生,我们想了解就是为什么要购买 15 套住房?

钱思解:为什么要了解?

记　者:因为你们是公司的高层管理人员,涉及你们是否滥用职权问题。

钱思解:你们可以看看公司的章程,你去看看章程。

记　者:但是章程中并没有规定像你们不能购买吧?

钱思解:你去看看章程中是不是规定不允许购买。小同志,我要问问你有什么目的,你要达到什么目的你尽管说。

记　者:是这样,钱先生,我是一个记者,我唯一的目的就是想了解真相。

钱思解:陆家嘴我知道的,陆家嘴联合房地产公司,这个事情非常复杂……

记　者:按当时这样的价格的话,买 15 套住房得花多少钱?

阎启忠:我认为得将近 2,000 万。

记　者:2,000 万,我们看到她在银行贷款,大概是将近 1,000 万的样子,而且是在多家银行,在同一天的时间内贷到的这个款。

阎启忠:对呀,那我只能认为她是给她贷款的那些银行行长的领导,不然的话,怎么会同一天都能满足她贷款的需要呢?而且这个贷款都发放下来了。

(《新闻调查》2007 年 4 月 23 日播出)

钱思解是当事人陆家嘴联合房地产公司监事吴均军的丈夫,在这份购买中央公寓房产的部分明细单中,清楚地显示吴均军于 2004 年 11 月 17 日一天之内签约购买了这些房产。那么作为公司的高层领导,她怎么会在一天之内购买这么多房产呢?她买房是自用?转手?还是用于疏通各种关系?正是因为带着这些疑问,记者电话采访了吴均军的丈夫——时任世纪道公司董事长钱思解。

这种调查性质的电话连线是否录音、录像原则上要和被连线者进行沟通,但是为了获取第一手的证据资料有的时候并不一定要和被连线者打招呼,还必须提问简洁、语气平和。像这种并非隐性的电话采访,可以直截了当地发问,以便明确地获取预期信息。所以记者会直接问:"我只是想问一下,为什么你们要购买这 15 套房子呢?""钱先生我们想了解就是为什么要购买 15 套住房?"对于被采访者的反问:"为什么要了解?"记者回答得简洁明了但又语气平和、有理有节:"因为你们是公司的高层管理人员,涉及你们是否滥用职权问题。"之后的电话采访当中,记者为了调查清楚事情的真相,继续进行着提问,必要的时候也可以找到知情者从侧面去了解情况。

二、卫星电视连线采访报道

卫星电视连线采访报道是利用通信卫星技术而进行的最现代化的采访技术手段。卫星电视连线采访报道不但可以跨越空间距离,而且可以在电视屏幕上进行面对面的交流。一般情形下,卫星电视连线采访报道在屏幕上显示记者和采访对象的图像及同期声,也可以经过特殊编辑插入活动画面。

在电视事业发达的国家,卫星电视采访报道已不仅仅局限于演播室内的采访了。由于移动式卫星地面接收站的投入使用,亦能对现场新闻事件进行同步采访。美国 CNN 对海湾战争的报道,就不惜重金购置了小型伞状卫星通信设备,并将通信卫星同它的电缆电视网相连接,使记者的现场采访同总部演播室主持人的主持有机地结合在一起。1982 年 10 月,美国全国广播公司(NBC)利用卫星,在中国北京和上海现场制作大型报道《变化中的中国》节目。节目中通过卫星采访了美国前总统尼克松、当时的中国外交部部长钱其琛、上海市委书记江泽民等。在我国,近年来也开始利用卫星进行同步采访报道。从发展的趋势看,卫星同步采访报道正在朝着立体化、多元化方向发展。如以一个正在发生的重大新闻事件为主线,穿插其他报道,通过卫星,以共时态报道方式播出。比较典型的报道:美国三大电视网对挑战者号航天飞机升空失事的报道,中央电视台对香港回归的报道,凤凰卫视中文台对戴安娜王妃葬礼的报道等。此外,全球对奥运会的报道大都采取卫星同步采访报道方式。值得一提的是,随着电视事业的全球化渗透,利用公用信号进行报道已成为一种新趋势。在利用公用信号的同时,各电视机构都力图显示自己的特色,因而同步采访已成为立体报道的重要组成部分。最具代表性的全球化卫星同步采访报道的重大活动当属奥运会的多元化立体采访。

早在1935年德国奥运会时,电视就对重大体育比赛的同步传播进行了尝试。从5月1日到16日,收看奥运会电视转播的人达15万之多。这个人数在今天看来似乎是微不足道,但在当时却是非常可观。因为1935年的电视业才刚刚显示出潜在的功用,世界上的许多国家还没有涉足这个领域。

奥林匹克运动会成为全球关注的盛会,在很大程度上是电视同步采访报道促成的。时至20世纪70年代中期,电视在世界范围内得到普及。也就在这时,美国广播公司(ABC)于1976年争得了奥运会独家电视转播权,素以出色的体育报道著称的ABC成功地转播了蒙特利尔奥运会。电视人对奥运会同步播出的热情投入远远超过了对一般活动的支持与重视,从而使奥运会形成全球性的号召力和感染力。1988年汉城奥运会、1992年巴塞罗那奥运会、1996年亚特兰大奥运会的空前盛况在电视屏幕上被充分展现,不同国家、不同民族、不同信仰、不同文化背景、不同语言的亿万观众在同一时刻聚集在电视屏幕前,共同为这个盛大庆典喝彩。

从奥运会的卫星同步采访报道中,我们可以领略到现代技术对记者采访的作用,也可以领略到电视同步报道的魅力所在。对于记者来说,要具备临阵发挥的能力、敏锐的观察能力、准确的判断力和高超的采访技巧,才能在这种利用现代技术手段的采访方式中发挥出较好的水平。

今天,电视业的发展和技术的进步,为电视采访展示潜在功能和力量提供了前所未有的机会,电视记者对采访具体方式和手段的掌握,直接关系到电视传播的效果。为此,作为电视记者,应该在采访实践中进行多种尝试,以期达到较高的水准。

1.特点和优势

(1)跨越空间。同电话连线采访相同,当因为地理距离相距甚远或者时间紧张来不及赶往目的地时,利用卫星电视连线则可以跨越空间进行采访,但是前提是目的地也要有卫星视频系统。

(2)节省时间。这种节省时间是相对的,因为比起电话连线采访报道,卫星电视连线的设备调试也要经过相当长的时间,但是比起记者赶赴现场还是要节省很多时间。

(3)真实可信。卫星电视连线采访报道比起任何一种形式的采访都更真实可信,因为平面媒体都是文字配以照片,并不能确定原话是怎样说的;电话采访只闻其声不见其人,是不是当事人的声音短时间内也不好求证;唯有电视连线既有声音又有图像,想弄虚作假基本上不大可能,所以说卫星电视连线具有真实、可信的特性。

2. 基本规则

卫星电视连线采访报道应该遵循这样一些基本规则:

(1)交代身份、讲明意图。主持人或者记者首先要介绍清楚自己的身份,还要向电视观众介绍连线嘉宾的姓名和身份。

(2)认真倾听、核实细节。电视连线中主持人或者记者应该认真倾听对方,对于不清楚或者不明白的地方赶紧追加问题,以便电视机前的观众能够明白和理解。在交流的细节当中如果发现可以挖掘的信息点,可以继续追问,以免错过重要信息。

(3)语言简洁、客观公正。卫星电视连线采访报道的目的是让观众快捷、直观地了解连线终端的情况,所以主持人或者记者应该语言简练,尽量让对方多说,必要的时候才加以追问。在提问的时候应该语气平和、有理有节,同时保持媒体的客观公正性。

(4)致谢与回应。连线结束时,除了要感谢对方的报道或者参与,还要给卫星电视连线导播和视频连接系统工作人员一个信号,表明连接完毕。有的时候多视窗连线,还要给其他视窗的被采访者一个提示,表明这里的连线还在继续。致谢与回应除了出于礼貌的考虑,还有一个和其他工作人员互相衔接和配合的作用。

下面我们还是通过几则实例来了解一下卫星电视连线的具体情况。

例 1：《360 度》（节选）

董　倩（演播室主持人）：各位晚上好，欢迎您收看正在直播的《360 度》。今天下午，在日本东京，水均益专访了日本首相安倍晋三，接下来我们通过一个短片了解一下有关他此次采访的一些信息。

短　片：水均益在日本东京采访日本首相安倍晋三。

董　倩：看过短片之后，我们马上连线正在日本东京采访的记者水均益。水均益你好，刚才通过短片呢，我们已经听到安倍首相刚才说了一句中国话："你们好！"感觉很亲切，那么作为采访者，你在见到安倍首相的第一时刻，他给你留下的印象是什么样的？

水均益（前方记者）：董倩，你好，我觉得安倍首相给我的第一印象是他比我想象得高大一些，我估计他的身高在一米七六到七八之间。另外一个呢，就是他比我想象得更文质彬彬、更加谦和一些。就像我们刚才的短片所看到的，当我要求他对着电视镜头对中国的电视观众说几句话的时候，我也没有想到他会说一句中国话，显然他是有备而来的。他用中国话说了一句"你们好"，尽管他说的还有一点不太标准。这是一个感觉。另外还有一个感觉是他今天非常重视这次我们中央电视台对他的采访，这可以从我们采访现场场景观察到，包括他的随行人员（都这么认为），因为我做过很多高端的采访，但是像这次，很早以前他的外务省和总理府就告诉我们这次采访现场他的随行人员可能达到十二三人，陪同安倍首相接受我们的采访。当然还有很多点点滴滴的细节都能显示出来安倍首相这次非常非常认真，也非常非常重视。董倩。

　　这一段卫星电视连线采访报道包含在一档节目当中，属于节目当中的一个子栏目。节目的一开始主持人抛出话题，然后是相关新闻短片，然后才连线身处新闻事件当地的记者。

　　董倩的第一个问题并没有直接介入主体，而是从"那么作为采访者，你在见到安倍首相的第一时刻，他给你留下的印象是什么样的？"这样一个轻松的话题开始。当然水均益的回答也非常详细、具体，从记者对安倍首相点滴之处的描述可以形象生动地感受到作为日本首相的安倍晋三的大致面貌和状态。这种并不直接加以评述而是从细节入手的方法有的时候会相对客观,也比较符合新闻采访的一些原则。然后主持人董倩又对水均益继续发问。

董　倩:水均益,你刚才说到一个细节问题,我们在关注一个细节。人们都说男性在出席一个什么样的场合的时候他扎什么样的领带可能向外界释放一个什么样的信息。从刚才的短片中,我们可以看到安倍首相系着一条深蓝色上面似乎有白色点或者格那样的一条领带,从你男性的角度来说,这样一个细节向外界透露出一些信息?

水均益:董倩,我觉得你实际上连我自己戴着的这条领带的用意都展示出来了。可能我觉得也没有那么深的学问,但是的确能够看得出来,安倍首相往往在出席一些重要的场合的时候都会戴着这样一条蓝色或者碎的蓝格的领带,表示出一种庄重、谨慎,也不乏一种活泼。另外呢,在他的西服的左上角带了一个小小的日本国旗的标志,从这个细节也能够看出他非常重视这次采访……在采访的时候,我也跟他开了一个小小的玩笑,我说听说在日本你曾经被评为衣着最酷的男性。他听了之后大笑,他说那是按照日本政治家或者国家领导人的这样一个标准评选出来的,不能说明什么问题。董倩。

对于细节的洞悉正是新闻记者新闻敏感的具体体现,主持人董倩通过水均益的描述和短片的画面又发现了一个能够传达新闻信息的细节,那就是安倍首相的领带图案和服装搭配向外界透露出一些信息。

对于董倩的细心就连水均益都觉得有些诧异,这个问题也正好自然过渡到了下一个话题,那就是安倍首相非常重视此次中国中央电视台对他进行的采访。水均益也把安倍首相轻松幽默的一面通过生动、具体的描述呈现给了主持人和电视观众。

显然主持人董倩对记者水均益此次出行的细节是比较了解的,否则她不会提到关于赠送给安倍首相的那幅画。水均益用了比较详细的描述来诠释赠送画作的用意和内涵,并且把安倍首相欣然接受并表达了诗句一样美好感言的细节也表述得清清楚楚,让我们收看他的连线报道好像身临其境一般。

同时水均益还在这次采访中发现了另外一个颇具新闻价值的新闻点。关于这个新闻点,主持人董倩又继续提出问题:

董　倩：我们从刚刚传回来的画面里面可以看到，你今天下午在采访的时候向安倍首相赠送了一幅画，你送的这幅画的内容是什么？你希望能够传达一种什么样的含义？

水均益：这幅画也是我们一个同事赠送给我们栏目组的，那么这幅画实际上是中国南方的一种真丝绣，这幅真丝绣的画的内容呢是咱们中国近代非常著名的艺术大师吴昌硕的《桃花图》。因为大家知道，现在是日本樱花盛开的季节，那么在中国呢，3月份是桃花盛开的季节，所以我们当时在选择画的时候，也觉得这幅画的含义非常不错，显示的是一种欣欣向荣或者万物复苏、春暖花开的这样一种感觉。所以当我把这幅画介绍给安倍的时候呢，我发现他也在认真地看。而且还问画中的诗词是什么，我也简单地做了一个介绍。可能这也是一种采访的小技巧，当然同时也是一种巧合，天气、季节帮了我们很大的忙。我们在以后的详细的报道当中应该还能够看到。安倍首相说到如何准备欢迎温家宝总理访问日本的时候呢，他其实说了一段很美的话，当然翻译得可能不太准确，我在这里可以向大家念一下。他说：4月份，日本是春暖花开的美丽季节，冰也融化了，新的绿芽也已经长出来了，花也开了。在这个美丽的时候，温总理来访，我感到非常地高兴！所以我觉得我们这幅画也正好契合了这样一个主题。另外，董倩，我也想借这个采访的机会呢，也跟大家说一下，其实我们今天这个采访呢，我个人认为最大的新闻就是安倍在回答我一个问题就是说如果温总理邀请他在今年年内再次访华的话他会不会接受，安倍的回答是我愿意考虑在今年年内再次访华。这是今天一个很大的新闻，因为在这之前呢，很多媒体都猜测安倍会不会接受今年第二次到中国访问的邀请，所以我认为在今天的采访中呢，这是一个具有新闻价值的东西。

董　倩：水均益你刚才说你发现了今天的一个具有新闻价值的信息，那么在此次采访中，你认为在和安倍进行交流的时候，他传达出来最重要最有价值的信息是什么？

水均益：我觉得他传达出来最重要最有价值的信息就是他作为日本的首相、日本的领导人，他非常愿意和中国发展一种长期的、战略的甚至是互惠的关系。在回答这个问题的时候，他的第一句话就是日中关系是最重要的双边关系之一，这个话在以前并不能听得到。另外一点就是安倍对日中发展这种关系他还有他自己的一种想法，比如说增进日中民间的和年轻人之间的交流。他希望两国之间的文化啊、传统啊，包括历史和政治都能有更多的交流和了解，以至于达到更多的理解。当然现任的日本首相安倍呢，他的立场和政策也是固定的，看得出来他在说这些的时候比较谨慎，甚至带有很多外交辞令，比如当我们问到他对于一个历史问题怎么看待的时候，他回答说：我作为日本首相，我会非常谦虚地来对待历史的问题，来正视历史。回答得非常简短，但是能看出来这是外交辞令，也看得出来在这个问题上他还是比较谨慎。董倩。

董　倩：还有一个问题，温家宝总理马上就要访日了，那么在温总理之前，你有没有在日本的街头巷尾采访到日本的民众，有没有了解日本民众对即将到来的温家宝总理访日他们的心态是什么样的？

水均益：的确是有的，在采访安倍首相之前呢，我们也在做一些场景的拍摄和对日本老百姓的采访。据我的了解呢，绝大多数日本民众对中日关系还是比较关心的，大多数人都知道中国的总理要到日本来，而且是具有某种历史意义的，因为这是7年来中国总理第一次正式访问日本。前两天我们在东京的街头也做了一些随机的采访。一些人就对这次温总理访日能够对中日未来经济的发展、人员的交流、文化的交流等起到很好的作用，而对于化解两国在政治上的分歧、某些政治敏感问题的误解甚至是不理解将起到很大的帮助。据我了解，日本人比较务实也比较注重经济生活。在去年安倍访问中国后呢，很多日本人开始关注中国的股票，甚至于有日本雇员也在购买中国的股票，像中石化、中石油这样一些股票。可以看出来他们对温总理访问日本是高度关注的。董倩。

董　倩：好的，水均益，非常感谢你给我们带来的关于采访的更多的信息，我们也期待尽早看到你对安倍首相的专访。

（《360度》2007年4月6日播出）

这段卫星电视连线比较有特点,不同于那种主持人开门见山地在节目抛出话题,然后邀请嘉宾热烈地讨论。这段卫星电视连线整体氛围比较轻松,看似关注的好像是表面的一些细节,但是实际上内容隐含都是非常重要的新闻信息,这不但是主持人和记者的一种报道采访的技巧,同时也体现了他们良好的新闻素质和深厚的表达功底。

思考和练习

1. 连线报道有哪几种主要形式?分别说出其特点。
2. 远程电话连线采访报道和卫星电视连线采访报道有哪些异同?
3. 在连线报道中,记者或者主持人应该具备哪些素质和能力?
4. 哪些新闻事件的连线报道给你留下了深刻印象?试分析其成功的要素。
5. 试着对某新闻事件或者身边发生的事情做一个模拟连线报道(可不借助连线设备)。

主要参考书目

张颂. 播音语言通论：危机与对策[M]. 北京：北京广播学院出版社，2002.

张颂. 朗读美学[M]. 北京：北京广播学院出版社，2002.

张颂. 播音创作基础[M]. 北京：北京广播学院出版社，1990.

张颂. 广播电视语言艺术：中国广播电视语言传播研究[M]. 北京：北京广播学院出版社，2001.

付程. 实用播音教程（第2册）[M]. 北京：北京广播学院出版社，2002.

叶子. 现代电视新闻学[M]. 北京：中国广播电视出版社，2005.

姚喜双. 播音学概论[M]. 北京：北京广播学院出版社，1998.

白龙. 电视新闻播音技巧[M]. 北京：中国广播电视出版社，2004.

陈京生. 电视播音与主持[M]. 北京：北京广播学院出版社，2000.

任远，曲晨曦. 电视主持人300问[M]. 北京：中国国际广播出版社，2006.

曾祥敏. 电视采访[M]. 北京：北京广播学院出版社，2002.

吴信训. 新编广播电视新闻学[M]. 上海：复旦大学出版社，2006.

江欧利. 中国广播电视新闻奖2003年度新闻佳作赏析[M]. 北京：新华出版社，2004.

后 记

　　终于完成书稿,付梓之际,墨香犹存,掩卷沉思,感慨万千。

　　电视新闻播音主持是实践性非常强的一门语言艺术,其理论依据和实践都来源于电视新闻的具体现实情况。本书虽然是就电视新闻播音主持这个具体的语言学和新闻传播学分支进行的阐释和分析,但是本书和电视新闻事业迅速发展的现实之间的关系,如同书面语和口语的关系一样,总是前者滞后于后者。书面语一经记录下来就开始滞后于仍在发展的口语,本书写就之后便又开始滞后于日新月异发展的电视新闻事业。

　　也许正是这个遗憾,才能够推动我们的专业教学科研工作不断向前;也正是由于这样,才需要我们从业者不断地关注业界,及时地分析和总结,始终保持与业界实践一线现实情况同步,与时俱进,并不断地开拓创新。

　　本书的编写基于笔者在电视新闻播音主持课程教学当中的部分讲义和教案,同时由于篇幅有限增删了很多内容,比方说电视新闻发展概况和电视新闻播音主持的理论发展概况等,对原本在教学当中专章讲述的体态语言等内容也进行了删减,只保留了简明的要点。

　　正因为电视新闻播音主持具有实践性强的特点,本书附有大量的练习素材,都来源于国内主流媒体播出的节目,并且对电视新闻播音主持的主要类型有针对性地进行训练。

　　在笔者教学和写作本书的过程当中,每一步都是沿着前辈夯实的业务和理论基础走来的,那一本本理论专著和经验总结给笔者以启迪,并提供了极有价值的参考,笔者也从中汲取了极其丰富的营养,这些营养已经融入笔者体内并将受用终生。

笔者最大的心愿就是希望本书能够给读者带来一些切实的帮助,哪怕是给读者在具体实践中一点点的帮助都将是笔者最大的满足。同时也衷心希望业内的专家学者和同行提出自己的真知灼见,更希望能够提出批评和建议,这对笔者来说这也是一次难得的学习机会和一种特殊的业务交流。

万千感慨最终都汇聚到"感激"二字。尤其要对为本书撰写序言的张颂教授表示感谢,他在百忙之中认真评阅书稿,并提出宝贵的意见和建议,让晚辈受益匪浅之余,对老先生严谨认真、一丝不苟的治学态度敬佩不已!

整个成书过程中我要感激的人太多,感激我的家人对我的理解和支持,感激我的良师益友对我的帮助和鼓励,更要感谢中国传媒大学出版社给我提供的机会。本书编校过程中,正值编辑赵欣怀有身孕数月,这里我对为本书出版不辞辛劳的赵欣表示深深的谢意!

最后,期待读者批评指正!

仲梓源
2008 年 1 月于北京源苑

图书在版编目(CIP)数据

电视新闻播音主持教程/仲梓源著. --2 版. --北京:中国传媒大学出版社,2018.11 (2023.9重印)

播音与主持艺术专业"十三五"规划教材　21 世纪播音与主持艺术专业核心教材

ISBN 978-7-5657-2145-8

Ⅰ.①电… Ⅱ.①仲… Ⅲ.①电视新闻—播音—高等学校—教材　②电视新闻—主持人—高等学校—教材　Ⅳ.①G222.2

中国版本图书馆 CIP 数据核字（2017）第 205172 号

电视新闻播音主持教程(第 2 版)

DIANSHI XINWEN BOYIN ZHUCHI JIAOCHENG(DI-ER BAN)

著　　者	仲梓源
策划编辑	赵　欣
责任编辑	赵　欣
特约编辑	高卓毓
责任印制	李志鹏
封扉设计	拓美设计
出版发行	中国传媒大学出版社
社　　址	北京市朝阳区定福庄东街 1 号　邮　编　100024
电　　话	86-10-65450528　65450532　传　真　65779405
网　　址	http://cucp.cuc.edu.cn
经　　销	全国新华书店
印　　刷	艺堂印刷（天津）有限公司
开　　本	787mm×1092mm　1/16
印　　张	14.25
字　　数	240 千字
版　　次	2018 年 11 月第 2 版
印　　次	2023 年 9 月第 6 次印刷
书　　号	ISBN 978-7-5657-2145-8/G·2145　定　价　48.00 元

本社法律顾问：北京嘉润律师事务所　郭建平